T0053401

Para:

_____

De:

_____

Fecha:

_____

Manantiales
en el
Desierto®

366 LECTURAS DIARIAS DE LA BIBLIA

L. B. COWMAN

La misión de Editorial Vida es ser la compañía líder en satisfacer las necesidades de las personas con recursos cuyo contenido glorifique al Señor Jesucristo y promueva principios bíblicos.

MANANTIALES EN EL DESIERTO – EDICIÓN ACTUALIZADA
Edición en español publicada por
Editorial Vida – 1997, 2014, 2015
Miami, Florida

©**1997, 2014, 2015 Editorial Vida**

Este título también está disponible en formato electrónico.

Los devocionales han sido adaptados del libro en español:
Manantiales en el desierto
Copyright © 1997 por Editorial Vida
Publicado con permiso de Zondervan, Grand Rapids, Michigan 49530.

Editora en Jefe: *Graciela Lelli*
Adaptación del diseño al español: *Grupo Nivel Uno, Inc.*

ISBN: 978-0-8297-6280-8

CATEGORÍA: Religión / Vida Cristiana / Devocional

IMPRESO EN ESTADOS UNIDOS DE AMÉRICA
PRINTED IN THE UNITED STATES OF AMERICA

22 BTY 06 05 04

Manantiales
en el
Desierto®

366 LECTURAS DIARIAS DE LA BIBLIA

«Y dijo Dios: "¡Que las aguas debajo del cielo se reúnan en un solo lugar, y que aparezca lo seco!" Y así sucedió» (Génesis 1:9).

Orar «a través de algo» se puede definir como «orar en total fe hasta el punto de tener la seguridad mientras se está orando de que la oración ha sido oída y aceptada y, con la más segura confianza, dar por un hecho, antes que llegue, la respuesta a lo que se ha pedido».

Recordemos que no hay circunstancia humana que pueda impedir el cumplimiento de la Palabra de Dios. Debemos poner firmemente la mirada en su Palabra inmutable y no en la incertidumbre de este mundo cambiante. Dios quiere que creamos su Palabra sin otra evidencia, y entonces él estará listo para hacer por nosotros «conforme a [nuestra] fe» (Mateo 9:29).

Una vez que su Palabra ha pasado,
Cuando él ha dicho, «lo haré» (Hebreos 13:5),
Las cosas vendrán al fin;
Dios aun cumple su promesa (2 Corintios 1:20).

Las oraciones de la era pentecostal se hacían con una fe tan sencilla que eran como hacer efectivo un cheque. —*Robert Anderson*

Nadie consigue tanto en tan poco tiempo como cuando ora. Y los siguientes pensamientos se alinean bien con todo lo que el Señor Jesucristo enseñó sobre la oración: si solo un creyente con una fe absoluta se levanta, la historia del mundo será diferente.

¿Será usted ese creyente, sometiéndose a la soberanía y la dirección de Dios nuestro Padre?

—*A. E. McAdam*

«Y dijo Dios… Y así sucedió» (Génesis 1:9).

«Pero la paloma no encontró un lugar donde posarse, y volvió al arca porque las aguas aún cubrían la tierra. Noé extendió la mano, tomó la paloma y la metió consigo en el arca. Esperó siete días más y volvió a soltar la paloma fuera del arca. Caía la noche cuando la paloma regresó, trayendo en su pico una ramita de olivo recién cortada. Así Noé se dio cuenta de que las aguas habían bajado hasta dejar la tierra al descubierto» (Génesis 8:9–11).

Dios sabe exactamente cuándo retener o cuándo darnos una señal visible de aliento. ¡Qué hermoso es cuando confiamos en él en cualquier situación! Sin embargo, cuando retiene la evidencia visible de que no nos ha olvidado. Él quiere que seamos conscientes de que su Palabra —su promesa de acordarse de nosotros— es más real y confiable que cualquier evidencia que nuestros sentidos puedan revelar. Es bueno cuando él nos da una evidencia visible, pero lo valoramos aun más después que hemos confiado en él sin ella. Y quienes se sienten más inclinados a confiar en Dios sin evidencia alguna excepto su Palabra siempre reciben la mayor cantidad de evidencia visible de su amor.

—*Charles Gallaudet Trumbull*

Las respuestas que no llegan no significan un rechazo. Muchas oraciones llegan y quedan registradas, pero subyacen estas palabras: «Mi tiempo aún no ha llegado». Dios tiene un tiempo prefijado y un propósito ordenado y él, que controla los límites de nuestras vidas, también determina el tiempo de nuestra liberación.

—*Seleccionado*

«He colocado mi arco iris en las nubes, el cual servirá como señal de mi pacto con la tierra» (Génesis 9:13).

Mucha de la belleza del mundo se debe a las nubes. El azul invariable de un cielo hermoso e iluminado por el sol no se puede comparar con la gloria de nubes cambiantes. Y la tierra sería un desierto si no fuera porque nos ministran a nosotros.

La vida tiene también sus nubes. Nos proveen de sombra y frescura aunque a veces nos cubran con la oscuridad de la noche.

Dios nos ha dicho: «He colocado mi arco iris en las nubes» (Génesis 9:13). Si solo pudiéramos ver las nubes desde arriba —en toda su ondulante gloria, bañadas en luz de destellos y tan majestuosas como los Alpes—, quedaríamos maravillados ante su brillante magnificencia.

Pero solo podemos verlas desde abajo y entonces, ¿quién describe para nosotros la luz del sol que baña sus cumbres, visita sus valles y se posa en cada altura de su expansión? ¿No nos brindan cada gota de lluvia que hay en ellas cualidades que nos dan salud, que en algún momento caerán a la tierra?

¡Oh, amado hijo de Dios! ¡Si solo pudiera ver sus tristezas y tribulaciones desde arriba en lugar de desde la tierra! Si solo pudiera verlas desde donde está sentado «con Cristo… en las regiones celestiales» (Efesios 2:6) conocería la belleza del arco iris cuyos colores cubren a las huestes de los cielos. También podría ver la luz brillante de la faz de Cristo y finalmente estaría contento de ver aquellas nubes que proyectan su sombra profunda sobre las faldas de la montaña de su vida.

Recuerde, las nubes están siempre moviéndose gracias al viento purificador de Dios.

—*Seleccionado*

«Después de que Lot se separó de Abram, el Señor le dijo: "Abram, levanta la vista desde el lugar donde estás, y mira hacia el norte y hacia el sur, hacia el este y hacia el oeste. Yo te daré a ti y a tu descendencia, para siempre, toda la tierra que abarca tu mirada"» (Génesis 13:14–15).

Ningún deseo suyo será satisfecho por el Espíritu Santo a menos que él tenga la intención de hacerlo. Así es que deje que su fe lo eleve y le remonte para reclamar toda la tierra que pueda descubrir.

—S. A. Keen

Todo lo que alcanza a comprender a través de una visión de fe le pertenece. Mire hasta donde le alcance la vista porque todo es suyo. Todo lo que quiere ser como cristiano y todo lo que desea hacer para Dios están dentro de las posibilidades de fe; así que acérquese a él y con su Biblia ante usted y su alma completamente abierta al poder del Espíritu deje que su ser entero reciba el bautismo de su presencia. Al él abrir su entendimiento y permitirle ver su plenitud, crea que él tiene todo para usted. Acepte todas las promesas de su Palabra, todos los deseos que despierta dentro de usted, y todas las posibilidades de lo que puede llegar a ser como un seguidor de Jesús. Toda la tierra que ven sus ojos se le es dada a usted.

La provisión de su gracia, que nos ayuda a lo largo del camino al cumplimiento de su promesa, está realmente ligada a la visión interior que Dios nos ha dado. Aquel que puso el instinto natural en el corazón de un ave para volar a través de un continente en busca de un clima más cálido es demasiado bueno para defraudarla. Así como no dudamos de que él puso el instinto dentro de un ave, podemos estar seguros de que también ha provisto brisas delicadas y un sol primaveral para salir a su encuentro cuando llegue.

Y aquel que inspira brisas de esperanza celestial en nuestros corazones no nos defraudará ni fallará cuando intentemos su realización.

—Seleccionado

«Al anochecer, Abram cayó en un profundo sueño, y lo envolvió una oscuridad aterradora» (Génesis 15:12).

En Génesis 15:12 el sol finalmente se puso y la noche oriental extendió rápidamente su pesado velo sobre todo el escenario. Agotado por el conflicto mental y el esfuerzo y las tareas del día, «Abram cayó en un profundo sueño». Y mientras dormía, su alma estaba oprimida con una «oscuridad aterradora».

¿Se puede imaginar lo horrorosa que debe ser una oscuridad así? ¿Ha experimentado alguna vez una pena tan terrible que le haya parecido muy difícil reconciliarse con el amor perfecto de Dios; una pena que haya caído estrepitosamente sobre usted exprimiendo de su alma su descanso tranquilo en la gracia de Dios y lanzándola a un mar de oscuridad sin siquiera tener un mínimo rayo de esperanza? ¿Se ha preguntado si en realidad hay un Dios allá arriba que aunque ve lo que está sucediendo acá lo sigue permitiendo? Si usted conoce este tipo de pena, entonces sabe algo de esta densa «oscuridad aterradora».

La vida humana está hecha de brillo y de oscuridad, de sombras y luz del sol. Pero a través de todo eso, Dios está llevando a cabo su plan, afectando y disciplinando a cada alma individual.

Querido amigo, si usted está lleno de esa densa oscuridad aterradora», aprenda a confiar en la infalible sabiduría de Dios. Y sepa que Aquel que sufrió por esa «oscuridad aterradora» en el Calvario está listo para acompañarle a través de los «valles tenebrosos» (Salmos 23:4) hasta que pueda ver el sol brillando al otro lado.

Podemos darnos cuenta de que «tenemos como firme y segura ancla del alma una esperanza» (Hebreos 6:19). Y podemos saber que nuestra ancla estará tan firme que nunca cederá. Se mantendrá firme hasta el día que él regrese y entonces nosotros también la seguiremos hasta el refugio seguro garantizado a nosotros en la Palabra inamovible de Dios.

—F. B. Meyer

«Ese mismo día Abraham tomó a su hijo Ismael, a los criados naci-dos en su casa, a los que había comprado con su dinero y a todos los otros varones que había en su casa, y los circuncidó, tal como Dios se lo había mandado» (Génesis 17:23).

La obediencia inmediata es la única clase de obediencia que existe. La obediencia retardada es desobediencia. Cada vez que Dios nos llama a hacer algo, él ofrece hacer un pacto con nosotros. La parte nuestra es obedecer, y una vez que la hayamos cumplido, él hará la suya enviándonos una bendición especial. La única forma de ser obediente es obedecer inmediatamente. «Ese mismo día», como lo hizo Abraham según Génesis 17:23. Sé que a menudo posponemos lo que sabemos que tenemos que hacer para hacerlo más tarde, si es que podemos. Claro, esto es mejor que no hacer nada del todo. Pero entonces, no es más que un intento paralizado, desfigurado y parcial hacia la obediencia. *La obediencia retardada jamás podrá proporcionarnos la plena bendición de Dios que puede darnos la obediencia inmediata.*

¡Qué triste es cuando por nuestra dilación nos robamos a noso-tros mismos, robamos a Dios o a otras personas! Recuerde, «Ese mismo día» es la forma en que Génesis nos dice: «¡Hazlo ya!».

—*Messages for the Morning Watch*

En una ocasión, Martin Lutero dijo: «Un verdadero creyente crucificará o dará muerte a la pregunta: ¿por qué? Simplemente obedecerá sin cuestionamientos». Y yo me niego a ser una de esas personas que «nunca van a creer si no ven señales y prodigios» (Juan 4:48). Yo obedeceré sin hacer preguntas.

No nos corresponde replicar
Ni tampoco razonar
Solo hacerlo y morir.

La obediencia es el fruto de la fe; la paciencia es la primera flor en el árbol de la fe.

—*Christina Rossetti*

«Dos de los visitantes partieron de allí y se encaminaron a Sodoma, pero Abraham se quedó de pie frente al Señor» (Génesis 18:22).

En Génesis 18, Abraham intercedió ante Dios por las vidas de otros. Un amigo de Dios puede hacer exactamente eso. Pero quizás usted vea el nivel de fe de Abraham y su amistad con Dios más allá de las posibilidades suyas. No se desanime, sin embargo, porque Abraham no experimentó el crecimiento de su fe de un golpe, sino paso a paso. Y nosotros podemos hacer lo mismo. La persona cuya fe ha sido drásticamente probada y que ha resultado vencedor en esa batalla tendrá que enfrentar pruebas aun mayores… No dude de que Abraham jamás habría sido llamado el padre de la fe si no hubiera sido probado al máximo.

Lea Génesis 22. En el versículo 2 Dios le dice a Abraham: «Toma a tu hijo, [Isaac], el único que tienes y al que tanto amas, y […] y ofrécelo como holocausto». Luego lo vemos subiendo al monte Moria con su corazón apesadumbrado pero absolutamente humilde en su obediencia…

¡Qué lección más tremenda tendría que ser esta cuando nos sentimos tentados a dudar de lo que Dios quiere hacer en nuestras vidas! Reprenda todas las explicaciones que tratan de poner en duda esta asombrosa escena, pues esta fue una lección para todas las edades. Los ángeles también la presenciaron llenos de asombro. ¿No permanecerá la fe de Abraham para siempre como un estímulo y una ayuda a todo el pueblo de Dios? ¿No será su prueba un testimonio al hecho de que una fe inquebrantable siempre probará la fidelidad de Dios? La respuesta a estas preguntas es un rotundo ¡sí! Y una vez que la fe de Abraham pasó victoriosa su más grande prueba, el ángel del Señor le habló diciéndole: «Ahora sé que temes a Dios» (Génesis 22:12). El Señor, en efecto, le dijo: «Porque has confiado en mí en esta dura prueba, yo confiaré en ti y serás para siempre "mi amigo"» (Isaías 41:8).

Es una verdad, y siempre lo será, que *«los que viven por la fe son bendecidos junto con Abraham, el hombre de fe»* (Gálatas 3:9, itálicas del autor).

—*Seleccionado*

Ser amigo de Dios no es poca cosa.

«Sara quedó embarazada y le dio un hijo a Abraham en su vejez. Esto sucedió en el tiempo anunciado por Dios» (Génesis 21:2).

«Los planes del Señor quedan firmes para siempre; los designios de su mente son eternos» (Salmos 33:11). Nosotros debemos estar preparados para esperar según el tiempo de Dios. Su tiempo es exacto, porque él hace las cosas «en el tiempo» que ha dispuesto (Génesis 21:2). No nos corresponde a nosotros conocer su tiempo, y en verdad no tenemos la capacidad de conocerlo; por eso, debemos confiar y esperar.

Si Dios le hubiese dicho a Abraham cuando éste se encontraba en Harán que tendría que esperar treinta años para tener en sus brazos al hijo prometido, su corazón habría desfallecido. Por eso Dios, en un acto de amor generoso, no le reveló el número de fastidiosos años que tendría que esperar. Solo cuando el tiempo se aproximaba, unos pocos meses antes que todo ocurriera, Dios le reveló su promesa: «El año que viene volveré a visitarte en esta fecha, y para entonces, Sara habrá tenido un hijo» (Génesis 18:14). Al fin llegó «el tiempo señalado» y pronto las risas de felicidad que llenaron la casa del patriarca hicieron que la ahora anciana pareja se olvidara del largo tiempo que habían tenido que esperar.

Así es que, cobre ánimo, querido hermano, cuando Dios lo haga esperar. El que espera no será defraudado porque el Señor no variará ni un minuto del tiempo que ha establecido. Y pronto «su tristeza se convertirá en alegría» (Juan 16:20)…

—*Seleccionado*

Hay cosas que no se pueden conseguir en un día. Incluso Dios no hizo una gloriosa puesta de sol en un momento. Durante varios días reunió la niebla para construir sus hermosos palacios en el cielo occidental.

«Aún no había terminado de orar cuando vio que se acercaba Rebeca, con su cántaro al hombro. Rebeca era hija de Betuel, que a su vez era hijo de Milca y Najor, el hermano de Abraham.

»Entonces el criado de Abraham se arrodilló y adoró al Señor con estas palabras: "Bendito sea el Señor, el Dios de mi amo Abraham, que no ha dejado de manifestarle su amor y fidelidad, y que a mí me ha guiado a la casa de sus parientes"» (Génesis 24:15, 26–27).

Las oraciones piadosas son contestadas antes que se hayan terminado de hacer. «Aún no había terminado de orar cuando vio…» (Génesis 24:15). Esto ocurre porque Jesús prometió en su Palabra: «Mi Padre les dará todo lo que le pidan en mi nombre» (Juan 16:23). Cuando usted pide con fe y en el nombre del Señor Jesucristo; es decir, en unidad con él y su voluntad, «se les concederá» (Juan 15:7).

Toda vez que la Palabra de Dios no puede fallar, dondequiera que encontramos estas sencillas condiciones, la respuesta a nuestra oración ya nos ha sido concedida y se completa en el cielo *mientras oramos*, aun cuando en la tierra sea conocida hasta mucho después. Por lo tanto, es de sabios cerrar cada oración con una alabanza a Dios por la respuesta que él ya nos ha dado. «Bendito sea el Señor… que no ha dejado de manifestarnos su amor y fidelidad» (Génesis 24:27).

—*Messages from the Morning Watch*

Lo que le pido a Dios cuando él me guía en la oración
Comienza a hacerse realidad en el instante mismo en que oro.

«Una tarde, salió a dar un paseo por el campo. De pronto, al levantar la vista, vio que se acercaban unos camellos» (Génesis 24:63).

S eríamos mejores cristianos si pasáramos más tiempo a solas y lograríamos más si nos preocupáramos menos y pasáramos más tiempo en soledad y en reposada espera en Dios.

El mundo se ha metido demasiado dentro de nosotros, lo que hace que nos aflijamos con la idea de que si no estamos corriendo de un lugar a otro no estamos haciendo nada. Ya no creemos en la importancia de un retiro apacible donde nos sentemos silenciosos sin hacer ni decir algo, lo que sea. Como pueblo de Dios nos hemos hecho también demasiado prácticos. Creemos que debemos tener todos nuestros hierros en el fuego y que todo el tiempo que pasamos lejos del yunque es tiempo perdido. Pero nuestro tiempo nunca es más productivo que cuando nos apartamos para una meditación reposada, hablando con Dios y mirando a los cielos. Nunca tendremos demasiados de estos espacios abiertos en la vida, horas separadas cuando nuestras almas están completamente abiertas y accesibles a cualquier pensamiento celestial o influencia que a Dios le plazca poner en nuestro camino.

Alguien alguna vez dijo: «La meditación es el domingo de la mente».

En estos días tan agitados, deberíamos dar con más frecuencia a nuestra mente un «domingo», un tiempo en el cual dejemos de trabajar y simplemente permanezcamos quietos, mirando al cielo y extendiéndonos ante el Señor como el vellón de Gedeón, y permitiendo que el rocío del cielo lo humedezca. Deberíamos tener periodos de tiempo en que no hagamos nada, no pensemos en nada y no planeemos nada sino simplemente yacer en las verdes faldas de la naturaleza para descansar «un poco» (Marcos 6:31).

El tiempo pasado de esta manera no es tiempo perdido… Y los que viven en las ciudades deberían salir al campo, lejos del ajetreo de la ciudad. Después de haberse saturado del ruido y el calor de la ciudad, la comunión con la naturaleza es muy reconfortante y producirá una influencia tranquila y sanadora.

—Seleccionado

«Esa noche se le apareció el Señor, y le dijo: "Yo soy el Dios de tu padre Abraham. No temas, que yo estoy contigo. Por amor a mi siervo Abraham, te bendeciré y multiplicaré tu descendencia"» (Génesis 26:24).

«E sa noche…» (Génesis 26:24). Fue la misma noche en que Isaac fue a Beerseba. ¿Cree usted que esta revelación de Dios fue un accidente? ¿Y que el *tiempo* en que ocurrió fue también un accidente? Si lo cree, entonces está muy equivocado. ¿Por qué ocurrió precisamente la noche en que Isaac llegó a Beerseba? Porque esa fue la noche que él pudo *descansar*. En su antigua tierra había sido atormentado. Había habido toda una serie de pequeñas riñas relacionadas con unos pozos de agua y a quiénes pertenecían. Es un verdadero problema cuando hay *pequeñas* molestias, y particularmente cuando se producen varias al mismo tiempo. Por causa de esas pequeñas molestias, aun cuando ya hubieron pasado, el lugar guardaba malos recuerdos para Isaac… Él fue a levantar su tienda lejos del lugar donde había tenido tantos problemas. Esa misma noche tuvo una revelación. Dios le habló cuando ya interiormente estaba en calma. No lo había podido hacer cuando la mente de Isaac estaba atormentada. La voz de Dios exige que el alma esté en silencio. Solo en la *quietud* del espíritu pudo Isaac oír cómo Dios limpiaba de su vida todas aquellas molestias que se le habían acumulado. Su noche *apacible* se transformó en su noche *radiante*.

Alma mía, ¿has meditado en estas palabras: «Quédense quietos, y reconozcan»? (Salmos 46:10). En medio de la angustia, no se puede oír la respuesta a nuestras oraciones. ¡Cuántas veces sentimos que la respuesta llega demasiado tarde! El corazón no oye ninguna respuesta cuando clama mientras truenos, temblores y fuego lo inundan. Pero una vez que se hace la quietud, una vez que la calma lo inunda y los nudillos dejan de golpear a las puertas de hierro; una vez que la preocupación por las vidas de otros se abre paso en la tragedia de su propia vida, la respuesta largamente esperada aparece. Debes descansar, oh alma, para recibir lo que tu corazón pide y desea. Retarda los latidos de tu corazón respecto de tu situación personal. Toma las tormentas de tus tragedias personales y ponlas en el altar de las pruebas diarias de Dios y la misma noche, el Señor se te hará presente. Él desplegará su arco iris deteniendo el diluvio y en tu quietud podrás oír la música sempiterna. —*George Matheson*

«Quedándose solo. Entonces un hombre luchó con él hasta el amanecer» (Génesis 32:24).

En Génesis 32:24 Dios está luchando con Jacob más que Jacob con Dios. El «hombre» mencionado aquí es el Hijo del Hombre… Es Dios en forma humana que está tratando de despojar a Jacob de su vida vieja. Al despuntar el alba, Dios había prevalecido pues a Jacob «la cadera… se le dislocó» (Génesis 32:25).

Al sentirse libre de su vida vieja, Jacob cayó en los brazos de Dios, aferrándose a él pero también luchando hasta que obtuvo la bendición. Esa bendición era, precisamente, una nueva vida, alzándose desde lo terrenal a lo celestial, de lo humano a lo divino y de lo natural a lo sobrenatural. Desde esa madrugada en adelante, Jacob fue un hombre débil y quebrantado desde la perspectiva humana, pero Dios estaba ahí…

Amados, esta podría ser una escena típica en la vida de todo aquel que ha sido transformado. Si Dios nos ha llamado a lo más alto y mejor, tendremos un tiempo de crisis, un tiempo cuando todos nuestros recursos no servirán de nada y cuando nos enfrentemos a la ruina o a algo mejor que jamás soñamos. Pero antes que podamos recibir la bendición, debemos descansar en la ayuda infinita de Dios. Tenemos que estar dispuestos a dejar ir, a rendirnos completamente a él y olvidarnos de nuestra propia sabiduría, capacidad y justicia. Tenemos que estar «crucificados con Cristo» (Gálatas 2:20) y seguir viviendo en él. Dios sabe cómo llevarnos al punto de crisis y sabe cómo conducirnos para que salgamos victoriosos.

¿Está Dios guiándole? ¿Es este el sentido de esa prueba incomprensible, de las difíciles circunstancias que vive, de esa situación imposible o ese lugar que pareciera que nunca va a poder dejar atrás? ¿Tiene usted suficiente de él como para obtener la victoria?

¡Entonces vuélvase al Dios de Jacob! Póstrese a sus pies declarándose absolutamente incapaz, muera en sus brazos amorosos a sus propias fuerzas y sabiduría y levántese, como Jacob, en su fuerza y suficiencia.

—*Seleccionado*

«Es mejor que mi señor se adelante a su siervo, que yo seguiré al paso de la manada y de los niños, hasta que nos encontremos en Seír» (Génesis 33:14).

¡Qué hermoso cuadro nos ofrece Jacob por su consideración hacia los animales y hacia los niños! No estaba dispuesto a que se les exigiera demasiado en un solo día ni que avanzaran al ritmo de un hombre fuerte como era Esaú, sino solo a la velocidad que fueran capaces de soportar. Sabía exactamente hasta dónde podrían llegar en un día y fue así como planificó el viaje. Él había hecho ese mismo trayecto años antes y sabía por propia experiencia lo duro que era el camino, los calores y la distancia. Por eso fue que dijo: «Yo seguiré al paso de la manada» (Génesis 33:14).

«Pues nunca antes han pasado por ese camino» (Josué 3:4).

Nosotros «nunca hemos pasado por este camino», pero el Señor Jesús sí.

Para nosotros es terreno desconocido, pero él lo conoce por experiencia propia. Él conoce los lugares empinados que nos quieren dejar sin aliento, las partes rocosas que lastiman nuestros pies, el calor y los descampados que nos dejan exhaustos y los ríos caudalosos que tenemos que cruzar. Jesús ha pasado por todo esto antes que nosotros. Como lo muestra Juan 4:6: «Jesús, fatigado del camino, se sentó». Fue golpeado por cada posible torrente, pero todas las aguas que vinieron contra él nunca apagaron su amor. A Jesús todas las cosas que sufrió lo hicieron el líder perfecto. «Él conoce nuestra condición; *sabe que somos de barro*» (Salmos 103:14, itálicas del autor). Piense en esto cuando se sienta tentado a cuestionar la mansedumbre de su liderazgo. Él *recuerda* siempre y nunca lo llevará a dar siquiera un paso más allá de lo que sus pies son capaces de soportar. No importa si usted piensa que no es capaz de dar un paso más porque él lo fortalecerá para que pueda darlo o le dará una orden de alto y no tendrá que hacerlo.

—*Frances Ridley Havergal*

> *«Y mandó que echaran a José en la cárcel donde estaban los presos del rey. Pero aun en la cárcel el Señor estaba con él y no dejó de mostrarle su amor. Hizo que se ganara la confianza del guardia de la cárcel, el cual puso a José a cargo de todos los prisioneros y de todo lo que allí se hacía. Como el Señor estaba con José y hacía prosperar todo lo que él hacía, el guardia de la cárcel no se preocupaba de nada de lo que dejaba en sus manos»* (Génesis 39:20–23).

C uando Dios permite que vayamos a la cárcel por nuestro servicio a él, la prisión se transforma en el lugar más bendecido del mundo en el que podríamos estar, porque él va con nosotros. Pareciera que José entendía esta verdad, porque no se desesperó ni se rebeló ni se autocompadeció pensando que todo estaba contra él. Si hubiese hecho eso, el carcelero-jefe jamás habría confiado en él.

Es bueno que recordemos que si dejamos que la autocompasión se posesione de nosotros, no podremos ser usados por Dios sino hasta que sea quitada completamente. José simplemente puso todo en alegre confianza en las manos del Señor y, como resultado, el jefe de los carceleros puso todo bajo su cuidado.

Señor Jesús, cuando las puertas de la prisión se cierren detrás de mí, ayúdame para seguir confiando en ti con un gozo completo y rebosante. Permite que el trabajo que hago para ti sea un éxito completo, e incluso en la prisión, hazme «verdaderamente libre» (Juan 8:36).

—Seleccionado

«¡Y las vacas feas y flacas se comieron a las vacas hermosas y gordas! En ese momento el faraón se despertó».

«¡Y las siete espigas delgadas se comieron a las espigas grandes y hermosas! En eso el faraón se despertó y se dio cuenta de que sólo era un sueño» (Génesis 41:4, 7).

Este sueño debería ser una advertencia para cada uno de nosotros. Sí, es posible que los mejores años de nuestras vidas, las más hermosas experiencias que hemos vivido, las más grandes victorias que hemos alcanzado y el mejor servicio que hemos dado sean tragados por tiempos de fracasos, derrotas, deshonor e inutilidad en el reino de Dios. Algunas personas cuyas vidas fueron una promesa excepcional han terminado así. Es triste, pero es la verdad.

Sin embargo, tal fin nunca ha sido necesario.

Samuel Dickey Gordon en cierta ocasión dijo que la única seguridad cierta contra tal tragedia es tener un «toque fresco diario, o incluso cada hora, con Dios».

Mantener este «toque fresco con Dios» mediante Jesucristo será lo único que evite que «las vacas feas y flacas» (Génesis 41:4) y las «espigas delgadas» (Génesis 41:7) consuman mi vida.

—*Messages for the Morning Watch*

«*Antes de comenzar el primer año de hambre, José tuvo dos hijos con su esposa Asenat, la hija de Potifera, sacerdote de On. Al primero lo llamó Manasés, porque dijo: "Dios ha hecho que me olvide de todos mis problemas, y de mi casa paterna." Al segundo lo llamó Efraín, porque dijo: "Dios me ha hecho fecundo en esta tierra donde he sufrido"*» (Génesis 41:50–52).

Un poeta, de pie ante una ventana, mira en una torrencial lluvia de verano caer el agua con fuerza sobre la tierra. El poeta, con su imaginación, ve más que una lluvia que cae. Ve una miríada de hermosas flores descendiendo en forma de lluvia sobre la tierra recién regada... Y entonces, canta:

No es lluvia la que cae; son narcisos;
En cada gota veo flores sobre los cerros.
Una nube de color gris envuelve el día;
No está lloviendo lluvia, están lloviendo rosas.

Quizás usted, como hijo de Dios, esté pasando por una prueba y se esté diciendo: «Oh, Señor, me está lloviendo duro esta noche y temo que esta prueba sea superior a mis fuerzas... Mi corazón se estremece de la congoja y se aterroriza ante la intensidad de mi sufrimiento. Las lluvias de la aflicción anegan mi alma».

Mi amigo, debo decirle que si piensa así, está completamente equivocado. No es lluvia la que Dios está derramando sobre usted; *son bendiciones*. Si solamente creyera la Palabra de Dios, se daría cuenta de que la lluvia no es otra cosa que flores espirituales. Y son más hermosas y aromáticas que todas aquellas que crecieron en su vida sin tormentas y sin sufrimientos.

Usted puede ver la lluvia, ¿pero puede también ver las flores? Quizá está sufriendo por diversas pruebas, pero sabe que Dios ve descendiendo sobre usted a través de esas pruebas tiernas flores de fe. Usted trata de huir del dolor, pero Dios ve su tierna compasión por otros que sufren y tratan de encontrar luz en su alma; su corazón se estremece ante el dolor ajeno, pero Dios ve la profunda tristeza que hay en su alma y se propone enriquecer su vida.

—J. M. M.

«Entonces Jacob, su padre, les dijo: —¡Ustedes me van a dejar sin hijos! José ya no está con nosotros, Simeón tampoco está aquí, ¡y ahora se quieren llevar a Benjamín! ¡Todo esto me perjudica» (Génesis 42:36).

El otro día, un amigo y yo estábamos pasando por la planta que genera electricidad para los tranvías. Al oír el zumbido y el ruido que producían los numerosos engranajes de las turbinas, le pregunté a mi amigo: «¿Cómo se produce la energía?». Y él me respondió: «Sencillamente por las vueltas que dan esos engranajes y la fricción que crean. La fricción es la que produce la corriente eléctrica».

En una forma similar, cuando Dios desea producir más poder en su vida, crea más fricción. Usa esta presión para generar poder espiritual. Hay quienes no son capaces de manejar esta situación y huyen de la presión en lugar de recibir el poder y usarlo para sobreponerse a la experiencia dolorosa que la produce.

La oposición es esencial para mantener un verdadero balance entre las fuerzas. Son las fuerzas centrípeta y centrífuga actuando en oposición la una respecto de la otra las que mantienen a nuestro planeta en su órbita correcta. La acción propulsora acoplada con la contracción repelente mantiene a la tierra en órbita alrededor del sol en lugar de lanzarla al espacio infinito donde le esperaría una destrucción segura.

Dios guía nuestras vidas en la misma manera. No es suficiente tener solo una fuerza propulsora. Necesitamos una fuerza repelente igual para que nos soporte a través de las duras pruebas de la vida… todas las cosas que parecen estar en contra de nosotros favorecen nuestro progreso y fortalecen nuestro fundamento.

Agradezcámosle a él tanto por los pesos como por las alas que estos producen. Y al darnos cuenta de que somos propulsados divinamente, prosigamos con fe y paciencia en nuestro alto y celestial llamado.

—*A. B. Simpson*

«Jacob mandó a Judá que se adelantara para que le anunciara a José su llegada y éste lo recibiera en Gosén. Cuando llegaron a esa región, José hizo que prepararan su carruaje, y salió a Gosén para recibir a su padre Israel. Cuando se encontraron, José se fundió con su padre en un abrazo, y durante un largo rato lloró sobre su hombro. Entonces Israel le dijo a José: —¡Ya me puedo morir! ¡Te he visto y aún estás con vida!» (Génesis 46:28–30).

José no pudo entender la crueldad de sus hermanos hacia él, el falso testimonio de una mujer traicionera o los largos años de cárcel, pero confió en Dios y finalmente *vio* su gloria en todo. Y el padre de José, Jacob, no pudo entender *cómo* la extraña providencia de Dios permitió que alejaran a su hijo de su lado. Pero más tarde *vio* la gloria del Señor cuando volvió a mirar a su hijo cara a cara, quien ahora era el gobernador al servicio de un gran rey y la persona que usó para preservar su propia vida y las vidas de toda una nación.

Es posible que en usted haya también algo que lo haga dudar de Dios. Quizás diga: «No puedo entender *por qué* Dios permitió que perdiera a mi amado. No entiendo *por qué* ha permitido que la aflicción me golpee de esta forma. No puedo entender *por qué* el Señor me ha llevado por este camino tan tortuoso. No entiendo *por qué* mis propios planes, que parecían tan buenos, han resultado tan decepcionantes. No entiendo *por qué* las bendiciones que necesito desesperadamente se tardan tanto en llegar».

Querido amigo, usted *no tiene* que entender todas las formas en que Dios trata con usted. Él no espera que lo entienda todo. Como padre, usted no espera que sus hijos entiendan todo lo que hace; simplemente espera que ellos confíen en usted. Y un día, usted también podrá ver la gloria de Dios en las cosas que no entiende.

—J. H. M.

«Y los bendijo con estas palabras: "Que el Dios en cuya presencia caminaron mis padres, Abraham e Isaac, el Dios que me ha guiado desde el día en que nací hasta hoy"» (Génesis 48:15).

Abraham «salió sin saber a dónde iba» (Hebreos 11:8). Para él fue suficiente saber que iba con Dios. No descansó tanto en las promesas que se le hicieron como en el que las hizo. Y no se fijó tanto en lo difícil de sus circunstancias como en su Rey —el eterno, infinito, invisible y sabio y único Dios— que había dejado su trono para guiar sus pasos y que, sin duda, habría de probarse a sí mismo.

¡Oh fe gloriosa! Su trabajo y posibilidades son estos: alegría de salir con las órdenes aún selladas, debido a una confianza inquebrantable en la sabiduría del Señor; y una voluntad de levantarse, dejarlo todo y seguir a Cristo por la gozosa seguridad de que lo mejor que le pueda proporcionar esta tierra no se compara con lo mínimo que el cielo le pueda ofrecer.

—*F. B. Meyer*

No es suficiente comenzar con Dios una aventura de fe, cualquiera que sea. Es necesario estar dispuesto a tomar sus ideas sobre cómo habrá de desarrollarse esa aventura y hacerlas mil pedazos porque nada de lo que ocurra en el viaje será como usted espera.

Su guía no lo librará de todos los golpes que encuentre en el camino. Él lo llevará por lugares que nunca soñó que sus ojos verían. Él no conoce el miedo y espera que usted no le tenga miedo a nada mientras está con usted.

«Al reflexionar sobre la muerte de su padre, los hermanos de José concluyeron: "Tal vez José nos guarde rencor, y ahora quiera vengarse de todo el mal que le hicimos." Por eso le mandaron a decir: "Antes de morir tu padre, dejó estas instrucciones: 'Díganle a José que perdone, por favor, la terrible maldad que sus hermanos cometieron contra él.' Así que, por favor, perdona la maldad de los siervos del Dios de tu padre." Cuando José escuchó estas palabras, se echó a llorar. Luego sus hermanos se presentaron ante José, se inclinaron delante de él y le dijeron: —Aquí nos tienes; somos tus esclavos.

—No tengan miedo —les contestó José—. ¿Puedo acaso tomar el lugar de Dios? Es verdad que ustedes pensaron hacerme mal, pero Dios transformó ese mal en bien para lograr lo que hoy estamos viendo: salvar la vida de mucha gente. Así que, ¡no tengan miedo! Yo cuidaré de ustedes y de sus hijos. Y así, con el corazón en la mano, José los reconfortó» (Génesis 50:15–21).

Génesis 50:20 contiene uno de los más grandes testimonios jamás escrito acerca de la efectividad de la obra de Dios a nuestro favor durante tiempos de crisis… por haber sido liberados no *del* sufrimiento sino a *través* del sufrimiento…

¿No hemos, cada uno de nosotros, experimentado esto miles de veces comprobando que es verdad? Alguien una vez dijo de José que cuando estaba en el pozo «hierro entró en su alma». Y la dureza del hierro era lo que exactamente necesitaba porque antes de eso solo había experimentado el resplandor del oro. Se había venido regocijando en sueños juveniles y soñar suele endurecer el corazón.

… Querida alma, si quieres que tu simpatía por los demás se amplifique, deberás estar dispuesta a someter tu vida a algún grado de sufrimiento. El pozo de José fue el camino que lo condujo al trono y no habría sido capaz de alzar la carga de hierro de sus hermanos de no haber experimentado el hierro en su propia vida. Su vida se amplificará en proporción directa a la cantidad de hierro que haya soportado… Así que no se queje por las sombras de oscuridad; de hecho, estas sombras son mejores que el mejor de los sueños que usted jamás haya tenido. No diga que la oscuridad de la prisión lo ha encadenado, porque sus cadenas son alas, alas para volar hacia el corazón y el alma de los demás. Y la puerta de su prisión es la puerta al corazón del universo. —*George Matheson*

«Y, en efecto, el faraón se enteró de lo sucedido y trató de matar a Moisés; pero Moisés huyó del faraón y se fue a la tierra de Madián, donde se quedó a vivir junto al pozo. El sacerdote de Madián tenía siete hijas, las cuales solían ir a sacar agua para llenar los abrevaderos y dar de beber a las ovejas de su padre. Pero los pastores llegaban y las echaban de allí. Un día, Moisés intervino en favor de ellas: las puso a salvo de los pastores y dio de beber a sus ovejas. Cuando las muchachas volvieron a la casa de Reuel, su padre, éste les preguntó:

—¿Por qué volvieron hoy tan temprano?

—Porque un egipcio nos libró de los pastores —le respondieron—. ¡Hasta nos sacó el agua del pozo y dio de beber al rebaño!

—¿Y dónde está ese hombre? —les contestó—. ¿Por qué lo dejaron solo? ¡Invítenlo a comer!

»Moisés convino en quedarse a vivir en casa de aquel hombre, quien le dio por esposa a su hija Séfora. Ella tuvo un hijo, y Moisés le puso por nombre Guersón, pues razonó: "Soy un extranjero en tierra extraña"» (Éxodo 2:15–22).

«Pasados cuarenta años, se le apareció un ángel en el desierto cercano al monte Sinaí, en las llamas de una zarza que ardía» (Hechos 7:30).

A menudo, el Señor nos aparta de nuestro trabajo por un tiempo determinado y nos pide quedarnos tranquilos y aprender antes de volver al ministerio.

Y las horas que pasamos en espera no son tiempo perdido.

En cierta ocasión, un antiguo caballero se dio cuenta, mientras huía de sus enemigos, que era necesario cambiarle una herradura a su caballo. Lo que las circunstancias aconsejaban era seguir corriendo sin demora. Pero una sabiduría superior le dijo que se detuviera por unos minutos en el taller de un herrero que estaba a la vera del camino. Aunque escuchaba el ruido de los cascos de los caballos de los enemigos que se acercaban, esperó hasta que su corcel tuvo su herradura nueva. Cuando el enemigo apareció, saltó a la silla y corrió, alejándose con la rapidez del viento. Entonces se dio cuenta de que su detención había apresurado su escape.

A menudo, Dios nos pide que nos detengamos antes de seguir y al hacerlo, podremos recuperarnos del desgaste de nuestra última misión antes de entrar en la siguiente. —*Days of Heaven upon Earth*

«…Estando allí, el ángel del Señor se le apareció entre las llamas de una zarza ardiente. Moisés notó que la zarza estaba envuelta en llamas, pero que no se consumía…» (Éxodo 3:1–22).

La visión del ángel del Señor vino a Moisés mientras estaba dedicado a su trabajo habitual. Ahí es, exactamente, donde el Señor se deleita en dar sus revelaciones. Él busca a una persona cuando va transitando por su rutina y «una luz del cielo» (Hechos 9:3) relampaguea de repente sobre ella. Y una «escalinata apoyada en la tierra» (Génesis 28:12) puede subir desde el mercado hasta el cielo transformando una vida penosa en una vida llena de gracia.

Amado Padre: ayúdame a esperar en ti mientras voy por el camino rutinario de la vida. No estoy pidiendo experiencias sobrenaturales; solo que seas mi compañero cada día mientras trabajo y cumplo con mis deberes y que estés a mi lado todo el tiempo. Y que mi pobre vida sea transformada por tu presencia conmigo.

Algunos creyentes piensan que deben estar siempre en la cima de la montaña de gozo y revelación extraordinarios, pero este no es el modelo de Dios. *No* se nos prometieron tiempos de grandes alturas espirituales y comunicación maravillosa con el mundo invisible, pero sí una vida de comunicación diaria con él. Y esto para nosotros es suficiente, porque él nos dará aquellos tiempos de revelación excepcional que anhelamos.

Solo tres discípulos fueron testigos de la transfiguración y los mismos tres experimentaron las oscuridades de Getsemaní. Nadie puede permanecer en la cumbre en forma permanente porque hay responsabilidades en el valle. Jesús cumplió su agenda de trabajo no en la gloria sino en el valle. Fue allí donde se reveló como el Mesías verdadero y completo.

El valor de la visión y su gloria acompañante es su don de equipamiento que nos da para el servicio y la resistencia.

—*Seleccionado*

«El Señor le respondió:
—*Ahora verás lo que voy a hacer con el faraón. Realmente,
sólo por mi mano poderosa va a dejar que se vayan; sólo por mi
mano poderosa va a echarlos de su país*» (Éxodo 6:1).

Durante la Guerra Civil en Estados Unidos, el hijo de un banquero se enroló en el ejército de la Unión. Una vez que el muchacho se hubo ido, este padre desarrolló un inmenso interés por la situación de los soldados, a menudo, sacrificando su trabajo. Sus amigos le empezaron a rogar que no desatendiera su negocio; tanto insistieron que terminó por hacerles caso.

Un día, después de haber tomado esta decisión, se presentó en el banco un joven soldado vistiendo un uniforme descolorido y con heridas en las manos y en el rostro. El joven soldado hurgaba en sus bolsillos tratando de encontrar algo cuando lo vio el banquero. Supuso este que el joven tenía la intención de entrar, así que le dijo: «Mi buen amigo, no puedo ayudarte hoy. Estoy demasiado ocupado. Te sugiero que vayas al cuartel y estoy seguro de que los oficiales allí te van a ayudar».

El soldado no se movió; en cambio, continuó hurgando en sus bolsillos hasta que al fin extrajo un trozo de papel casi despedazado y sucio. Lo extendió al banquero quien leyó el siguiente mensaje escrito a lápiz:

Querido papá:
*Este es uno de mis amigos que fue herido en la última batalla y ha
venido a verte después de haber salido del hospital. Te ruego que
lo recibas como si fuera yo.*

Charlie

En un segundo, toda la resolución que el banquero había tomado de dedicarse solo a atender su negocio se disipó. Llevó al joven hasta su residencia, le dio el cuarto de su hijo y lo sentó a la mesa con él. Lo cuidó hasta que el alimento, el reposo y el amor le devolvieron la salud y pudo volver al frente de batalla para seguir ofrendando su vida en el altar de la bandera por la cual peleaba.

—*Seleccionado*

«Moisés extendió su vara sobre Egipto, y el Señor *hizo que todo ese día y toda esa noche un viento del este soplara sobre el país. A la mañana siguiente, el viento del este había traído las langostas… A toda prisa mandó llamar el faraón a Moisés y a Aarón, y admitió: He pecado contra el* Señor *su Dios y contra ustedes… El* Señor *hizo entonces que el viento cambiara, y que un fuerte viento del oeste se llevara las langostas y las echara al Mar Rojo.* (Éxodo 10:13, 16, 19).

E n estos versículos vemos cómo, antiguamente, cuando el Señor peleaba por Israel contra el cruel Faraón, fue un *viento tormentoso* el que les dio la liberación. Al principio, parecía que algo extraño y cruel le estaba ocurriendo a Israel. Estaban cercados por una multitud de peligros: al frente, un mar furioso; a otro lado, altas montañas donde parecía imposible escapar; y por encima de ellos, un huracán amenazador. Parecía que la liberación que había tenido lugar no los llevaría a otra parte sino a la muerte. «Cuando los israelitas se fijaron y vieron a los egipcios pisándoles los talones, sintieron mucho miedo y clamaron al Señor» (Éxodo 14:10).

Solo cuando ya parecía que no tenían escape posible vino el triunfo glorioso. El *viento tormentoso* sopló delante de ellos haciendo retroceder las ondas del mar (ver Éxodo 14:21). La inmensa multitud de israelitas, entonces, avanzó por el camino abierto en el lecho del mar, una senda cubierta con el amor protector de Dios. Las aguas detenidas formaban una pared como de cristal que brillaba a la luz de la gloria del Señor, mientras bien alto, arriba, retumbaban los truenos de la tormenta. Y esta situación se mantuvo por toda la noche. Solo al amanecer del día siguiente y cuando el último israelita hubo puesto su pie en la orilla, el trabajo del *viento tormentoso* quedó terminado.

Entonces Israel cantó un himno al Señor sobre cómo el *viento tormentoso* dio cumplimiento a su palabra… Algún día, a través de su gran misericordia, nosotros también estaremos ante un «mar… de vidrio» teniendo en nuestras manos «harpas [dadas a nosotros por] Dios». Y cantaremos el himno de Moisés y el himno del Cordero: «Grandes y maravillosas son tus obras, Señor, Dios Todopoderoso. Justos y verdaderos son tus caminos, Rey de las naciones» (Apocalipsis 15:2–3). Entonces nos daremos cuenta de cómo los *vientos tormentosos* han logrado nuestra liberación.

—Mark Guy Pearse

«Pero el Señor le dijo a Moisés: ¿Por qué clamas a mí? ¡Ordena a los israelitas que se pongan en marcha! Y tú, levanta tu vara, extiende tu brazo sobre el mar y divide las aguas, para que los israelitas lo crucen sobre terreno seco» (Éxodo 14:15–16).

Querido hijo de Dios, ¡imagínese aquella marcha triunfal! Niños incapaces de controlar sus impulsos corriendo por doquier con padres tratando de aquietarlos y mantenerlos a su lado. Piense en cómo se habrán sentido las mujeres al experimentar una alegría incontrolable por verse libradas de un destino peor que la muerte. Y los hombres avergonzados y amonestados por dudar de Dios y quejarse contra Moisés. Y mientras se imagina el Mar Rojo con sus imponentes murallas de agua, separadas por la poderosa mano del Eterno en respuesta a la fe de un hombre, vea lo que Dios hará.

Nunca tema a las consecuencias que puedan resultar de una obediencia absoluta a sus mandamientos. Nunca se sobrecoja ante la vista de las aguas impetuosas que tenga por delante. Dios es más grande que el rugido de aguas furiosas y del inmenso poder de las ondas del mar. «Señor tiene su trono sobre las lluvias; el Señor reina por siempre» (Salmos 29:10). La peor tormenta es apenas el borde de su manto, la señal de su venida y la evidencia de su presencia.

¡Atrévase a confiar en él! ¡Atrévase a seguirlo! Luego descubra que las fuerzas que bloqueaban su progreso y amenazaban su vida se transformaron, a su orden, en materiales para construir su senda de libertad.

—*F. B. Meyer*

«Moisés extendió su brazo sobre el mar, y toda la noche el Señor envió sobre el mar un recio viento del este que lo hizo retroceder, convirtiéndolo en tierra seca. Las aguas del mar se dividieron» (Éxodo 14:21).

En Éxodo 14:21 hay un mensaje reconfortante sobre cómo Dios trabaja en medio de la oscuridad. El verdadero trabajo de Dios por los hijos de Israel no comenzó cuando ellos se despertaron esa mañana para encontrar que les era posible cruzar el Mar Rojo, sino que ocurrió *«toda la noche»* (itálicas del autor).

Puede que se esté desarrollando un gran trabajo en su vida cuando es mayor la oscuridad. Quizás no vea evidencia todavía, pero Dios está trabajando. Dios trabajó «toda la noche» tanto como al día siguiente, cuando los israelitas finalmente vieron la evidencia. El día siguiente simplemente mostró lo que Dios había hecho durante la noche.

¿Está usted leyendo esto desde un lugar en su vida en que todo parece oscuridad? ¿Tiene usted fe como para ver lo que aún no se puede ver? ¿Está usted dejando de tener victorias continuas en su crecimiento espiritual? ¿Ha dejado de tener su tiempo diario de comunión y a su alrededor no hay otra cosa que oscuridad? No se olvide: fue *«toda la noche»*. Dios trabaja durante la noche hasta el amanecer. Usted no puede verlo todavía, pero a través de la *noche* de su vida, mientras confía, Él está trabajando.

—*C. H. P.*

«Llegaron a Mara, lugar que se llama así porque sus aguas son amargas, y no pudieron apagar su sed allí. Comenzaron entonces a murmurar en contra de Moisés, y preguntaban: "¿Qué vamos a beber?" Moisés clamó al Señor, y él le mostró un pedazo de madera, el cual echó Moisés al agua, y al instante el agua se volvió dulce.

»En ese lugar el Señor los puso a prueba y les dio una ley como norma de conducta. Les dijo: "Yo soy el Señor su Dios. Si escuchan mi voz y hacen lo que yo considero justo, y si cumplen mis leyes y mandamientos, no traeré sobre ustedes ninguna de las enfermedades que traje sobre los egipcios. Yo soy el Señor, que les devuelve la salud"» (Éxodo 15:23–26).

En cierta ocasión visité la sección de pruebas de un gran molino de acero. Me vi rodeado por instrumentos y equipos que probaban pedazos de acero hasta sus límites y medían su punto de ruptura. Algunas piezas habían sido dobladas hasta que se quebraban y luego las etiquetaban indicando el grado de presión que habían alcanzado a soportar. A otras las estiraban hasta que se rompían, anotando igualmente su nivel de resistencia. Incluso a otras las comprimían hasta el punto de trituración, midiendo y anotando como en los casos anteriores. Gracias a estas pruebas, el administrador del molino sabía exactamente lo que cada pieza podía soportar si se usaba para construir un barco, un edificio o un puente.

Es algo muy parecido lo que a menudo ocurre con los hijos de Dios. Él no quiere que seamos tan frágiles y quebradizos como un vaso de vidrio o de porcelana. Él quiere que seamos tan resistentes como aquellas piezas de acero, capaces de soportar presiones hasta el grado del colapso.

Dios no quiere que seamos como plantas de invernadero, protegidas de los rigores del clima, sino que seamos como robles soportando las más rigurosas tempestades; no como dunas de arena que son llevadas a todos lados por cada ráfaga de viento, sino como las montañas de granito que permanecen inamovibles por más fieras que sean las tormentas. Para comprobar nuestra resistencia, él puede llevarnos al cuarto de prueba de sufrimiento. Y muchos de nosotros no necesitamos otro argumento que nuestra propia experiencia para probar que, sin duda, el sufrimiento es de hecho el cuarto de prueba de Dios de la fe.

—J. H. M.

«Y el Señor le dijo:

—Voy a presentarme ante ti en medio de una densa nube, para que el pueblo me oiga hablar contigo y así tenga siempre confianza en ti.

»Moisés refirió al Señor lo que el pueblo le había dicho» (Éxodo 19:9).

U sted debería adquirir el hábito de buscar el lado positivo de las tormentas. Y una vez encontrado, concentrar su atención en él en lugar de en la oscuridad circundante. No dé lugar al desaliento sin importar cuán dura sea la prueba o cuantiosos los problemas que lo rodean. Las almas desalentadas están en una situación de indefensión y son incapaces tanto de «hacer frente a las artimañas del diablo» (Efesios 6:11) por sí solas como de prevalecer en oración por otros. Huya de todo síntoma del enemigo mortal del desaliento así como huiría de una serpiente. Nunca le dé las espaldas parsimoniosamente, a menos que desee morder el polvo de la amarga derrota.

Busque las promesas específicas de Dios, repitiendo en voz alta: «Esta promesa es *mía*». Ahora, si sigue experimentando sentimientos de duda y desaliento derrame su corazón ante Dios, pidiéndole que reprenda al adversario que está acosándole sin misericordia.

En el mismo instante en que usted rechaza decididamente todo síntoma de desaliento y desconfianza, el bendito Espíritu Santo reavivará su fe e inspirará en su alma la fuerza divina de Dios. Al principio, es posible que usted no sea consciente de lo que está ocurriendo, pero en la medida que rehúya sin concesiones cada ataque o incluso cualquier tendencia hacia la duda o la depresión, muy pronto va a poder ver los poderes de oscuridad replegándose derrotados.

Oh, si solo nuestros ojos pudieran ver los poderosos ejércitos de fuerza y poder que están siempre detrás de nosotros cuando nos volvemos de las huestes de oscuridad a Dios, no prestaríamos atención a los esfuerzos de nuestro astuto enemigo para angustiarnos, deprimirnos o desanimarnos. Todos los atributos milagrosos de la Deidad están junto al creyente, por más débil que este sea, que en el nombre de Jesucristo y en una confianza sencilla e inocente se entrega a Dios en busca de ayuda y dirección.

—*Seleccionado*

«Ante ese espectáculo de truenos y relámpagos, de sonidos de trompeta y de la montaña envuelta en humo, los israelitas temblaban de miedo y se mantenían a distancia. Así que le suplicaron a Moisés:

—Háblanos tú, y te escucharemos. Si Dios nos habla, seguramente moriremos.

—No tengan miedo —les respondió Moisés—. Dios ha venido a ponerlos a prueba, para que sientan temor de él y no pequen.

»Entonces Moisés se acercó a la densa oscuridad en la que estaba Dios, pero los israelitas se mantuvieron a distancia» (Éxodo 20:18–21).

Dios aún tiene sus secretos, ocultos de los «sabios e instruidos» (Lucas 10:21). No tema a estas cosas desconocidas, sino alégrese de aceptar las que no puede entender y esperar con paciencia. A su debido tiempo él le revelará los tesoros de lo desconocido, las riquezas de la gloria de su misterio. Reconozca que el misterio es simplemente el velo que cubre la faz de Dios.

No tenga miedo de entrar en la nube que desciende sobre su vida porque Dios está en ella. Y el otro lado está radiante con su gloria. «No se extrañen del fuego de la prueba que están soportando, como si fuera algo insólito. Al contrario, alégrense de tener parte en los sufrimientos de Cristo» (1 Pedro 4:12–13). Cuando se sienta abandonado y olvidado, Dios está cerca. Está en la nube más oscura. Avance en la oscuridad sin inmutarse, sabiendo que bajo el amparo de la nube, Dios lo está esperando.

—Seleccionado

«*—Yo mismo iré contigo y te daré descanso —respondió el Señor*» (Éxodo 33:14).

A dos artistas pintores se les pidió que ilustraran su propia idea del descanso. El primero escogió para su escena un lago solitario y en quietud, enclavado en medio de una serie de montañas distantes. El segundo, con fuertes y certeros trazos sobre la tela pintó una gran cascada. Debajo de las aguas que caían con violencia, pintó un frágil abedul que se inclinaba por la fuerza del agua. Y en una de sus ramas, casi mojado por el agua atomizada, un petirrojo tranquilo en su nido.

La primera pintura era simplemente una descripción de *inamovilidad e inactividad*.

La segunda, sin embargo, describía *descanso*.

Exteriormente, Jesús soportó una de las más tormentosas vidas jamás vivida. Tormentas y tumultos, tumultos y tormentas. Marejada tras marejada vinieron contra él hasta que su cuerpo desgastado fue puesto en la tumba. Sin embargo, su vida interior fue tan suave como un mar de cristal. Allí siempre reinó una gran calma.

Cualquiera pudo ir a él en cualquier momento y hallar descanso.

A pesar de que los sabuesos humanos no dejaban de acosarlo en las calles de Jerusalén, se volvió a sus discípulos ofreciéndoles su legado final: mi paz.

El descanso no es una percepción del cuerpo que se obtiene en la iglesia. Es un estado de calma que surge del corazón y que está profunda y firmemente arraigada en Dios.

—*Henry Drummond*

«Prepárate para subir mañana a la cumbre del monte Sinaí, y presentarte allí ante mí» (Éxodo 34:2).

La «mañana» es el tiempo que he separado para mi encuentro con el Señor.

La *mañana*, palabra que en sí misma se asemeja a un racimo de deliciosas uvas prontas a convertirse en vino sagrado para beberlo. ¡En la mañana! Aquí es cuando Dios me ve en mi mejor momento en fuerza y esperanza para iniciar mi diario ascenso, no en debilidad sino en poder. Anoche sepulté la fatiga del día de ayer y esta mañana me aprovisioné de una nueva cuota de energía. Bendito el día cuando se santifica la mañana, ¡se aparta para Dios! ¡Exitoso es el día cuando la primera victoria se gana sobre las rodillas! ¡Santo es el día cuando el desaliento me encuentra en las más altas cumbres con Dios!

Querido Padre: vengo para encontrarme contigo. Nada podrá alejarme de tus santas alturas. A tu llamado vengo porque tengo la seguridad de que me encontraré contigo. Cada mañana en la montaña comenzará tan bien que me dará fuerzas y alegría por el resto del día.

—*Joseph Parker*

«*No seas vengativo con tu prójimo, ni le guardes rencor. Ama a tu prójimo como a ti mismo. Yo soy el Señor*» (Levítico 19:18).

Hay ocasiones en que no hacer nada demanda mucho más esfuerzo que estar activo. Mantener la serenidad es a menudo la mejor evidencia de poder. Incluso ante los ataques más viles y mortíferos, Jesús respondió con un silencio profundo e inquebrantable. Su silencio fue tan profundo que hizo que sus acusadores y espectadores se callaran asombrados. A los más grandes insultos, los más violentos tratos y a las burlas que pudieron producir justa indignación a los corazones más débiles, él respondió con silencio, con una calma confiada.

Quienes son injustamente acusados y maltratados sin causa saben de la tremenda fuerza que se requiere para guardar silencio y dejar la venganza a Dios.

Los hombres pueden malinterpretar tus intenciones,
Y creer que tienen razón para juzgarte,
Dicen que estás equivocado.
Conserva la calma
Cristo es el juez, no ellos.
No temas, sé fuerte.

El apóstol Pablo dijo: «Considero que mi vida carece de valor para mí mismo» (Hechos 20:24). Pablo tenía un corazón verdaderamente tierno porque no leemos de ninguno otro de los apóstoles que haya dicho lo que él dijo de sí mismo. Se necesita ser un hombre fuerte para llorar. «Jesús lloró» (Juan 11:35) y él fue el hombre más fuerte que haya existido jamás.

El apóstol había tomado la decisión de mantenerse firme en lo que él creía que era lo correcto. Lo que para nosotros es importante, para él no lo era. Nunca buscó transitar por el camino fácil y restó valor a su vida mortal. Solo le preocupó una cosa: ser leal a Jesucristo; hacerse acreedor a la sonrisa del Maestro. Para Pablo, más que para cualquier otro hombre, llevar a cabo la obra de Cristo era su recompensa terrenal, pero obtener la sonrisa de Cristo era su cielo.

—*Margaret Bottome*

«Trabajarán ustedes durante seis días, pero el séptimo día es de reposo, es un día de fiesta solemne en mi honor, en el que no harán ningún trabajo. Dondequiera que ustedes vivan, será sábado consagrado al Señor» (Levítico 23:3).

Una de las bendiciones del antiguo *sabbat* era la quietud, el descanso y la paz santa que se conseguía al tener un tiempo de quieta soledad lejos del ruido mundanal. En la soledad se produce una fuerza especial. Las multitudes se mueven en rebaños y los lobos en jaurías, pero al león y al águila por lo general se los encuentra solos.

La fuerza se encuentra no en la mucha actividad sino en la tranquilidad y el silencio.

Para que un lago refleje los cielos en su superficie necesita estar en calma.

Nuestro Señor amaba a la gente que acudía a él, pero en la Escritura hay numerosos casos en que se apartaba de ellos por un breve tiempo. En ocasiones se retiraba para pasar la noche solo en los cerros. La mayor parte de su ministerio la llevó en las ciudades y en las aldeas junto al mar, pero le gustaba irse a los cerros; por eso, caída la noche iba con frecuencia a retirarse en aquellas alturas tranquilas.

Algo que necesitamos hoy día más que cualquiera otra cosa es pasar tiempo a solas con el Señor, sentarnos a sus pies en la sagrada privacidad de su bendita presencia. ¡Cómo necesitamos recuperar el arte perdido de la meditación! ¡Cómo necesitamos «la sombra del Todopoderoso» (Salmos 91:1) como parte de nuestro estilo de vida. ¡Cómo necesitamos el poder que viene de esperar en Dios!

—*Seleccionado*

«No importaba que se quedara muchos días sobre el santuario; los israelitas obedecían el mandamiento del Señor y no abandonaban el lugar» (Números 9:19).

E sta fue la última prueba de obediencia. Fue relativamente fácil plegar las tiendas cuando la nube adquirió forma lentamente sobre el tabernáculo y majestuosamente empezó a moverse delante de los israelitas. El cambio parece agradable y el pueblo estaba entusiasmado e interesado en el camino, el escenario y el hábitat del siguiente lugar de parada.

Pero tener que esperar era otra historia. Cuando la nube se quedaba «muchos días sobre el santuario» (Número 9:19), a pesar de lo poco atractivo y sofocante que fuera el lugar, de lo aburrido y tedioso que fuera para los impacientes y de la exposición al peligro, no había más remedio que permanecer acampados.

El salmista dijo: *«Puse en el Señor toda mi esperanza; él se inclinó a mí y escuchó mi oración»* (Salmos 40:1, itálicas del autor). Y lo que Dios hizo por los santos del Antiguo Testamento lo hará por los creyentes a través de las edades aunque a menudo sea necesario esperar. ¿Esperar cuando estamos frente a frente con el enemigo amenazador, rodeados por peligros y temores o bajo una roca insegura? ¿No será este, tiempo para plegar tiendas y salir? ¿No hemos sufrido ya lo suficiente como para estar en el punto de un colapso total? ¿No podríamos cambiar el sofocante calor por «verdes pastos… [y] tranquilas aguas» (Salmos 23:2)?

Cuando Dios no responde y la nube no se mueve nos toca esperar. Pero cuando lo hacemos con la seguridad más absoluta de la provisión de Dios… Él nunca nos deja sin asegurarnos de su presencia o sin enviarnos provisiones diarias.

Joven: espera. ¡No te impacientes por ver los cambios que esperas! Ministro: permanezca en su puesto. Dispóngase a esperar allí donde está hasta que la nube empiece a moverse. Espere hasta que el Señor le dé su grata complacencia. ¡No se tardará!

—*Daily Devotional Commentary*

«*Los israelitas partieron de la montaña del Señor y anduvieron por espacio de tres días, durante los cuales el arca del pacto del Señor marchaba al frente de ellos para buscarles un lugar donde acampar. Cuando partían, la nube del Señor permanecía sobre ellos todo el día. Cada vez que el arca se ponía en marcha, Moisés decía:*

"¡Levántate, Señor!
Sean dispersados tus enemigos;
huyan de tu presencia los que te odian."
»*Pero cada vez que el arca se detenía, Moisés decía:*
"¡Regresa, Señor,
a la incontable muchedumbre de Israel!"» (Números 10:33–36).

Dios a veces nos habla a través de un simple toque o una sensación, pero nosotros no deberíamos actuar sobre la base de un sentimiento. Porque si el contacto es de él, nos proveerá de las suficientes pruebas como para confirmar, más allá de toda duda, que ha sido él quien nos ha hablado o tocado.

Reflexione en la impresionante historia del profeta Jeremías quien sintió que Dios lo estaba guiando para que comprara el campo de Anatot. No actuó inmediatamente, sino que esperó que Dios confirmara que era él quien lo estaba guiando para ponerse en acción. Y una vez que vino su primo trayéndole la evidencia externa de la dirección de Dios en el sentido de que comprara la propiedad, él respondió y dijo: «Entonces comprendí que esto era palabra del Señor» (Jeremías 32:8). Jeremías esperó hasta que Dios confirmó su pensamientos mediante un acto providencial y luego actuó con una clara visión de los hechos, lo que Dios usó incluso para traer convicción a otros.

Dios quiere que actuemos solo una vez que estemos seguros de que él nos está dirigiendo en tal o cual sentido. No debemos ignorar la voz personal del pastor, sino que como Pablo y sus acompañantes (Hechos 16:6) cuando iban a Troas, escuchemos y luego examinemos su obra providencial en nuestras circunstancias para así conocer el deseo pleno del Señor.

—A. B. Simpson

«Volvieron a Cades, en el desierto de Parán, que era donde estaban Moisés, Aarón y toda la comunidad israelita, y les presentaron a todos ellos un informe, y les mostraron los frutos de esa tierra. Éste fue el informe:

—Fuimos al país al que nos enviaste, ¡y por cierto que allí abundan la leche y la miel! Aquí pueden ver sus frutos. Pero el pueblo que allí habita es poderoso, y sus ciudades son enormes y están fortificadas...

»Caleb hizo callar al pueblo ante Moisés, y dijo:

—Subamos a conquistar esa tierra. Estoy seguro de que podremos hacerlo.

»Pero los que habían ido con él respondieron:

—No podremos combatir contra esa gente. ¡Son más fuertes que nosotros!

»Y comenzaron a esparcir entre los israelitas falsos rumores acerca de la tierra que habían explorado. Decían:

—La tierra que hemos explorado se traga a sus habitantes, y los hombres que allí vimos son enormes... Comparados con ellos, parecíamos langostas, y así nos veían ellos a nosotros» (Números 13:26–33).

Sí, los israelitas vieron gigantes, pero Josué y Caleb vieron a Dios. Los que dudaron, aún dicen hoy: «No podremos combatir contra esa gente. ¡Son más fuertes que nosotros!» (Números 13:31). Pero los que creen, dicen: «Subamos a conquistar esa tierra. Estoy seguro de que podremos hacerlo» (Números 13:30).

Los gigantes representan las grandes dificultades y están siempre al acecho. Se los encuentra en nuestras familias, en la iglesia, en la vida social e incluso en nuestros propios corazones. Nuestro deber es derrotarlos o nos devorarán, así como los antiguos israelitas, temerosos de la gente de Canaán, dijeron: «La tierra que hemos explorado se traga a sus habitantes, y los hombres que allí vimos son enormes» (Números 13:32). Pero nosotros tenemos que demostrar fe como lo hicieron Josué y Caleb, que dijeron: «Así que no se rebelen contra el Señor ni tengan miedo de la gente que habita en esa tierra. ¡Ya son pan comido!» (Números 14:9).

De hecho, a menos que nos impongamos por fe, seremos tragados, consumidos por los gigantes que bloquean nuestro camino. Con «ese mismo espíritu de fe» (2 Corintios 4:13) que Josué y Caleb tenían miremos a Dios y él se hará cargo de las dificultades.

—Seleccionado

«*En sus murmuraciones contra Moisés y Aarón, la comunidad decía: "¡Cómo quisiéramos haber muerto en Egipto! ¡Más nos valdría morir en este desierto!"*» (Números 14:2).

E l fracaso de los hijos de Israel en entrar a la tierra prometida comenzó con sus quejas o, como dice la Palabra: «*Toda la comunidad israelita... [hizo] murmuraciones*» (Números 14:1–22, itálicas del autor). Pudo haber partido con un vago deseo de queja y descontento, pero ellos permitieron que continuara hasta que floreció y maduró convirtiéndose en una rebelión y ruina total.

Nunca deberíamos permitirnos la libertad de dudar de Dios o de su amor eterno y fidelidad hacia nosotros en todo. Deberíamos estar decididos a contraponer nuestra propia voluntad ante la duda de la misma manera que lo hacemos respecto de cualquier otro pecado. Así, si permanecemos firmes, rechazando la duda, el Espíritu Santo vendrá en nuestra ayuda, dándonos la fe de Dios y coronándonos con la victoria.

Es muy fácil caer en el hábito de la duda, la preocupación, la costumbre de preguntarnos si Dios nos ha abandonado y pensar que después de todo lo que hemos pasado, nuestras esperanzas van a terminar en fracaso. Pero tenemos que negarnos al desaliento y la infelicidad. Más bien, como dice Santiago (1:2), «considérense muy dichosos» aun cuando no estemos sintiendo alguna alegría. Regocijémonos por fe, con una determinación firme y una convicción sencilla por la simple consideración de que es verdad, y veremos que Dios lo hará una realidad en nosotros.

—*Seleccionado*

«De allí continuaron hasta Ber, el pozo donde el Señor le dijo a Moisés: "Reúne al pueblo, y les daré agua." En esa ocasión Israel entonó este cántico:

"¡Que brote el agua!
¡Que cante el pozo!"» (Números 21:16–17).

Fue un canto extraño y un pozo extraño. Los hijos de Israel habían viajado por las áridas arenas del desierto y estaban desesperados por falta de agua, pero no veían ninguna posibilidad de obtenerla. Entonces Dios habló a Moisés y le dijo: «Reúne al pueblo, y les daré agua» (Números 21:16).

El pueblo se reunió entonces cada uno con su vara. Y mientras las clavaban profundo en la arena, cantaban: «*¡Que brote el agua! ¡Que cante el pozo»* (Números 21:17, itálicas del autor). Pronto… apareció un torrente de agua, rebalsando el pozo y derramándose por todo el lugar. Los que habían cavado el pozo en el desierto habían aprovechado las corrientes de agua subterráneas.

¡Qué hermoso cuadro es este! Ilustra para nosotros los ríos de bendición que fluyen a través de nuestras vidas. Si solo respondemos con fe y *alabanza*, vamos a ver cómo nuestras necesidades son satisfechas incluso en el más árido de los desiertos.

De nuevo, ¿cómo consiguieron los hijos de Israel agua de este pozo? Fue a través de la *alabanza*. Mientras permanecían de pie en aquellas arenas ardientes y golpeaban con la punta de sus varas de promesa la arena, cantaban un himno de fe.

Con nuestra alabanza «aguas brotarán en el desierto, y torrentes en el sequedal» (Isaías 35:6), mientras que las quejas solo producirán juicio. Aun la oración por sí misma puede no alcanzar la fuente de bendiciones.

Nada agrada tanto al Señor como la *alabanza*. No hay evidencia de fe más grande que la virtud de una acción de gracias genuina.

¿Está usted alabando a Dios lo suficiente? ¿Está expresándole su gratitud por las incontables bendiciones que él le ha dado? ¿Le está alabando valientemente incluso por las pruebas en su vida que son, en verdad, bendiciones disfrazadas? ¿Y ha aprendido a alabarlo incluso por las respuestas que habrán de venir a sus oraciones?

—*Seleccionado*

FEBRERO 7

39

«Ni un solo hombre de esta generación perversa verá la buena tierra que juré darles a sus antepasados. Sólo la verá Caleb hijo de Jefone. A él y a sus descendientes les daré la tierra que han tocado sus pies, porque fue fiel al SEÑOR» (Deuteronomio 1:35–36).

Cualquier trabajo difícil que se le presente y que preferiría no hacer, que demande de usted el máximo esfuerzo, le cause dolor y la mayor angustia, trae una bendición con él. Y negarse a hacerlo, independientemente del costo personal, es perder la bendición.

Cada tramo difícil del camino en el cual ve las pisadas del Maestro y a través de las cuales le invita a seguirlo conduce incuestionablemente a las bendiciones. Y estas son bendiciones que usted nunca recibirá a menos que esté dispuesto a ir por la senda cuesta arriba y espinosa. Cada campo de batalla con el que se encuentre donde se vea en la necesidad de desenvainar la espada y pelear con el enemigo tiene la posibilidad de victoria que probará ser una rica bendición para su vida. Y cada carga pesada que se le llame a llevar encierra dentro de ella un milagroso secreto de fuerza.

—J. R. Miller

«Cuando hayas comido y estés satisfecho, alabarás al SEÑOR tu Dios por la tierra buena que te habrá dado. Pero ten cuidado de no olvidar al SEÑOR tu Dios. No dejes de cumplir sus mandamientos, normas y preceptos que yo te mando hoy. El SEÑOR te guió a través del vasto y horrible desierto, esa tierra reseca y sedienta, llena de serpientes venenosas y escorpiones; te dio el agua que hizo brotar de la más dura roca» (Deuteronomio 8:10–15).

Una vez conservé por cerca de un año un capullo con forma de botella de una mariposa emperador. El cuello de la «botella» era demasiado estrecho como para que el insecto pudiera salir sin esfuerzo. La gran disparidad entre el tamaño de la abertura y el tamaño del insecto prisionero hace que una persona se pregunte cómo es que la mariposa puede salir. Se cree que la presión a la que el cuerpo de la mariposa tiene que someterse para poder salir por un conducto tan estrecho es la forma en que la naturaleza hace que los fluidos vayan a las alas, ya que están menos desarrolladas al momento de emerger del capullo que en otros insectos.

Pude observar los primeros esfuerzos de mi mariposa prisionera para escapar de su prolongado enclaustramiento. Todas las mañanas me detenía a verla cómo luchaba por salir de su encierro, pero la pobre mariposa lograba llegar hasta cierto punto y de ahí se deslizaba hacia atrás. ¡Y a empezar de nuevo! Al final, mi paciencia se agotó, así es que con la punta de unas tijeras corté unos finos hilos que la sujetaban para hacerle la salida más fácil. Inmediatamente, mi mariposa pudo salir arrastrando un enorme cuerpo hinchado y unas pequeñas alas arrugadas. Mientras examinaba las hermosas y delicadas manchas de varios colores que parecían bellas miniaturas, esperaba ansioso ver cómo llegaba a su tamaño natural. Pero esperé en vano. Mi equivocada ternura había probado ser su ruina. La mariposa había sufrido una vida abortada, arrastrándose dolorosamente a través de su corta existencia en lugar de volar con sus alas multicolores.

A menudo pienso en mi mariposa, especialmente cuando observo con lágrimas en los ojos a aquellos que sobrellevan penas, sufrimientos y angustias. Mi tendencia es acudir en su ayuda para aliviar la disciplina y traerles liberación. ¡Qué miope soy!… Porque Dios ama a sus hijos, él nos disciplina (Hebreos 12:10).

«*En cambio, la tierra que van a poseer es tierra de montañas y de valles, regada por la lluvia del cielo. El Señor su Dios es quien la cuida; los ojos del Señor su Dios están sobre ella todo el año, de principio a fin*» (Deuteronomio 11:11–12).

Al comienzo de cada año, ¿quién sabe con qué se va a encontrar? ¿Qué nuevas experiencias o cambios ocurrirán? ¿Qué nuevas necesidades se presentarán? A pesar de la incertidumbre ante nosotros, tenemos un grato y confortante mensaje de nuestro Padre celestial: «El Señor su Dios es quien la cuida [la tierra]; los ojos del Señor su Dios están sobre ella todo el año, de principio a fin» (Deuteronomio 11:12). El Señor debe ser nuestra fuente de provisión.

Pero la tierra que tenemos que poseer es una tierra de valles y montañas. No todo es plano o pendientes. Si la vida fuera siempre suave y nivelada la aburrida uniformidad nos empujaría hacia abajo. Necesitamos los valles y las montañas. Las montañas recogen la lluvia para cientos de fructíferos valles. ¡Lo mismo ocurre con nosotros! Son los difíciles encuentros en las montañas los que nos conducen al trono de gracia y traen las lluvias de bendición. Pero son las montañas, las heladas y aparentemente improductivas montañas de la vida, esas montañas que nos mandan la lluvia, las que nos hacen quejarnos y reclamar. ¡Cuánta gente que pudo haber prosperado en las montañas ha perecido en los valles desérticos sepultados bajo sus arenas doradas! ¡Y cuántos pudieron haber muerto por el frío, destruidos o barridos o despojados de su fecundidad por el viento de no ser por esas montañas severas, duras, resistentes y tan difíciles de subir! Los montes de Dios son una bendita protección para su pueblo en contra de sus enemigos.

No podemos ver qué pérdidas, penas y pruebas se han derrotado. Solo necesitamos creer. Hoy día, el Padre está cerca de nosotros para tomarnos de la mano y guiarnos en nuestro caminar. Este será un año bueno y bendecido.

—*Seleccionado*

«Pues todavía no han entrado en el reposo ni en la herencia que les da el Señor su Dios. Pero ustedes cruzarán el río Jordán y vivirán en la tierra que el Señor su Dios les da en herencia; él los librará de sus enemigos que los rodean, y ustedes vivirán seguros. Y al lugar donde el Señor su Dios decida habitar llevarán todo lo que les he ordenado: holocaustos, sacrificios, diezmos, contribuciones, y las ofrendas más selectas que le hayan prometido al Señor. Y se regocijarán en la presencia del Señor su Dios, junto con sus hijos e hijas, con sus esclavos y esclavas, y con los levitas que vivan en las ciudades de ustedes, pues ellos no tendrán ninguna posesión ni herencia» (Deuteronomio 12:9–12).

No hay montaña majestuosa sin un valle profundo, y no hay nacimiento sin dolor.

—*Daniel Crawford*

«*Cuando salgas a pelear contra tus enemigos y veas un ejército superior al tuyo,... No te desanimes ni tengas miedo; no te acobardes ni te llenes de pavor ante ellos, porque el* Señor *tu Dios está contigo; él peleará en favor tuyo y te dará la victoria sobre tus enemigos*"»* (Deuteronomio 20:1–4).

La Biblia tiene mucho que decir sobre esperar en Dios, y esta enseñanza nunca se enfatizará lo suficiente. Nos impacientamos muy fácilmente con las demoras de Dios. Pero muchos de los problemas que tenemos en la vida son el resultado de nuestra impaciente y a veces temeraria prisa. No podemos *esperar* para recoger los frutos, sino que insistimos en cosecharlos cuando están aún inmaduros. No podemos *esperar* la respuesta a nuestras oraciones, aunque pudiera tomar años para que todo esté listo para la respuesta. Sin embargo, esta enseñanza tiene otro lado: *con frecuencia, es Dios quien tiene que esperarnos a nosotros*.

Cuántas veces dejamos de recibir la bendición que él ha preparado para nosotros porque no estamos yendo adelante con él. Aunque es verdad que perdemos muchas bendiciones por no esperar en Dios, también perdemos muchas bendiciones por *esperar más de lo que debemos*. Hay ocasiones cuando se requieren fuerzas para simplemente sentarse y esperar en silencio, pero también hay ocasiones cuando tenemos que ponernos de pie y caminar resueltamente hacia adelante.

Muchas de las promesas de Dios son condicionales que requieren alguna acción inicial de nuestra parte. Una vez que empecemos a obedecer, él comenzará a bendecirnos. A Abraham se le prometieron grandes cosas, pero no habría podido obtener ninguna de ellas si se hubiera puesto a esperar sin moverse de Ur de los Caldeos. A los diez leprosos a los que Jesús sanó les dijo que fueran y se presentaran ante el sacerdote, y «*resultó que, mientras iban de camino, quedaron limpios*» (Lucas 17:14, itálicas del autor). En el momento que su fe empezó a moverse, llegó la bendición.

Cuando los israelitas se vieron atrapados por el ejército de Faraón que los perseguía y el Mar Rojo, se les ordenó que se pusieran «en marcha» (Éxodo 14:15). No tuvieron que esperar más sino levantarse de sus rodillas y ponerse «en marcha» con una fe heroica.

—J. R. Miller

«Mi siervo Moisés ha muerto. Por eso tú y todo este pueblo deberán preparase para cruzar el río Jordán y entrar a la tierra que les daré a ustedes los israelitas» (Josué 1:2).

E n Josué 1:2 Dios está hablando de algo inmediato. No es algo que él vaya a hacer sino algo que ya ha hecho. Como la fe sigue hablando, Dios continúa dando. Él se encuentra con usted en el presente y prueba su fe. Siempre y cuando usted esté esperando, anhelando o buscando, no está creyendo. Puede tener esperanza o un ardiente deseo por algo, pero eso no es fe, porque la «fe es la garantía de lo que se espera, la certeza de lo que no se ve» (Hebreos 11:1). El mandato respecto de la oración creyendo es: «Crean que ya han recibido todo lo que estén pidiendo en oración, y lo obtendrán» (Marcos 11:24). Tenemos que creer que hemos recibido… en este momento presente. ¿Hemos llegado al punto donde nos hemos encontrado con Dios en su eterno AHORA?

—*Joshua*, por A. B. Simpson

La verdadera fe descansa en Dios y cree antes de ver. Naturalmente, queremos tener alguna evidencia de que nuestra petición ha sido concedida antes que creamos, pero cuando «vivimos por fe» (2 Corintios 5:7), no necesitamos otra evidencia que la Palabra de Dios. Él ha hablado y en armonía con nuestra fe será hecho. Veremos porque hemos creído y la verdadera fe nos sostiene la mayor parte del tiempo aun cuando todo a nuestro alrededor parezca contradecir la Palabra de Dios.

La fe que cree lo verá y evitará que nos desalentemos. Nos reiremos ante situaciones aparentemente imposibles mientras observamos con deleite cómo Dios abre un camino a través del Mar Rojo (ver Éxodo 14:21–31). Es en estos lugares de duras pruebas, cuando no hay salida humana posible, que nuestra fe crece y se fortalece.

Querido amigo atribulado, ¿ha estado usted esperando que Dios se manifieste durante largas noches y agotadores días, temiendo que le han echado al olvido? Alce su cabeza y empiece a alabarle ahora mismo por la liberación que está en camino.

—*Life of Praise*

«Tan pronto como los sacerdotes que llevan el arca del Señor, sobe- rano de toda la tierra, pongan pie en el Jordán, las aguas dejarán de correr y se detendrán formando un muro» (Josué 3:13).

Los israelitas no iban a esperar hasta que el Jordán se abriera, sino que levantarían el campamento, empacarían sus perte- nencias, se formarían para iniciar la marcha y entrarían al agua antes que el río se decidiera a darles paso.

Si al llegar a la ribera del río se hubieran detenido a esperar que las aguas se dividieran antes de avanzar, habrían esperado en vano.

Nosotros debemos aprender a creerle a Dios y a su Palabra y seguir adelante en obediencia aun cuando no veamos camino alguno.

La razón por la que a menudo somos desviados por las dificul- tades es porque esperamos ver que las barreras sean quitadas del camino antes de atrevernos a pasar a través de ellas.

Si solo nos decidiéramos a seguir adelante por fe, el camino se abriría para nosotros. Pero nos quedamos estáticos, esperando que se quiten los obstáculos cuando deberíamos seguir adelante como si no hubiera obstáculo alguno.

—*Evening Thoughts*

La fe que va adelante es la que triunfa.

«Las puertas de Jericó estaban bien aseguradas por temor a los israelitas; nadie podía salir o entrar. Pero el SEÑOR le dijo a Josué: "¡He entregado en tus manos a Jericó, y a su rey con sus guerreros! Tú y tus soldados marcharán una vez alrededor de la ciudad; así lo harán durante seis días. Siete sacerdotes llevarán trompetas hechas de cuernos de carneros, y marcharán frente al arca. El séptimo día ustedes marcharán siete veces alrededor de la ciudad, mientras los sacerdotes tocan las trompetas. Cuando todos escuchen el toque de guerra, el pueblo deberá gritar a voz en cuello. Entonces los muros de la ciudad se derrumbarán, y cada uno entrará sin impedimento"» (Josué 6:1–5).

E l «grito a voz en cuello» de una fe férrea es exactamente lo opuesto a los gemidos de una fe vacilante y las quejas de corazones desalentados. De todos los secretos del Señor, no creo que haya otro más impresionante que el secreto de este grito de fe «a voz en cuello». «El Señor le dijo a Josué: "¡He entregado en tus manos a Jericó, y a su rey con sus guerreros!» (Josué 6:2). No es que le haya dicho: «Yo entregaré», sino: «He entregado». La victoria ya pertenecía a los hijos de Israel y ahora su próximo paso era tomar posesión de ella. Pero la gran pregunta era: ¿cómo? Parecía imposible, pero el Señor tenía un plan.

Nadie podría creer que un grito derribaría los muros de una ciudad. Pero el secreto estaba precisamente en ese grito, porque era un grito de fe. Y fue la fe la que se atrevió a reclamar una victoria prometida únicamente sobre la base de la autoridad de la Palabra de Dios, aun cuando no había señales físicas de su cumplimiento.

Dios cumplió su promesa en respuesta a la fe del pueblo porque cuando gritaron, los muros cayeron.

Dios había dicho: «He entregado en tus manos a Jericó» (Josué 6:2) y la fe creyó que era verdad. Algunos siglos más tarde, el Espíritu Santo registró este triunfo de fe en el libro de Hebreos como sigue: «Por la fe cayeron las murallas de Jericó, después de haber marchado el pueblo siete días a su alrededor» (Hebreos 11:30).

—*Hannah Whitall Smith*

«*Entonces el Señor le dijo a Josué: "No les tengas miedo, porque mañana, a esta hora, yo le entregaré muerto a Israel todo ese ejército. Ustedes, por su parte, deberán desjarretar sus caballos e incendiar sus carros de guerra"*» (Josué 11:6).

No hay enemigos para su crecimiento en gracia o para su hacer cristiano que no estén incluidos en la victoria de su Salvador.

Recuerde: «Entonces el Señor le dijo a Josué: "No les tengas miedo, porque… yo le entregaré muerto a Israel todo ese ejército» (Josué 11:6). También recuerde que cuando resistimos al enemigo, «él huirá de [nosotros]» (Santiago 4:7). Y recuerde lo que Josué dijo al pueblo: «No teman ni den un paso atrás; al contrario, sean fuertes y valientes» (Josué 10:25). Usted es poderoso porque es uno con el Todopoderoso. ¡Así que reclame la victoria!

Cada vez que el enemigo lo quiera cercar, ¡reclame la victoria!

Cada vez que sienta que su corazón y su cuerpo flaquean, ¡alce la vista y reclame la VICTORIA! Tenga en cuenta que usted está reclamando su parte en el triunfo que Jesús obtuvo, porque él no lo ganó para él solo sino para todos nosotros. Recuerde que usted estaba en él cuando triunfó, así que ¡reclame su victoria!

Cuente la victoria de Cristo como suya y recoja el botín de la guerra. Ni el gigante descendiente de Anac (Números 13:33) ni las ciudades fortificadas pueden intimidarlo ni derrotarlo. Usted es parte del ejército conquistador. Reclame su parte en la victoria del Salvador.

—*Joshua, por F. B. Meyer*

«Y dijo: "Le daré mi hija Acsa como esposa al hombre que ataque y conquiste la ciudad de Quiriat Séfer." Entonces Otoniel hijo de Quenaz y sobrino de Caleb capturó Quiriat Séfer y se casó con Acsa.

»Cuando ella llegó, Otoniel la convenció de que le pidiera un terreno a su padre. Al bajar Acsa del asno, Caleb le preguntó:

—¿Qué te pasa?

—Concédeme un gran favor —respondió ella—. Ya que me has dado tierras en el Néguev, dame también manantiales.

»Fue así como Caleb le dio a su hija manantiales en las zonas altas y en las bajas» (Josué 15:16–19).

En la vida hay «manantiales en las zonas altas y en las bajas» (Josué 15:19). Y son manantiales, no aguas estancadas; son el gozo y las bendiciones que fluyen desde el cielo a través de los más ardientes veranos y a través de los más áridos desiertos de pruebas y tristezas. La tierra que pertenecía a Acsa estaba en el Néguev bajo el ardiente sol y era a menudo tostada por el calor abrasador. Pero desde los cerros venían los manantiales inextinguibles que enfriaban, refrescaban y fertilizaban toda la tierra.

Estos manantiales fluyen a través de las tierras bajas, lugares difíciles, desiertos, soledades e incluso lugares ordinarios de la vida. Y no importa cuál sea la situación, siempre se les puede encontrar. Abraham los halló en los cerros de Canaán, Moisés los encontró entre las rocas de Madián.

David los encontró entre las cenizas de Siclag, cuando perdió sus propiedades y su familia fue llevada cautiva. Y aunque su «tropa hablaba de apedrearlo... [David] cobró ánimo y puso su confianza en el Señor su Dios» (1 Samuel 30:6).

Los mártires cristianos los encontraron en medio de las llamas, los reformadores en medio de sus enemigos y luchas, y nosotros los podemos encontrar cada día del año si tenemos al Consolador en nuestros corazones y aprendemos a decir con David: «En ti se hallan todos mis orígenes» (Salmos 87:7).

¡Cuán abundantes y cuán preciosos son estos manantiales y cuánto más es estar en posesión de la plenitud de Dios!

—A. B. Simpson

«Sino que poseerán la región de los bosques. Desmóntenla y ocúpenla hasta sus límites más lejanos. Y a pesar de que los cananeos tengan carros de hierro y sean muy fuertes, ustedes los podrán expulsar» (Josué 17:18).

Siempre hay lugar en lo alto de los cerros. Cuando los valles están llenos de cananeos, cuyos poderosos carros de hierro no le dejan avanzar, váyase a los cerros y tome posesión de aquellas tierras altas. Si siente que ya no puede hacer más el trabajo para Dios, ore por aquellos que sí pueden.

Quizás no le sea posible mover cosas en la tierra con sus palabras, pero sí puede mover cosas en el cielo. Si pareciera que seguir creciendo es imposible en las bajas laderas debido a las limitadas posibilidades de servicio, a la necesidad de proveer para las necesidades del día a día u otros inconvenientes, deje que su vida florezca y alcance lo invisible, lo eterno y celestial.

Su fe puede nivelar la floresta. Aun si las tribus de Israel se hubieran dado cuenta de los tesoros que les esperaban arriba en los cerros, nunca en verdad hubieran soñado que sería posible cosechar aquellos espesos bosques. Pero como Dios les dio instrucciones para que despejaran los bosques también les recordó la capacidad que tenían para hacerlo. La visión de llevar a cabo empresas aparentemente imposibles, como nivelar cerros cubiertos de árboles, no se nos da para desalentarnos. Tienen como propósito motivarnos para intentar hazañas espirituales que serían imposibles excepto por el gran poder que Dios nos ha dado a través de su Espíritu Santo viviendo en nosotros.

Las dificultades nos son enviadas para revelar lo que Dios puede hacer en respuesta a la fe que ora y trabaja. ¿Se siente usted exprimido por todos los lados en el valle? Si es así, entonces «lo hizo cabalgar sobre las alturas de la tierra y lo alimentó… con miel… que hizo brotar de la roca» (Deuteronomio 32:13). Benefíciese de la riqueza que se halla en las terrazas por ahora ocultas por la floresta.

—*canto de los constructores del Canal de Panamá*

> «Así fue como el Señor les entregó a los israelitas todo el territorio que había prometido darles a sus antepasados; y el pueblo de Israel se estableció allí. El Señor les dio descanso en todo el territorio, cumpliendo así la promesa hecha años atrás a sus antepasados. Ninguno de sus enemigos pudo hacer frente a los israelitas, pues el Señor entregó en sus manos a cada uno de los que se les oponían» (Josué 21:43–44).

El descanso en el día de reposo para el pueblo de Dios (ver Hebreos 4:9) incluye la victoria. «Gracias a Dios, que nos da la victoria por medio de nuestro Señor Jesucristo» (1 Corintios 15:57, itálicas del autor).

En cierta ocasión, un creyente prominente contó que su madre era una cristiana muy ansiosa y turbada. Con alguna frecuencia solía hablar con ella durante horas para tratar de convencerla de lo pecaminoso que era preocuparse como ella lo hacía, pero todo era en vano. Ella era como aquella anciana que una vez dijo que había sufrido tanto, especialmente por aquellas pruebas que nunca llegaron.

Entonces, una mañana llegó al desayuno con una hermosa sonrisa adornando su faz… y empezó a describir un sueño que había tenido esa noche. En su sueño, se veía caminando por una carretera junto con una multitud… Todos llevaban pequeños manojos negros que criaturas de aspecto repulsivo que parecían demonios dejaban caer a lo largo del camino. La gente se detenía, recogía los manojos y seguía caminando.

Como toda la gente del sueño, ella hacía lo mismo. Después de un rato de caminar, miró hacia arriba y vio a un hombre con un rostro lleno de bondad y resplandeciente. Entendió que se trataba del Salvador. Lo miró, le dijo lo cansada que estaba, y él le sonrió con una expresión triste y le dijo: «Hija querida, esos manojos que llevas no son para mí y no tienes por qué cargarlos. Son la carga del diablo… Tienes que deshacerte de ellos… Y al hacerlo, vas a darte cuenta de que tu camino es fácil y vas a sentir que yo te llevo como "sobre alas de águila"» (Éxodo 19:4).

… Mientras se veía en el sueño desprendiéndose de esa carga… despertó y se dio cuenta de que todas sus preocupaciones se habían ido. Desde entonces y hasta el fin de sus días, fue la más alegre y feliz miembro de su familia.

«El Señor su Dios expulsará a esas naciones de estas tierras, y ustedes tomarán posesión de ellas, tal como él lo ha prometido» (Josué 23:5).

Aparte del espacio literal aún sin ocupar para Cristo, hay ante nosotros el territorio no reclamado ni explorado de las *promesas de Dios*.

¿Qué le dijo Dios a Josué? «Tal como le prometí a Moisés, yo les entregaré a ustedes todo lugar que toquen sus pies» (Josué 1:3). Luego, él fijó los límites de la tierra de promesa; toda de ellos con una condición: tendrían que caminarla a todo lo largo y a todo lo ancho midiéndola con sus propios pies.

Pero ellos no marcharon más de un tercio de todo el territorio y, como consecuencia, nunca *poseyeron* más que un tercio. Solo lo que midieron fue de ellos.

En 2 Pedro 1:4 leemos: «Dios nos ha entregado sus preciosas y magníficas promesas». La tierra de las promesas de Dios está abierta para nosotros y es su voluntad que la poseamos. Debemos medir el territorio con los pies de fe obediente y una obediencia fiel, de este modo apropiárnosla como nuestra.

¿Cuántos de nosotros hemos tomado alguna vez posesión de las promesas de Dios en el nombre de Cristo? La tierra de su promesa es un territorio maravilloso para reclamar por fe marchando a lo ancho y a lo largo, pero es la fe la que tiene que hacerlo.

Entremos y reclamemos nuestra herencia total. Alcemos la vista al norte, al sur, al este y al oeste y escuchemos a Dios decir: «Yo te daré… toda la tierra que abarca tu mirada» (Génesis 13:15).

—*Arthur Tappan Pierson*

A un anciano de la raza negra con un hermoso testimonio de gracia le preguntaron: «Daniel, ¿cómo haces para expresar tal paz y gozo en tu fe?». «¡Oh, señor!», respondió, «Vea. Lo que pasó conmigo es que caí de plano en las grandes y preciosas promesas de Dios y ahora las tengo todas. ¡Gloria! ¡Gloria! Quien cae de plano en las promesas de Dios sabe que todas las riquezas que hay en ellas son suyas».

—*Faith Papers*

«Pero clamaron al Señor, y él hizo que surgiera un libertador, Otoniel hijo de Quenaz, hermano menor de Caleb. Y Otoniel liberó a los israelitas. El Espíritu del Señor vino sobre Otoniel, y así Otoniel se convirtió en caudillo de Israel y salió a la guerra. El Señor entregó a Cusán Risatayin, rey de Aram, en manos de Otoniel, quien prevaleció sobre él» (Jueces 3:9–10).

Dios está continuamente preparando a sus héroes y cuando es el tiempo, los pone en un instante en posición. Él trabaja tan rápido que el mundo se pregunta de dónde vinieron.

Amigo mío, deje que el Espíritu Santo lo prepare a través de la disciplina de la vida. Y cuando le haya dado el toque final, será fácil para Dios ponerlo en el lugar preciso.

El día viene cuando, como Otoniel, también juzgaremos a las naciones y reinaremos con Cristo sobre la tierra durante el reino milenial. Pero antes de ese glorioso día debemos dejar que Dios nos prepare como lo hizo con Otoniel en Quiriat Séfer (ver Jueces 1:11–13). Debemos dejar que Dios trabaje en medio de nuestras actuales pruebas y en las pequeñas victorias la importancia futura de cuanto nos podemos imaginar. Pero debemos estar seguros que si el Espíritu Santo actúa en nosotros, el Señor del cielo y de la tierra ha preparado también un trono para nosotros.

—A. B. Simpson

Las fuerzas humanas y las grandezas del hombre
No brotan del lado asoleado de la vida,
Los héroes deben ser más que maderos a la deriva
Flotando en una marea sin olas.

Todas las carreteras de la vida descienden al valle de vez en cuando. Y todos tenemos que pasar por el túnel de las tribulaciones antes que podamos entrar al camino ascendente que lleva al triunfo.

Es del sufrimiento que las almas más fuertes jamás conocidas han emergido; el más grande despliegue del carácter en el mundo se puede ver en aquellos que ostentan las cicatrices del dolor; los mártires de todos los siglos han usado sus capas de coronación que han relucido con el fuego, pero a través de sus lágrimas y dolores han visto las puertas del cielo. —Chapin

«Entonces Gedeón le dijo a Dios: "No te enojes conmigo. Déjame hacer sólo una petición más. Permíteme hacer una prueba más con el vellón. Esta vez haz que sólo el vellón quede seco, y que todo el suelo quede cubierto de rocío"» (Jueces 6:39).

En la experiencia cristiana hay tres niveles de fe. El primero es ser capaz de creer solo cuando vemos alguna señal o experimentamos una fuerte emoción. Como Gedeón, revisamos el vellón y estamos dispuestos a confiar en Dios si encontramos que está mojado… o seco. Esta puede ser una fe genuina, pero es imperfecta. Siempre está tratando de sentir o tener otra señal en lugar de la Palabra de Dios. Cuando confiamos en Dios sin que tengan que ver nuestros sentimientos estamos dando un paso importante hacia la madurez. La bendición es mayor cuando creemos sin que intervenga acción emotiva alguna.

Mientras el primer nivel de fe cree cuando las emociones son favorables, el segundo cree cuando todas las emociones están ausentes.

Y el tercer nivel trasciende los otros dos, porque es fe que cree en Dios y en su Palabra cuando las circunstancias, las emociones, las apariencias, la gente y las razones humanas parecen apuntar en la dirección opuesta. Pablo ejerció este nivel de fe cuando dijo: «Como pasaron muchos días sin que aparecieran ni el sol ni las estrellas, y la tempestad seguía arreciando, perdimos al fin toda esperanza de salvarnos» (Hechos 27:20), pero luego, de todas maneras, dijo: «Así que ¡ánimo, señores! *Confío en Dios* que sucederá tal y como se me dijo» (Hechos 27:25, itálicas del autor).

Quiera Dios concedernos la fe que cree completamente su Palabra aun cuando cualquier otra señal diga lo contrario.

—C. H. P.

«Ellos respondieron:

—¡Subamos, ataquémoslos! Hemos visto que la tierra es excelente. ¿Qué pasa? ¿Se van a quedar ahí, sin hacer nada? No duden un solo instante en marchar allí y apoderarse de ella. Cuando lleguen allí, encontrarán a un pueblo confiado y una tierra espaciosa que Dios ha entregado en manos de ustedes. Sí, es una tierra donde no hace falta absolutamente nada» (Jueces 18:9–10).

¡Vamos! Esta orden indica que hay algo definitivo que nosotros debemos hacer y que nada es nuestro a menos que lo tomemos. «Así fue como las tribus de Manasés y Efraín… *recibieron como herencia sus territorios*» (Josué 16:4, itálicas del autor). «El pueblo de Jacob *recuperará sus posesiones*» (Abdías 17, itálicas del autor). «Los íntegros heredarán el bien» (Proverbios 28:10).

Necesitamos tener la fe adecuada cuando se trata de las promesas de Dios y hacer de su Palabra nuestra posesión personal.

A un niño se le preguntó qué era apropiarse de la fe. Su respuesta fue: «Es tomar un lápiz y subrayar todos los "yo", "mi", "mío" que encuentre en la Biblia».

Escoja cualquier palabra que él haya pronunciado y diga: «Esa palabra es mi palabra». Ponga un dedo en una promesa y diga: «Es mía». ¿Cuánto de la Palabra de Dios ha usted recibido y endosado y cuántas veces ha sido capaz de decir: «Esto ha ocurrido en mi vida»? ¿En cuántas de sus promesas ha puesto su nombre y dicho: «Esta promesa se ha cumplido en mí»?

«Hijo mío… tú siempre estás conmigo, y *todo* lo que tengo *es tuyo*» (Lucas 15:31, itálicas del autor). No pierda su herencia por su negligencia.

Es la eterna fidelidad de Dios la que hace a las promesas de la Biblia «preciosas y magníficas» (2 Pedro 1:4). A menudo, las promesas humanas no valen la pena y muchas promesas rotas han dejado corazones destrozados. Pero desde la creación del mundo, Dios nunca ha quebrantado una promesa a ninguno de sus hijos.

¡Qué triste es ver a un cristiano parado a la puerta de una promesa durante una oscura noche de aflicción y temeroso de girar la perilla y entrar confiadamente al refugio como entra un niño a la casa de su Padre!

—*Gurnal*

*«—Ya no me llamen Noemí —repuso ella—. Llámenme Mara, por-
que el Todopoderoso ha colmado mi vida de amargura.*

> *Me fui con las manos llenas,*
> *pero el SEÑOR me ha hecho volver sin nada.*
> *¿Por qué me llaman Noemí*
> *si me ha afligido el SEÑOR,*
> *si me ha hecho desdichada el Todopoderoso?» (Rut 1:20–21).*

En la prueba tenemos que honrar al Señor; precisamente en
medio de la situación que nos aflige. Y aun cuando hay ejemplos donde Dios no permitió a sus santos sentir el fuego, por lo
general el fuego causa dolor. (Noemí sintió el dolor del fuego
durante sus problemas, pero llegó el día en que se dio cuenta de
que Dios usó esos problemas para bendecirla. Ver Rut 4:14–16.)

Es precisamente allí, en el calor de las llamas, donde tenemos
que glorificarle. Lo hacemos al ejercer una fe perfecta en su bondad y amor que han permitido que esta prueba venga a nosotros.
Aun más, tenemos que creer que del fuego surgirá algo mucho
más digno de alabarlo que nunca antes hemos experimentado…

Una persona tiene tanta fe como la que demuestra en tiempos
de tribulación. Los tres jóvenes que fueron lanzados al horno de
fuego salieron tal como habían entrado, *excepto por las cuerdas* con
las que los habían amarrado (ver Daniel 3:25, 27). ¡Con cuánta frecuencia Dios quita nuestros grilletes en el horno de la aflicción!

…Este es el auténtico triunfo: triunfo sobre la enfermedad,
triunfo sobre la muerte y triunfo sobre otras circunstancias adversas. Créame: hay un poder que puede hacernos victoriosos en el
conflicto.

Hay alturas que podemos alcanzar desde donde podemos
mirar atrás al camino por el cual hemos andado y cantar nuestra
canción de triunfo a este lado del cielo… El triunfo de Jesús se con-
cretó en su humillación. Y quizás nuestro triunfo se manifestará a
través de lo que otros ven como humillación.

—*Margaret Bottome*

«Este niño renovará tu vida y te sustentará en la vejez, porque lo ha dado a luz tu nuera, que te ama y es para ti mejor que siete hijos» (Rut 4:15).

Alguien que escribió acerca de la recuperación de viejos barcos afirmó que no fue solo la edad de la madera de las naves lo que dio fe de su calidad. El esfuerzo y la torsión de la nave por el mar, la reacción química producida por el agua acumulada en la sentina y las diferentes cargas también tuvieron su efecto.

Hace algunos años se exhibieron en una tienda de muebles de moda en Broadway, Nueva York, algunos tableros y chapas cortadas de una viga de roble de una nave de ochenta años de edad. La exhibición atrajo la atención de muchos por su elegante colorido y sus hermosas vetas. Igualmente llamativas fueron algunas vigas de caoba que habían pertenecido a un barco que había surcado los mares hacía sesenta años. Los años de viaje habían apretado los poros de la madera y profundizado sus colores al punto que resultaban tan magníficas y brillantes como un antiguo jarrón chino. La madera se ha utilizado desde entonces en la fabricación de un gabinete que ocupa un lugar de honor en la sala de estar de una familia rica de Nueva York.

Hay también una gran diferencia entre la calidad de las personas de edad que han vivido vidas lánguidas, autoindulgentes e inútiles y aquellas que han navegado por mares borrascosos, llevando cargas como siervos de Dios y como ayudadores de otros. En el último grupo no solo se han filtrado el estrés y las tensiones en sus vidas, sino también el aroma de la dulzura de sus cargas que se han absorbido por los poros de cada fibra de su carácter.

—*Louis Albert Banks*

«*El Señor llamó a Samuel, y éste respondió:*

—*Aquí estoy. Y en seguida fue corriendo adonde estaba Elí, y le dijo:*

—*Aquí estoy; ¿para qué me llamó usted?*

Entonces el Señor se le acercó y lo llamó de nuevo:

—*¡Samuel! ¡Samuel!*

—*Habla, que tu siervo escucha* —*respondió Samuel*» (1 Samuel 3:1–10).

Esperar en Dios es vital para verlo y recibir una visión de él. Y la cantidad de tiempo que pasemos con él es también crítica, porque nuestros corazones son como una película fotográfica: a más larga exposición más firme la impresión. Para que la visión de Dios se imprima en nuestros corazones, debemos sentarnos en silencio a sus pies por el más largo tiempo posible. Recuerde que la superficie inquieta de un lago no puede reflejar imagen alguna.

Sí. Nuestras vidas deben estar quietas y tranquilas si esperamos ver —y oír— a Dios. Y la visión que tengamos de él tiene el poder de afectar nuestras vidas en la misma forma en que un solitario atardecer trae paz a un corazón atribulado. Ver a Dios siempre transforma la vida humana.

Jacob… vio a Dios y se transformó en Israel. Una visión de Dios transformó a Gedeón de un cobarde en un soldado aguerrido. Y Tomás, después de ver a Jesús, cambió de un seguidor dubitativo en un discípulo leal y dedicado.

Desde los tiempos bíblicos, la gente ha tenido visiones de Dios. William Carey, misionero inglés y pionero, vio a Dios y dejó su banco de remendar zapatos para ir a la India. Durante el siglo diecinueve, David Livingstone vio a Dios y dejó todo atrás en Britania para transformarse en misionero y explorador siguiendo la dirección del Señor a través de las espesas selvas africanas. Y literalmente miles más han tenido la visión de Dios y hoy están sirviéndole en las más alejadas regiones de la tierra buscando la evangelización oportuna de los perdidos.

—*Dr. Pardington*

«Samuel se lo refirió todo, sin ocultarle nada, y Elí dijo:
  —Él es el Señor; que haga lo que mejor le parezca»
(1 Samuel 3:18).

¡Si veo a Dios en todo, él calmará y pondrá color en todo lo que vea! Quizás las circunstancias hagan que mis penas permanezcan en mí y mi situación siga siendo la misma, pero si traigo a Cristo a mi aflicción y a mi pesimismo como mi Señor y mi Maestro, él me rodeará «con cánticos de liberación» (Salmos 32:7). Verlo a él y estar seguro de que su sabiduría y poder nunca fallan y su amor nunca cambia, saber que aun su trato doloroso hacia mí es para mí más profundo beneficio espiritual, es ser capaz de decir en medio de la aflicción, la tristeza, el dolor y la pérdida: «El Señor ha dado; el Señor ha quitado. ¡Bendito sea el nombre del Señor!» (Job 1:21).

Ver a Dios en todo es la única cosa que me hará querer a la gente y ser paciente con aquellos que fastidian y me causan problemas. Porque veré a los demás como instrumentos que Dios usa para llevar a cabo su tierno y sabio propósito para conmigo, e incluso me hallaré agradeciendo interiormente por la bendición que ellos han llegado a ser para mí. Nada, excepto ver a Dios, pondrá fin completamente a toda queja y pensamientos de rebeldía.
                                              —*Hannah Whitall Smith*

«Después Samuel tomó una piedra, la colocó entre Mizpa y Sen, y la llamó Ebenezer, "El Señor no ha dejado de ayudarnos"» (1 Samuel 7:12).

Las palabras «No ha dejado» (1 Samuel 7:12) son como una mano indicando hacia el *pasado*. Había pasado «mucho tiempo… veinte años» (1 Samuel 7:2), pero aun si hubiesen pasado setenta, «el Señor no ha dejado de ayudarnos». Sea a través de pobreza, de riqueza, de enfermedad o de salud, en casa o fuera de ella, en tierra, mar o aire, en honor, en deshonor, en dificultades, en gozo, en pruebas, en triunfos, en oración o en tentación, «el Señor no ha dejado de ayudarnos».

Siempre disfrutamos cuando vemos un largo camino bordeado de árboles frondosos y hermosos. Los árboles son deliciosos a la vista y parecen estar formando un templo de plantas con pilares fuertes de madera y arcos de hojas. En la misma manera en que disfruta viendo un camino como el que hemos descrito, ¿por qué no mira atrás al camino que ha transitado a lo largo de su vida?

Observe las largas ramas de la misericordia de Dios y los fuertes pilares de su amorosa bondad que le ha producido tanto gozo. ¿Ve aves cantando en las ramas? Si se fija detenidamente, con seguridad verá muchas porque ellas le están cantando a la misericordia que Dios «no ha dejado» de brindarles.

Estas palabras también apuntan hacia *adelante*. Alguien que llega hasta cierto punto y escribe las palabras «no ha dejado» se da cuenta de que aun no ha llegado al final del camino y que todavía tiene una distancia que recorrer. Habrá más pruebas, alegrías, tentaciones, batallas, derrotas, victorias, oraciones, respuestas, fatigas y fuerzas.

Y luego vendrán las enfermedades, la vejez, el desgaste físico y la muerte.

Entonces, ¿se acaba la vida con la muerte? No. Todavía falta levantarse como Jesús… ver el rostro del Señor y compartir con los santos y experimentar la gloria de Dios… Así que, querido creyente… con acción de gracias y confianza alce su voz en alabanza…

Cuando las palabras «no ha dejado» se lean a la luz del cielo, ¡qué gloriosa y milagrosa perspectiva revelarán ante nuestros ojos agradecidos!

—*Charles H. Spurgeon*

MARZO 1

> «David le respondió:
>
> —A mí me toca cuidar el rebaño de mi padre. Cuando un león
> o un oso viene y se lleva una oveja del rebaño, yo lo persigo y lo
> golpeo hasta que suelta la presa. Y si el animal me ataca, lo sigo
> golpeando hasta matarlo. Si este siervo de Su Majestad ha mata-
> do leones y osos, lo mismo puede hacer con ese filisteo pagano,
> porque está desafiando al ejército del Dios viviente. El Señor, que
> me libró de las garras del león y del oso, también me librará del
> poder de ese filisteo.
>
> —Anda, pues —dijo Saúl—, y que el Señor te acompañe»
> (1 Samuel 17:34–37).

Es para nosotros una fuente de inspiración y fuerzas recordar
cómo el jovencito David confió en Dios. Mediante su fe en el
Señor, venció a un león y a un oso y más tarde al poderoso gigante
Goliat. Cuando el león intentó atacar su rebaño, se le presentó a
David una hermosa *oportunidad*. Si hubiera titubeado y fallado,
habría perdido la oportunidad que Dios le daba y probablemente
no habría llegado a ser escogido por el Señor para que fuera rey
de Israel.

«*Cuando un león... viene*» (1 Samuel 17:34, itálicas del autor).
Normalmente cuando pensamos en un león no tenemos en mente una bendición especial de parte del Señor sino una razón para
alarmarse.

Pero aquí, el león era una oportunidad de Dios disfrazada.
Cualquier dificultad o tentación que nos sobrevenga, si la recibimos correctamente, es una oportunidad que Dios nos da.

Cuando un «león» viene a nuestra vida, reconozcámoslo como
una oportunidad del Señor, no importa cuán fiero parezca. Hasta
el tabernáculo de Dios estaba cubierto con piel de tejón y pelo de
cabra. Nadie pudo haber pensado que allí había una presencia
gloriosa, pero la gloria (*shekinah*) de Dios era muy evidente bajo
esa cubierta. Que Dios abra nuestros ojos para verlo a él incluso
en medio de las tentaciones, las pruebas, los peligros y las des-
venturas.

—C. H. P.

«Una vez más, David reunió los treinta batallones de soldados escogidos de Israel, y con todo su ejército partió hacia Balá de Judá para trasladar de allí el arca de Dios, sobre la que se invoca su nombre, el nombre del Señor Todopoderoso que reina entre los querubines. Colocaron el arca de Dios en una carreta nueva y se la llevaron de la casa de Abinadab, que estaba situada en una colina. Uza y Ajío, hijos de Abinadab, guiaban la carreta nueva que llevaba el arca de Dios. Ajío iba delante del arca, mientras David y todo el pueblo de Israel danzaban ante el Señor con gran entusiasmo y cantaban al son de arpas, liras, panderetas, sistros y címbalos. Al llegar a la parcela de Nacón, los bueyes tropezaron; pero Uza, extendiendo las manos, sostuvo el arca de Dios. Con todo, la ira del Señor se encendió contra Uza por su atrevimiento y lo hirió de muerte ahí mismo, de modo que Uza cayó fulminado junto al arca» (2 Samuel 6:1–7).

U n israelita de nombre Uza perdió la vida porque «sostuvo el arca de Dios» (2 Samuel 6:6). Con la mejor de las intenciones puso sus manos sobre ella para afirmarla «porque los bueyes tropezaron»; sin embargo, con esa acción sobrepasó los límites tocando la obra del Señor y Dios; «lo hirió de muerte allí mismo» (2 Samuel 6:7). *A menudo, vivir una vida de fe requiere de nosotros que no toquemos algunas cosas.*

Si hemos confiado algo completamente a Dios, debemos mantener nuestras manos alejadas de eso. Él puede guardarlo mejor que nosotros y no necesita nuestra ayuda. «Guarda silencio ante el Señor, y espera en él con paciencia; no te irrites ante el éxito de otros, de los que maquinan planes malvados» (Salmos 37:7).

A veces pareciera que todo en nuestras vidas nos sale mal, pero Dios conoce nuestras circunstancias mejor que nosotros mismos. Y él va a actuar en el momento perfecto si confiamos completamente en él. A menudo no hay nada más piadoso que la inactividad por nuestra parte, o nada más perjudicial que trabajar sin descanso, porque Dios ha prometido hacer su voluntad soberana.

—*A. B. Simpson*

«Señor Todopoderoso, Dios de Israel, tú le has revelado a tu siervo el propósito de establecerle una dinastía, y por eso tu siervo se ha atrevido a hacerte esta súplica. Señor mi Dios, tú que le has prometido tanta bondad a tu siervo, ¡tú eres Dios, y tus promesas son fieles! Dígnate entonces bendecir a la familia de tu siervo, de modo que bajo tu protección exista para siempre, pues tú mismo, Señor omnipotente, lo has prometido. Si tú bendices a la dinastía de tu siervo, quedará bendita para siempre» (2 Samuel 7:27–29).

Alguna vez pensé que después de orar, tenía que hacer lo que estuviera en mis manos para conseguir la respuesta. Sin embargo, Dios me enseñó una manera mejor y me mostró que nuestro propio esfuerzo siempre obstaculiza su trabajo. También me reveló que cuando oro y confío plenamente en él, él simplemente quiere que espere en una actitud de alabanza y haga solo lo que él me dice. Quedarme quieto, sin hacer nada excepto confiar en él, da origen a un sentimiento de incertidumbre y con frecuencia se manifiesta una tentación tremenda de tomar la batalla en nuestras propias manos.

Todos sabemos cuán difícil es rescatar a una persona que se está ahogando que trata de ayudar a su rescatador, y es igualmente difícil para el Señor pelear nuestras batallas por nosotros cuando insistimos en tratar de librarlas nosotros mismos. No es que Dios no quiera, pero es que no puede porque nuestra interferencia obstaculiza su trabajo.

—C. H. P.

«Bendito sea el Señor, que conforme a sus promesas ha dado descanso a su pueblo Israel! No ha dejado de cumplir ni una sola de las gratas promesas que hizo por medio de su siervo Moisés» (1 Reyes 8:56).

Algún día entenderemos que Dios tuvo una razón detrás de cada no que nos dio a lo largo de nuestra existencia. Sin embargo, incluso en esta vida, siempre lo que hace depende de nosotros. Cuando el pueblo de Dios estaba preocupado porque sus oraciones no habían sido contestadas, con cuánta frecuencia lo vemos a él trabajando para contestarle de una manera mucho mejor de lo que ellos esperaban. De vez en cuando captamos algo de esto, pero la revelación completa no la veremos sino hasta después.

¡Si solo tuviéramos la fe para no precipitarnos sino «guardar silencio ante el Señor, y esperar en él con paciencia» (Salmos 37:7), esperando su completa explicación que no será revelada sino hasta que Jesús venga otra vez! ¿Cuándo Dios ha tomado alguna vez cualquier cosa de una persona sin restaurarla varias veces? Sin embargo, ¿qué vamos a pensar si él no restaura de inmediato lo que se ha tomado? ¿Es el presente el único día en que él trabaja? ¿Realmente le preocupa a él algo más que este pequeño mundo en que vivimos? ¿Puede él seguir trabajando aun después de nuestra muerte, o está la puerta de la tumba abierta hacia nada que no sea una oscuridad infinita y un silencio eterno?

Aun si limitamos nuestro pensamiento a esta vida, es verdad que Dios nunca toca el corazón con una prueba sin intentar concedernos un don mucho mayor o una bendición compasiva. *La persona que sabe cómo esperar ha alcanzado un grado excepcional en la gracia de Dios.*

—Seleccionado

«Que así dice el Señor: "No vayan a luchar contra sus hermanos, los israelitas. Regrese cada uno a su casa, porque es mi voluntad que esto haya sucedido." Y ellos obedecieron la palabra del Señor y regresaron, tal como el Señor lo había ordenado» (1 Reyes 12:24).

Hijo mío, tengo un mensaje para ti el día de hoy. Permíteme susurrar en tu oído… Son solo tres palabras, pero déjalas que se sumerjan en tu ser interior… *«Es mi voluntad»*.

¿Te has percatado de que lo que sea que te preocupe a ti me preocupa también a mí? «La nación que toca a mi pueblo, me toca la niña de los ojos» (Zacarías 2:8)… Por lo tanto, es mi especial deleite enseñarte.

… ¿Estás tú en circunstancias difíciles, rodeado por gente que no te entiende… y que siempre te quiere echar a un lado? *«Es mi voluntad»* Yo soy el Dios de las circunstancias.

Tú no estás aquí por accidente, sino que estás exactamente donde quiero que estés.

¿No me has pedido que te haga humilde? Entonces fíjate que te he puesto en la escuela perfecta donde se enseña la humildad…

¿Estás teniendo problemas con el dinero y te resulta difícil llegar a fin de mes? *«Es mi voluntad»* porque yo soy quien vigila tus finanzas y quiero que aprendas a depender de mí…

¿Estás pasando por un periodo de dolor? *«Es mi voluntad»*. Yo soy un hombre «hecho para el sufrimiento» (Isaías 53:3). Y he permitido que tus consoladores terrenales te queden mal, para que al volverte a mí puedas recibir «consuelo eterno y una buena esperanza» (2 Tesalonicenses 2:16).

¿Has deseado hacer alguna obra grande para mí, pero en cambio has sido echado a un lado, en un lecho de enfermedad y dolor? *«Es mi voluntad»*. Estabas tan ocupado que no pude conseguir tu atención y quería enseñarte algunas de mis más profundas verdades…

Hoy he puesto un vaso de aceite santo en tus manos… Unge con él toda nueva circunstancia, cada palabra que te cause una herida, cada interrupción que te ponga impaciente y cada debilidad que tengas. El dolor te permitirá aprender a verme en todas las cosas.

—*Laura A. Barter Snow*

«Sal de aquí hacia el oriente, y escóndete en el arroyo de Querit, al este del Jordán» (1 Reyes 17:3).

Los siervos de Dios deben aprender el valor del lado oculto de la vida. La persona que va a servir en una posición elevada ante otros debe también asumir un lugar humilde ante su Dios. No debería sorprendernos si ocasionalmente Dios nos dice: «Hijo querido, ya has tenido demasiado de este ritmo tan acelerado, excitación y publicidad. Ahora quiero que vayas y te ocultes, que te escondas en el "arroyo de Querit" de la enfermedad, en el "arroyo de Querit" del dolor, o algún lugar de soledad total»… Toda alma piadosa que desee ejercer una gran influencia sobre otros debe primero obtener el poder en algún «arroyo de Querit» oculto…

Lancelot Andrews, un obispo de la iglesia de Inglaterra y uno de los traductores de la Biblia *King James* en 1611, experimentó su «arroyo de Querit» en el cual pasó cinco horas diarias en oración y devoción a Dios. John Welsh, contemporáneo de Andrews, presbiteriano que fue encarcelado por su fe por James VI de Escocia, también tuvo su «arroyo». Él creía que si no pasaba de ocho a diez horas en comunión aislada con Dios, su día se había malgastado. El «arroyo» de David Brainerd fue la foresta de América del Norte mientras servía como misionero pionero a los indios americanos durante el siglo dieciocho.

… Mirando atrás a aquella época bendita de la que nos separan siglos, vemos muchos «arroyos» notables: la isla de Patmos, la soledad de las cárceles romanas, el desierto de Arabia y los cerros y valles de Palestina son todos tan perdurablemente memorables como los que han experimentado los que han conformado nuestro mundo moderno.

Nuestro propio Señor vivió su «arroyo de Querit»… Así, ninguno de nosotros está exento de su experiencia del «arroyo», donde los sonidos de las voces humanas son reemplazados por las aguas de quietud que fluyen del trono de Dios y donde gustamos la dulzura y absorbemos el poder de una vida «escondida con Cristo» (Colosenses 3:3).

—*de Elijah, por F. B. Meyer*

«Algún tiempo después, se secó el arroyo porque no había llovido en el país» (1 Reyes 17:7).

Semana tras semana, con un espíritu inquebrantable y firme, Elías observaba el arroyo cómo iba disminuyendo su cauce hasta que finalmente se secó. Tentado con frecuencia a dejarse llevar por la incredulidad, nunca dejó que las circunstancias se interpusieran entre él y Dios. La incredulidad mira a Dios a través de las circunstancias, así como a menudo vemos el sol oscurecido por las nubes o el humo. Pero la fe pone a Dios entre uno mismo y sus circunstancias y las mira a través de él.

El arroyo de Elías disminuyó hasta convertirse en un hilo plateado que formaba pozas en la base de las grandes rocas. Pero las pozas se evaporaron, las aves volaron a otros sitios y los animales salvajes del campo y del bosque ya no volvieron a beber. El arroyo estaba completamente seco. Y solo entonces ocurrió que vino al espíritu paciente y fiel de Elías la palabra del Señor diciéndole: «Ve ahora a Sarepta» (1 Reyes 17:9).

La mayoría de nosotros nos habríamos puesto ansiosos y cansados y habríamos hecho otros planes antes que Dios nos hablara. Nuestro canto habría cesado tan pronto como el fluir del agua perdía su musicalidad sobre el lecho rocoso. Habríamos colgado el arpa en los sauces cercanos y empezado a pasearnos arriba y abajo sobre la hierba seca, preocupados por nuestra situación. Y probablemente, mucho antes que el arroyo se secara ya habríamos estructurado algún plan, pedido a Dios que lo bendijera y habríamos salido para otra parte.

A menudo Dios tiene que desenredarnos del lío que hemos armado, porque «su gran amor perdura para siempre» (1 Crónicas 16:34). Pero si solo hubiésemos sido pacientes y esperado para ver el desarrollo de su plan, nunca nos habríamos hallado en un laberinto tan complicado sin poder ver la salida. Ni nunca habríamos tenido que volver atrás, desandar el camino, perder tiempo valioso y llorar lágrimas de vergüenza.

«Pon tu esperanza en el Señor» (Salmos 27:14). *¡Espera con paciencia!*

—*F. B. Meyer*

«*Acab le contó a Jezabel todo lo que Elías había hecho, y cómo había matado a todos los profetas a filo de espada. Entonces Jezabel envió un mensajero a que le dijera a Elías: "¡Que los dioses me castiguen sin piedad si mañana a esta hora no te he quitado la vida como tú se la quitaste a ellos!"*

»*Más tarde, la palabra del Señor vino a él.*

—¿*Qué haces aquí, Elías?* —*le preguntó*» (1 Reyes 19:1–9).

¿Qué hizo Dios con Elías, su siervo tan cansado y desalentado? Lo dejó dormir y luego le dio algo bueno para comer. Elías había hecho un tremendo trabajo y en su excitación había corrido delante del carro de Acab «y llegó a Jezrel antes que Acab» (1 Reyes 18:46).

Pero la carrera había sido demasiado para él pues había agotado sus fuerzas físicas, provocándole finalmente una severa depresión. Así como otros en esa condición necesitan dormir y que se preste atención a su padecimiento, las exigencias físicas de Elías reclamaban ser atendidas.

Hay mucha gente muy valiosa que termina donde terminó Elías, debajo de «un arbusto» (1 Reyes 19:4). Cuando esto ocurre, las palabras del Maestro son especialmente reconfortantes: «Levántate y come, porque te espera un largo viaje» (1 Reyes 19:7). En otras palabras: «Yo te voy a refrescar».

Por lo tanto, nunca debemos confundir cansancio físico con debilidad espiritual.

«Allí pasó la noche en una cueva. Más tarde, la palabra del Señor vino a él.

—¿Qué haces aquí, Elías? —le preguntó.

—Me consume mi amor por ti, Señor Dios Todopoderoso —respondió él—. Y después del fuego vino un suave murmullo» (1 Reyes 19:9–12).

Hechos 16:6–7 registra algo extraño que el Señor prohíbe, cuando Pablo y sus compañeros estaban yendo a Bitinia para hacer el trabajo de Cristo. Y la puerta les fue cerrada por el propio Espíritu de Cristo.

Ha habido situaciones en las que yo he experimentado lo mismo. A veces he sido interrumpido en lo que me parecía un trabajo muy provechoso. Y en otras ocasiones, la oposición me obligó a retroceder, o alguna enfermedad me llevó a retirarme a algún lugar solitario.

En tales situaciones me resultó difícil abandonar el trabajo a medio hacer cuando creía que lo que estaba haciendo lo hacía en el poder del Espíritu. Pero cuando entendí *que el Espíritu requiere no solo un servicio de trabajo sino también un servicio de espera*, llegué a darme cuenta de que en el reino de Cristo no solo hay tiempo para la acción sino también tiempo para parar. Y también aprendí que un lugar de aislamiento es a menudo el lugar más apropiado en todo este mundo tan diverso... Aprendí a dar gracias al bendito Espíritu Santo cuando hermosas y prometedoras Bitinias tendrían que quedarse sin mi visita.

Querido Espíritu Santo: todavía mi deseo es que tú me guíes. No obstante que mis oportunidades para servicio parecen menoscabadas, hoy día la puerta aparece abierta a una vida de servicio para ti aunque mañana se me cierre cuando esté por entrar. Enséñame a ver otra puerta en medio de la inactividad de este tiempo... Inspírame con el conocimiento de que a veces una persona puede ser llamada a servir sin que tenga que hacer nada, solo quedándose quieta o esperando. Y cuando recuerde el poder de tu «suave murmullo» (1 Reyes 19:12), no me queje porque a veces el Espíritu *no* me permite ir.

—*George Matheson*

«Pues aunque no vean viento ni lluvia —dice el Señor—, este valle se llenará de agua, de modo que podrán beber ustedes y todos sus animales. Esto es poca cosa para el Señor, que además entregará a Moab en manos de ustedes...

»A la mañana siguiente, a la hora de la ofrenda, toda el área se inundó con el agua que venía de la región de Edom» (2 Reyes 3:17–20).

P ara el razonamiento humano, lo que Dios prometió parecía sencillamente imposible; sin embargo, para él nada es demasiado difícil. Sin un ruido o señal y desde vertientes invisibles y aparentemente imposibles, el agua fluyó toda la noche, y «a la mañana siguiente... toda el área se inundó con el agua... el sol se reflejaba sobre el agua, y... [parecía] que estaba teñida en sangre» (2 Reyes 3:20, 22).

Nuestra incredulidad siempre está deseando una *señal externa*. La fe de muchos está basada mayormente en el sensacionalismo. No están convencidos de la genuinidad de las promesas de Dios sin alguna manifestación visible. Pero el más grande triunfo de la fe de una persona es: «Quédense quietos, reconozcan que [él es] Dios» (Salmos 46:10).

La más grande victoria de fe es pararse a la orilla del infranqueable Mar Rojo y escuchar al Maestro decir: «*Mantengan sus posiciones, que hoy mismo serán testigos de la salvación que el Señor realizará a favor de ustedes*» (Éxodo 14:13, itálicas del autor) y «*Que se pongan en marcha*» (Éxodo 14:15, itálicas del autor). Al ponernos en movimiento por fe, sin ninguna señal o sonido, dando nuestros primeros pasos dentro del agua, vamos a ver cómo el agua se divide. Y al continuar avanzando, veremos cómo se abre un ancho camino en el medio mismo del mar.

Cada vez que he visto la obra maravillosa de Dios cuando se ha tratado de alguna sanidad milagrosa o de alguna liberación extraordinaria por su providencia, lo que siempre me ha impresionado más ha sido la absoluta tranquilidad en que se ha hecho. También me ha impresionado la ausencia de sensacionalismo y dramatismo y el absoluto sentido de mi propia incapacidad al permanecer en la presencia del todopoderoso Dios, dándome cuenta de cuán fácil ha sido todo esto para él al hacerlo sin el más remoto esfuerzo de su parte o la más mínima participación mía.

—*A. B. Simpson*

«La viuda de un miembro de la comunidad de los profetas le suplicó a Eliseo:

—Mi esposo, su servidor, ha muerto, y usted sabe que él era fiel al Señor. Ahora resulta que el hombre con quien estamos endeudados ha venido para llevarse a mis dos hijos como esclavos.

—¿Y qué puedo hacer por ti? —le preguntó Eliseo—. Dime, ¿qué tienes en casa?

"Ahora ve a vender el aceite, y paga tus deudas. Con el dinero que te sobre, podrán vivir tú y tus hijos"» (2 Reyes 4:1–7).

La viuda y sus dos hijos iban a estar a solas con Dios. No tendrían que vérselas con las leyes de la naturaleza, con el gobierno, con la iglesia ni con el sacerdocio. Ni tampoco con Elías, el gran profeta de Dios. Tendrían que estar aislados de todos, separados de los razonamientos humanos y quitados de las tendencias naturales de prejuzgar sus circunstancias. Sería como si hubiesen sido lanzados al vasto espacio sideral dependiendo solo de Dios, en contacto con la fuente de los milagros.

Este es un ingrediente en los planes de Dios en su relación con nosotros. Tenemos que entrar a la cámara secreta de aislamiento en oración y con fe que es muy fructífera. En cierto tiempo y lugar, Dios levantará una misteriosa muralla alrededor de nosotros. Quitará todos los soportes en los que habitualmente nos apoyamos y todo lo que constituye nuestro estilo habitual de hacer las cosas. Dios nos pondrá ante algo divino, completamente nuevo e inesperado y que no puede entenderse examinando nuestras anteriores circunstancias. Estaremos en un lugar donde no sabremos lo que está ocurriendo, donde Dios está cortando la ropa de nuestras vidas por un nuevo patrón para que nos parezcamos más a él.

Muchos cristianos llevan una vida monótona; una vida en la cual es posible predecir casi todo lo que les va a suceder. Pero las almas que Dios guía a situaciones impredecibles y especiales son separadas por él. Todo lo que saben es que son de Dios y él está tratando en sus vidas. De esta manera, sus expectativas vienen solo de él.

Al igual que esta viuda, debemos desapegarnos de las cosas *externas y apegarnos a las internas* para ver las maravillas del Señor.

—Soul Food

«*En efecto, la mujer quedó embarazada. Y al año siguiente, por esa misma fecha, dio a luz un hijo, tal como Eliseo se lo había dicho. El niño creció, y un día salió a ver a su padre, que estaba con los segadores. De pronto exclamó:*

—¡Ay, mi cabeza! ¡Me duele la cabeza! El padre le ordenó a un criado:

—¡Llévaselo a su madre!

Éste la vio a lo lejos y le dijo a su criado Guiezi:

—¡Mira! Ahí viene la sunamita. Corre a recibirla y pregúntale cómo está ella, y cómo están su esposo y el niño. El criado fue, y ella respondió que todos estaban bien» (2 Reyes 4:17–26).

Por sesenta y dos años y cinco meses, tuve a mi amada esposa, y ahora, a mis noventa y dos, me he quedado solo. Pero me vuelvo al siempre presente Jesús mientras camino alrededor de mi cuarto, y digo: «Señor Jesús, estoy solo. Sin embargo, no estoy solo porque tú estás conmigo y eres mi amigo. Por favor, Señor, consuélame, dame fuerzas y provee a tu humilde siervo todo lo que tú crees que necesita».

Nunca debemos sentirnos satisfechos hasta que hayamos llegado al lugar en el que conozcamos al Señor Jesús de este modo, hasta que hayamos descubierto que es nuestro amigo eterno, continuo bajo toda circunstancia y constantemente listo para probar que es nuestro amigo.

—*George Mueller*

Las aflicciones no pueden causarnos daño cuando las mezclamos con sumisión.

«Por la mañana, cuando el criado del hombre de Dios se levantó para salir, vio que un ejército con caballos y carros de combate rodeaba la ciudad.

—¡Ay, mi señor! —exclamó el criado—. ¿Qué vamos a hacer?

—No tengas miedo —respondió Eliseo—. Los que están con nosotros son más que ellos.

»Entonces Eliseo oró: "Señor, ábrele a Guiezi los ojos para que vea." El Señor así lo hizo, y el criado vio que la colina estaba llena de caballos y de carros de fuego alrededor de Eliseo» (2 Reyes 6:15–17).

Esta es la oración que tenemos que elevar por nosotros y por otros: «Señor, abre nuestros ojos para que podamos ver». Estamos rodeados, como lo estaba el profeta Eliseo, de «caballos y de carros de fuego» de Dios (2 Reyes 6:17), esperando ser transportardos a lugares de gloriosa victoria.

Una vez que nuestros ojos sean abiertos por Dios, veremos todos los eventos de nuestras vidas, grandes o pequeños, alegres o tristes, como un «carro» para nuestras almas. Lo que sea que venga a nuestras vidas, se transforma en un carro en el momento en que lo tratamos como tal. Por otro lado, aun la prueba más pequeña puede llegar a ser un objeto que aplaste lo que encuentre a su paso y lo transforme en miseria y desesperación si lo permitimos.

La diferencia entonces llega a ser una decisión nuestra. Todo depende no de los hechos mismos, sino de cómo vemos esos hechos. Si simplemente nos dejamos estar, permitiendo que nos arrollen y nos aplasten, llegan a ser un vehículo incontrolable de destrucción. Pero si nos subimos a ellos como quien se sube a un carro de victoria, llegan a ser los carros de Dios que triunfalmente nos llevan adelante y arriba.

—*Hannah Whitall Smith*

«Cuando Eliseo cayó enfermo de muerte, Joás, rey de Israel, fue a verlo. Echándose sobre él, lloró y exclamó:

—¡Padre mío, padre mío, carro y fuerza conductora de Israel!
Eliseo le dijo:

—Consigue un arco y varias flechas. Joás así lo hizo. Luego Eliseo le dijo:

—Empuña el arco. Cuando el rey empuñó el arco, Eliseo puso las manos sobre las del rey y le dijo:

—Abre la ventana que da hacia el oriente. Joás la abrió, y Eliseo le ordenó:

—¡Dispara! Así lo hizo. Entonces Eliseo declaró:

—¡Flecha victoriosa del Señor! ¡Flecha victoriosa contra Siria! ¡Tú vas a derrotar a los sirios en Afec hasta acabar con ellos! Así que toma las flechas —añadió.

»El rey las tomó, y Eliseo le ordenó:

—¡Golpea el suelo! Joás golpeó el suelo tres veces, y se detuvo. Ante eso, el hombre de Dios se enojó y le dijo:

—Debiste haber golpeado el suelo cinco o seis veces; entonces habrías derrotado a los sirios hasta acabar con ellos. Pero ahora los derrotarás sólo tres veces» (2 Reyes 13:14–19).

J oás, rey de Israel, pensó que había hecho muy bien cuando «golpeó el suelo tres veces, y se detuvo». Para él aquel pareció haber sido un extraordinario acto de fe, pero el Señor y el profeta Eliseo estaban profundamente disgustados *porque se había detenido demasiado pronto.*

Sí. Él recibió algo; de hecho, fue algo muy grande, en último análisis, exactamente lo que habría esperado. Pero Joás no recibió nada de lo que Eliseo tenía intención que recibiera o que el Señor quería concederle. Perdió mucho del significado de la promesa y la plenitud de la bendición. Recibió más que lo que cualquier ser humano pudo haberle dado, pero no recibió lo mejor de parte de Dios.

Cuán importante es que aprendamos a orar en medio de nuestras circunstancias y examinar detenidamente nuestros corazones con el mensaje que Dios tiene para nosotros. De otra manera, nunca podremos llegar a recibir toda la plenitud de su promesa o todas las posibilidades que ofrece la oración de fe.

—A. B. Simpson

«Éstos eran alfareros que habitaban en Netaín y Guederá, donde se quedaron al servicio del rey» (1 Crónicas 4:23).

Nosotros podemos quedarnos «al servicio del rey» (1 Crónicas 4:23) en cualquier lugar y en todas partes. Quizás se nos llame a servirle en los lugares más improbables y bajo las más adversas condiciones. Puede ser en tierra extranjera, lejos de las muchas actividades del rey en la ciudad. O puede ser «en Netaín y Guederá», [donde] obstáculos… nos rodeen, bloqueándonos el camino. Quizás seamos uno de «los alfareros», con nuestras manos llenas de todo tipo de alfarería, cumpliendo con nuestras tareas diarias.

Lo que sea, no hace diferencia. El rey que nos puso allí vendrá y habitará con nosotros. Los… obstáculos son lo mejor para nosotros, o él rápidamente los quitará. ¿Y no es razonable pensar que todo lo que parece bloquear nuestro camino también puede proveer para nuestra protección? En cuanto a la cerámica, es exactamente lo que él ha decidido poner en nuestras manos y es, por ahora, [nuestro trabajo] «al servicio del rey».

—*Frances Ridley Havergal*

Las puestas de sol de colores brillantes y los cielos tachonados de estrellas, las majestuosas montañas y los radiantes mares, los fragantes campos y las flores recién cortadas no son ni siquiera la mitad de lo hermosa que es un alma que sirve a Jesús por amor y que se desgasta y consume en una vida ordinaria y nada poética.

—*Frederick William Faber*

«¡Que los árboles del campo canten de gozo ante el Señor, porque él ha venido a juzgar a la tierra!» (1 Crónicas 16:33).

El pasto más verde siempre se encuentra en los lugares donde más llueve. Eso me hace suponer que es la niebla de Irlanda la que la hace conocida como la «Isla Esmeralda». Dondequiera que usted encuentre esparcida la niebla de los problemas y la tristeza, siempre encontrará corazones verde esmeralda que están llenos del hermoso follaje del consuelo y el amor de Dios.

Querido cristiano, no diga: «¿Dónde están todas las golondrinas? Todos se han ido; se han muerto». ¡No! No se han muerto. Simplemente han volado a ras del profundo mar azul, en procura de otras tierras; pero pronto volverán.

Hijo de Dios, no diga: «Todas las flores están muertas; el invierno las ha matado; se han ido para siempre». ¡No! Aunque el invierno las haya cubierto con una blanca capa de nieve, volverán a asomar la cabeza fuera de la tierra y pronto estarán vivas de nuevo.

Hermano creyente, no diga que el sol se ha fundido solo porque una nube lo ha cubierto. ¡No! Aún está ahí, planeando un verano para usted porque cuando alumbre de nuevo hará que esas nubes dejen caer sus lluvias de abril, cada gota una madre de una dulce y hermosa flor.

Y sobre todo, recuerde: cuando Dios oculta su rostro de usted, no diga que lo ha olvidado. Él simplemente está esperando un poco para amarle aun más. Y una vez que venga, usted se regocijará con el inexpresable «gozo ante el Señor» (1 Crónicas 16:33).

Esperar en él ejercita su don de gracia y prueba su fe. Por lo tanto, siga esperando en esperanza porque aunque la promesa se demore, nunca llegará tarde.

—*Charles H. Spurgeon*

«Y ahora, Señor, mantén para siempre la promesa que le has hecho a tu siervo y a su dinastía. Cumple tu palabra para que tu nombre permanezca y sea exaltado por siempre, y para que todos digan: "¡El Señor Todopoderoso es el Dios de Israel!" Entonces la dinastía de tu siervo David quedará establecida en tu presencia» (1 Crónicas 17:23–24).

Orar para que Dios cumpla sus promesas es uno de los aspectos más bendecidos de la oración genuina. A menudo pedimos algo que Dios no ha prometido específicamente; por lo tanto, no estamos seguros de si nuestras peticiones están en línea con sus propósitos hasta que hayamos perseverado por algún tiempo en oración. Sin embargo, en algunas ocasiones, y esto fue lo que ocurrió en la vida de David, estamos completamente persuadidos de que lo que estamos pidiendo está en concordancia con la voluntad de Dios. Nos sentimos impulsados a seleccionar y a reclamar una promesa, convencidos de que tiene un mensaje para nosotros. En ese momento, podemos decir con toda nuestra fe: «Cumple lo que has prometido».

Casi ninguna situación podría ser más hermosa, fuerte o segura que aquella de poner el dedo índice en una de las promesas de la Palabra divina de Dios y luego reclamarla. Hacerlo no requiere ni ansiedad ni lucha, sino simplemente presentar el cheque en ventanilla y hacerlo efectivo. Es tan simple como la producción de la promesa y pedir su cumplimiento. Tampoco habrá ninguna duda o nubosidad sobre la solicitud. Si todas las peticiones fueran así de definitivas, habría mucho más interés en orar. Es mucho mejor pedir unas pocas cosas específicas que hacer veinte solicitudes vagas.

—F. B. Meyer

«Además, David juntó mucho hierro para los clavos y las bisagras de las puertas, y bronce en abundancia» (1 Crónicas 22:3).

E n los albores del siglo veinte, una barra de hierro costaba unos 5 dólares. Cuando se la transformaba en herraduras, su precio subía hasta 10 dólares; al hacer de ella agujas, llegaba hasta los 350 dólares; cuando se hacía con ella pequeñas navajas, se podían obtener de ella 32 mil dólares, y cuando se hacían muelles para relojes, su valor aumentaba a 250 mil dólares.

¡Cuántos golpes tenía que soportar la barra de hierro para valer mucho más! Mientras más se la forjaba, se la martillaba, se la exponía al fuego, se la batía, se la golpeaba y se la pulía, mayor era su valor.

Podríamos usar esta analogía como un recordatorio de la necesidad de estar quietos, callados, sufrientes, porque es a los que sufren más que se les da más. Y es a través del dolor que Dios saca lo mejor de nosotros para su gloria y para la bendición de otros.

—*Seleccionado*

Nuestra vida es bastante misteriosa. De hecho, sería totalmente inexplicable si no creyéramos que Dios nos preparó para eventos y ministerios que permanecen ocultos más allá del velo del mundo eterno, donde los espíritus cual hierro templado se requerirán para servicios especiales.

«Cada mañana y cada tarde debían estar presentes para agradecer y alabar al Señor» (1 Crónicas 23:30).

La mañana es un tiempo muy importante del día. Usted nunca debe enfrentar el día sin haberse encontrado con Dios, ni mirarle a la cara a otros sin haberlo mirado cara a cara a él. Usted no alcanzará la victoria que espera lograr si comienza el día en sus propias fuerzas.

Comience el trabajo de cada día después de haber recibido la influencia de momentos quietos y reflexivos entre su corazón y Dios.

No se reúna con nadie, incluyendo a los miembros de su propia familia, sin que primero se haya reunido con el más grande huésped y honrosa compañía de su vida: Cristo Jesús.

Reúnase con él a solas y en forma regular, y con el Libro de su consejo abierto ante usted. Luego enfrente las responsabilidades ordinarias y únicas de cada día con la influencia renovada y el control de su carácter sobre todas sus acciones.

Aquellos que han conseguido más para Dios en este mundo son los que han doblado sus rodillas cada mañana. Por ejemplo, Matthew Henry pasaba cada mañana de cuatro a ocho en su estudio. Luego, en seguida del desayuno y un tiempo de oración familiar, volvía a su estudio hasta el mediodía. Después del almuerzo, escribía hasta las cuatro de la tarde y el resto del tiempo lo pasaba visitando amigos.

Philip Doddridge se refirió a su *Expositor Familiar* como un ejemplo de la diferencia de levantarse a las cinco de la mañana en lugar de hacerlo a las siete. Se dio cuenta de que alargar su día de trabajo en un veinticinco por ciento equivalía a agregar diez años de trabajo a su vida en un periodo de cuarenta años.

El *Comentario Bíblico* de Adam Clarke se escribió originalmente en horas de la mañana. El popular y muy práctico comentario *Las notas de Barnes*, escrito por Albert Barnes, fue también fruto de la madrugada. Y *Sketches*, de Charles Simeon, fue mayormente escrito entre las cuatro y las ocho de la mañana.

«Ellos habían dedicado parte del botín de guerra para las reparaciones del templo del Señor» (1 Crónicas 26:27).

En las profundidades de la tierra, en lugares tales como las minas de carbón, se almacenan grandes fuerzas físicas. El carbón se producía por los tremendos calores ocasionados por la quema de antiguos bosques. De la misma manera, la fuerza espiritual se almacena en las profundidades de nuestro ser y es provocada por un dolor intenso que no podemos entender.

Algún día veremos que «el botín de guerra» (1 Crónicas 26:27) de nuestras pruebas tuvo simplemente como propósito prepararnos para llegar a ser como Greatheart de *El progreso del peregrino*, por lo cual también nosotros podremos guiar a nuestros compañeros peregrinos en triunfo en medio de las pruebas a la ciudad del Rey. Pero que nunca olvidemos que la fuente de aprendizaje para ayudar a otros debe ser la experiencia de un sufrimiento triunfador.

Gimotear y quejarse acerca del dolor nunca producirá nada bueno.

Pablo nunca llevó con él la tristeza de un cementerio sino un coro de alabanza victoriosa. Cuanto más difícil era su prueba, más confió y se regocijó, gritando desde el altar mismo del sacrificio y diciendo: «Aunque mi vida fuera derramada sobre el sacrificio y servicio que proceden de su fe, me alegro y comparto con todos ustedes mi alegría» (Filipenses 2:17). Señor, ayúdame el día de hoy a extraer fuerzas de cada cosa que me suceda.

—*Days of Heaven upon Earth*

«Cuando tu pueblo peque contra ti y tú lo aflijas cerrando el cielo para que no llueva, si luego ellos oran en este lugar y honran tu nombre y se arrepienten de su pecado, óyelos tú desde el cielo y perdona el pecado de tus siervos, de tu pueblo Israel. Guíalos para que sigan el buen camino, y envía la lluvia sobre esta tierra, que es tuya, pues tú se la diste a tu pueblo por herencia» (2 Crónicas 6:26–27).

Hay un límite para nuestras aflicciones. Dios las manda y luego las quita. ¿Se queja usted, diciendo: «¿Cuándo se acabará esto?»… Nuestro Padre alejará la vara de nosotros cuando su propósito en usarla se haya cumplido plenamente.

Si la aflicción viene para probar que nuestras palabras glorificarán a Dios, se acabará una vez que haya conseguido que le ofrezcamos alabanza y honra. De hecho, no querríamos que nuestras pruebas se fueran mientras no sea Dios quien quite de nosotros toda honra y honor que debemos rendirle a él.

Hoy todo puede estar «completamente tranquilo» (Mateo 8:26). ¿Pero quién sabe si muy pronto un oleaje furioso puede cambiar el aspecto de aquel mar de cristal con gaviotas meciéndose en el suave oleaje?

… Para el Señor no es difícil transformar la noche en día. Él, que es quien envía las nubes, puede fácilmente despejar los cielos. Animémonos: las cosas serán mejores adelante en el camino. *Cantemos alabanzas a Dios en anticipación de las cosas que están por venir.*
—*Charles H. Spurgeon*

«*Allí Asá invocó al* Señor *su Dios y le dijo: "*Señor, *sólo tú puedes ayudar al débil y al poderoso. ¡Ayúdanos,* Señor *y Dios nuestro, porque en ti confiamos, y en tu nombre hemos venido contra esta multitud! ¡Tú,* Señor, *eres nuestro Dios! ¡No permitas que ningún mortal se alce contra ti!"*» (2 Crónicas 14:11).

Recuérdele a Dios su responsabilidad exclusiva: «Sólo tú puedes ayudar» (2 Crónicas 14:11).

Las posibilidades contra los hombres de Asá eran enormes. Parecía imposible para Asá defenderse contra tan vasta multitud. No había aliados que pudieran venir en su ayuda; por lo tanto, su única esperanza era Dios.

En algún momento puede ocurrir que sus dificultades lleguen a un nivel tan alarmante que piense que ninguna ayuda humana es posible.

En dificultades menores es posible que haya podido echar mano a tal recurso, pero ahora no le queda otro camino que confiar en su Amigo todopoderoso. *Ponga a Dios entre usted y su enemigo.*

Asá, al darse cuenta de su falta de fuerza, vio a Jehová como estando de pie entre el poderoso Zera y él. Y era así.

Se nos dice que «el Señor y *su ejército*… aniquilaron» a los cusitas (2 Crónicas 14:13, itálicas del autor) como si los guerreros celestiales se hubiesen lanzado contra el enemigo en nombre de Israel. Así, las fuerzas de Dios superaron de tal manera al inmenso ejército enemigo que tuvo que salir huyendo. Entonces lo que Israel tuvo que hacer fue perseguirlos y recoger el botín. Nuestro Dios es «el Señor Todopoderoso» (Isaías 10:16) que puede convocar refuerzos inesperados en cualquier momento para ayudar a su pueblo. Crea que él está entre usted y sus dificultades, y que los problemas huirán delante de él como las nubes en el viento.

—*F. B. Meyer*

«Y éste salió al encuentro de Asá y le dijo: "Asá, y gente de Judá y de Benjamín, ¡escúchenme! El SEÑOR estará con ustedes, siempre y cuando ustedes estén con él. Si lo buscan, él dejará que ustedes lo hallen; pero si lo abandonan, él los abandonará"» (2 Crónicas 15:2).

Años atrás hubo un profesor alemán anciano cuya hermosa vida era un prodigio para sus estudiantes. Algunos de estos se propusieron firmemente aprender su secreto, así que una noche enviaron a alguien a esconderse en el estudio donde el profesor pasaba las noches.

Era avanzada la hora cuando por fin el profesor llegó. Estaba muy cansado, pero se sentó y pasó una hora con su Biblia. Luego inclinó la cabeza en silenciosa oración y, finalmente, cerrando el Libro de los libros, dijo: «Bien, Señor Jesús, seguimos teniendo la misma vieja amistad».

«Conocer a Cristo» (Filipenses 3:10) es el logro más grande en la vida.

A todo costo, cada cristiano debería esforzarse para «tener la misma vieja amistad» con él.

La realidad de conocer a Jesús viene como resultado de la oración privada y el estudio personal de la Biblia que es devocional y consistente en su naturaleza. Cristo se hará más real a todo aquel que persista en el cultivo de su presencia.

Háblale a él porque te escucha,
Y se encuentren Espíritu con espíritu,
Él está más cerca que nuestro propio aliento,
Más cerca que las manos y los pies.

—Maltbie D. Babcock

«El Señor recorre con su mirada toda la tierra, y está listo para ayudar a quienes le son fieles. Pero de ahora en adelante tendrás guerras, pues actuaste como un necio» (2 Crónicas 16:9).

Dios está buscando hombres y mujeres cuyos corazones estén firmes en él y que confíen siempre en todo lo que él desee hacer con sus vidas. Dios está listo y ansioso para trabajar más poderosamente que nunca a través de su pueblo, y el reloj de los siglos está dando onceava hora.

El mundo está observando y esperando ver lo que Dios puede hacer a través de las vidas comprometidas con él. Y no solo es el mundo el que está esperando, sino que Dios mismo espera ver quién será la persona más completamente dedicada: dispuesta a ser nada para que Cristo lo sea todo; aceptando plenamente los propósitos de Dios como propios; recibiendo la humildad, la fe, el amor y el poder de Cristo; nunca estorbando el plan de Dios sino siempre dejándole continuar su obra milagrosa.

—C. H. P.

No hay límites en lo que Dios puede hacer a través de usted, siempre que usted no busque su propia gloria.

George Mueller, con más de noventa años de edad, en un mensaje pronunciado a ministros y otros obreros cristianos, dijo: «*Yo me convertí* en noviembre de 1825, pero no vine al punto de *rendir totalmente mi corazón* hasta cuatro años más tarde, en julio de 1829: Fue entonces cuando me di cuenta de que mi amor por el dinero, la prominencia, la posición, el poder y el placer mundano se habían ido. Dios, y solo él, llegó a ser mi todo en todo. En él encontré todo lo que necesitaba y no deseé nada más. Por la gracia de Dios, mi comprensión de su suficiencia se ha mantenido hasta este día, haciéndome un hombre extremadamente feliz, preocupado solo por las cosas de Dios.»

—*Seleccionado*

Mi oración hoy es que Dios pueda hacer de mí un cristiano extraordinario.

—*George Whitefield*

«Tan pronto como empezaron a entonar este cántico de alabanza, el SEÑOR puso emboscadas contra los amonitas, los moabitas y los del monte de Seír que habían venido contra Judá, y los derrotó» (2 Crónicas 20:22).

¡Si solo nos lamentáramos menos por nuestros problemas y cantáramos y alabáramos más! Hay miles de cosas que nos atan que pudieran transformarse en instrumentos de música si solo supiéramos cómo hacerlo. Piense en aquellos que consideran, reflexionan y sopesan los asuntos de la vida y que siempre están estudiando los interiores misteriosos de la providencia de Dios, preguntándose por qué tienen que llevar cargas tan pesadas y se oponen y combaten en cada frente. Cuán diferentes serían sus vidas y cuánto más gozo experimentarían si solo pudieran detener su tendencia al egoísmo y a pensar en ellos mismos, y en su lugar exaltar cada día sus experiencias con Dios, alabándole por ellas.

Es más fácil cantar para que se vayan las preocupaciones que razonar con ellas. ¿Por qué no cantar en la mañana? Piense en las aves. Son las primeras en cantar cada día y son las que menos preocupaciones tienen entre todos los seres creados. Y no olvide cantar en la noche, que es lo que hacen los petirrojos cuando han finalizado sus labores del día. Una vez que han hecho su último vuelo del día y reunido el último poco de comida, buscan la copa de un árbol desde donde cantan un himno de alabanza.

¡Oh, si pudiéramos cantar por la mañana y por la noche, ofreciendo canción tras canción en una continua alabanza al Creador a lo largo de nuestro día!

—*Seleccionado*

«Después los sacerdotes y los levitas se pusieron de pie y bendijeron al pueblo, y el Señor los escuchó; su oración llegó hasta el cielo, el santo lugar donde Dios habita» (2 Crónicas 30:27).

La oración es una herramienta delicada y divina que las palabras no pueden expresar y la teología no puede explicar, pero que el más humilde creyente conoce aunque no la pueda entender…

¡Oh, el inexpresable anhelo de nuestros corazones por cosas que no podemos comprender! Pero sabemos que son un eco del trono de Dios y un susurro de su corazón. A menudo, en lugar de un canto, son un lamento… y una carga. Pero si son una carga, son una bendita carga y un lamento cuyo sentimiento oculto es la alabanza y un gozo superior. Son «gemidos indecibles». No siempre podemos expresarlos y a menudo todo lo que entendemos es que Dios está orando en nosotros por algo que solo él entiende y que necesita su toque.

Así que podemos simplemente derramar desde la llenura de nuestro corazón la carga de nuestro espíritu y la pena que parece querer aplastarnos. Podemos saber que él escucha, ama, entiende, recibe y separa de nuestra oración cualquier cosa que sea un error, imperfecta o equivocada.

Y entonces, presenta el recordatorio junto con el incienso del gran sumo sacerdote ante su trono en las alturas. Podemos estar seguros de que nuestra oración es oída, aceptada y contestada en su nombre.

—*A. B. Simpson*

«Cuando los enemigos del pueblo de Judá y de Benjamín se enteraron de que los repatriados estaban reconstruyendo el templo del Señor, Dios de Israel, se presentaron ante Zorobabel y ante los jefes de familia y les dijeron:

—Permítannos participar en la reconstrucción, pues nosotros, al igual que ustedes, hemos buscado a su Dios y le hemos ofrecido holocaustos desde el día en que Esarjadón, rey de Asiria, nos trajo acá... (Esdras 4:1–4).*

Eran personas que vivían para ellos mismos y sus esperanzas, promesas y sueños aún los contrataban; sin embargo, el Señor comenzó a dar respuestas a sus oraciones. Habían pedido un corazón arrepentido y se habían mostrado dispuestos a pagar el precio que fuera para conseguirlo. Y él les envió tristezas. Habían pedido pureza y él les mandó angustias repentinas. Habían pedido mansedumbre y él les había quebrantado sus corazones. Habían pedido morir para el mundo y él mató todas sus esperanzas. Habían pedido ser hechos como él y él los puso en un fuego como «fundidor y purificador de plata» (Malaquías 3:3) hasta que pudieran reflejar su imagen. Habían pedido que se les permitiera ayudar a llevar la cruz, pero cuando él se las ofreció, les desgarró las manos. Ellos no tenían pleno entendimiento de lo que habían pedido, pero él les había tomado la palabra y concedido todas sus peticiones

... Y asombro y temor [fueron] sobre ellos como Jacob en Betel cuando soñó que «una escalinata... llegaba hasta el cielo» (Génesis 28:12)... o como los discípulos cuando «aterrorizados, creyeron que veían a un espíritu» (Lucas 24:37), no entendiendo que era Jesús...

Para ellos resultaba más fácil obedecer que sufrir, trabajar que darse por vencidos y cargar la cruz que ser puestos en ella. Pero ahora no podían volver atrás porque habían llegado demasiado cerca de la cruz invisible de la vida espiritual y sus virtudes los había conmovido muy profundamente. Y el Señor fue cumpliendo esta promesa suya a ellos: «Pero yo, cuando sea levantado de la tierra, atraeré a todos a mí mismo» (Juan 12:32).

... Ellos sabían que era bueno sufrir en esta vida para reinar en la que viene; soportar la cruz aquí abajo para usar una corona allá arriba; y saber que no su voluntad sino la de él se hizo en ellos y a través de ellos.

—Anónimo

> «*Luego Nehemías añadió: "Ya pueden irse. Coman bien, tomen bebidas dulces y compartan su comida con quienes no tengan nada, porque este día ha sido consagrado a nuestro SEÑOR. No estén tristes, pues el gozo del SEÑOR es nuestra fortaleza"*» (Nehemías 8:10).

La ansiedad no debería ser parte de la vida del creyente. A pesar de la magnitud, cantidad y diversidad de nuestras pruebas, aflicciones y dificultades, la ansiedad no debería existir bajo ninguna circunstancia.

Esto es porque tenemos un Padre en el cielo que es todopoderoso, que ama a los suyos como ama a su «Hijo unigénito» (Juan 3:16) y cuyo completo gozo y deleite es asistirlos continuamente bajo cualquier circunstancia. Deberíamos poner atención a su Palabra, que dice: «No estén tristes, pues el gozo del Señor es nuestra fortaleza» (Nehemías 8:10).

… Tenemos que llevar todo a Dios: cosas pequeñas, muy pequeñas, incluso aquellas que el mundo considera triviales… viviendo cada día en santo compañerismo con nuestro Padre celestial y nuestro precioso Señor Jesús. Deberíamos desarrollar el instinto espiritual que nos permita volvernos inmediatamente a Dios cuando algo no nos deje dormir por las noches. Durante estas noches de insomnio, deberíamos hablarle y presentarle todo lo que nos aflige, no importa lo pequeñas que algunas de estas preocupaciones sean. También deberíamos hablarle sobre cualquier crisis que estemos enfrentando o alguna dificultad que pudiera surgir en el seno familiar y en la vida profesional.

… Aun si no tenemos posesiones, hay algo por lo cual podemos estar siempre [gozosos], y es que él nos ha salvado del infierno. También podemos dar gracias porque nos ha dado su santa Palabra, su Espíritu Santo y el más precioso regalo de todos: su Hijo. Así, cuando pensamos en todas estas cosas, tenemos abundantes razones para alegrarnos.

¡Que esto sea nuestra meta!

—*George Mueller*, de *Life of Trust*

«Ve y reúne a todos los judíos que están en Susa, para que ayunen por mí. Durante tres días no coman ni beban, ni de día ni de noche. Yo, por mi parte, ayunaré con mis doncellas al igual que ustedes. Cuando cumpla con esto, me presentaré ante el rey, por más que vaya en contra de la ley. ¡Y si perezco, que perezca!» (Ester 4:16).

A quienes Dios más usa para traer gloria a sí mismo son aquellos completamente quebrantados, porque el sacrificio que él acepta es un «corazón quebrantado y arrepentido» (Salmos 51:17). No fue sino hasta que las fuerzas naturales de Jacob fueron quebrantadas en Peniel cuando «la cadera… se le dislocó» (Génesis 32:25), que llegó al punto en que Dios pudo investirlo con su poder espiritual…

No fue sino hasta que los trescientos soldados de Gedeón seleccionados especialmente «estrellaron… los cántaros que llevaban en sus manos» (Jueces 7:19), lo que simbolizaba el quebrantamiento de sus vidas, que la luz oculta de sus antorchas irrumpió con gran brillo, haciendo que sus enemigos fueran presas del terror. Fue una vez que la viuda pobre rompió el sello de su única vasija que empezó a fluir el aceite multiplicado milagrosamente por Dios y pudo pagar sus deudas (2 Reyes 4:1–7). No fue sino hasta que Ester puso en riesgo su vida y pasó por sobre las leyes estrictas de la corte de un rey pagano que obtuvo el favor para rescatar a su pueblo de la muerte (Ester 4:16).

No fue sino hasta que Jesús tomó «los cinco panes y… los partió» (Lucas 9:16) que el pan se multiplicó para alimentar a cinco mil. El milagro se produjo cuando los panes fueron partidos. Fue cuando María rompió su hermoso «frasco de alabastro lleno de un perfume muy caro» (Mateo 26:7), destruyendo su futura utilidad y valor, que la preciosa fragancia llenó la casa. Y no fue sino hasta que Jesús entregó su cuerpo para que fuera quebrantado por espinas, clavos y una lanza que su vida interior fue derramada cual océano de aguas cristalinas para que los pecadores sedientos pudieran beber y vivir.

… Y siempre ha sido así, a lo largo de la historia de las plantas, las personas y toda la vida espiritual: Dios usa LAS COSAS ROTAS.

MARZO 30

> «E hizo alarde de su enorme riqueza y de sus muchos hijos, y de
> cómo el rey lo había honrado en todo sentido ascendiéndolo sobre
> los funcionarios y demás servidores del rey.
>
> »Mientras todavía estaban hablando con Amán, llegaron los
> eunucos del rey y lo llevaron de prisa al banquete ofrecido por
> Ester» (Ester 5:11—6:14).

Esta es la forma en que Dios actúa. En nuestra hora más oscura, él se dirige a nosotros caminando sobre las olas (ver Mateo 14:23–25), así como un ángel vino a la celda donde se encontraba Pedro cuando amanecía el día de su ejecución (ver Hechos 12:7). Y cuando la horca estuvo lista para la ejecución de Mardoqueo, el insomnio del rey en última instancia dirigió su acción a favor de la raza favorecida de Dios (ver Ester 6:1–10).

Querida alma, es posible que tengas que experimentar lo peor antes de tu liberación, pero serás liberada. Quizás Dios te mantenga esperando, pero él siempre recuerda su promesa y aparece en el momento justo para dar cumplimiento a su Palabra sagrada que no puede quebrantar.

—F. B. Meyer

Dios usa la sencillez cuando se trata de elaborar sus planes y sin embargo posee una capacidad igual a cualquier dificultad.

Su fidelidad hacia sus hijos que confían en él es inquebrantable y es firme en sus propósitos. En la vida de José, vemos a Dios en acción a través de otro preso, luego a través de un sueño y finalmente a través de promover a José desde un lugar en la cárcel a la posición de segundo en poder en todo el imperio egipcio. El tiempo que José permaneció en la cárcel le dio la fuerza y la entereza para asumir el cargo que le concedió el Faraón.

Siempre es seguro confiar en los métodos de Dios y vivir al compás de su reloj.

—Samuel Dickey Gordon

«Tres amigos de Job se enteraron de todo el mal que le había sobre-venido, y de común acuerdo salieron de sus respectivos lugares para ir juntos a expresarle a Job sus condolencias y consuelo. Ellos eran Elifaz de Temán, Bildad de Súah, y Zofar de Namat. Desde cierta distancia alcanzaron a verlo, y casi no lo pudieron reconocer. Se echaron a llorar a voz en cuello, rasgándose las vestiduras y arro-jándose polvo y ceniza sobre la cabeza, y durante siete días y siete noches se sentaron en el suelo para hacerle compañía. Ninguno de ellos se atrevía a decirle nada, pues veían cuán grande era su sufri-miento» (Job 2:11–13).

¿Hay personas en su círculo de amigos a quienes acuda en forma natural en tiempos de prueba o aflicción, personas que siempre tienen la palabra correcta y que le dan el consejo que usted ha estado esperando? Si las hay, posiblemente no se haya dado cuenta del alto costo que han tenido que pagar para ser tan hábiles para vendar sus heridas abiertas y secar sus lágrimas. Si tuviera que investigar su pasado, descubriría que han sufrido más que la mayoría de la gente.

Ellos han visto el cordón de plata del cual pende la lámpara de la vida desenmarañarse lentamente. Han visto el cuenco de oro de gozo romperse a sus pies y su contenido derramado. Han expe-rimentado furiosas mareas, han visto marchitarse los cultivos y oscuridad en pleno medio día, pero todo esto ha sido necesario para hacer de ellos enfermeras, médicos y ministros para otros.

Las cajas conteniendo especias de Oriente pueden ser difíciles de embarcar y lentas en llegar, pero una vez que arriban, su deli-ciosa fragancia llena el aire. De igual manera, el sufrimiento es fatigoso y difícil de soportar, pero oculta bajo la superficie está la disciplina, el conocimiento y las posibilidades ilimitadas. Cada una de ellas no solamente nos fortalece y hacen madurar, sino que también nos capacitan para ayudar a otros (2 Corintios 1:6–7). Así que no se preocupe ni apriete los dientes, simplemente espere con determinación porque el sufrimiento va a pasar. Y en lugar de eso, dispóngase a obtener lo más que pueda de esta experiencia tanto para su propio beneficio como para el bien de quienes le rodean de acuerdo con la voluntad de Dios.

—Seleccionado

«¿Por qué arrincona Dios
al hombre que desconoce su destino?» (Job 3:23).

Dios mismo levanta un cerco para protegerlos. Sin embargo, a menudo ellos solo ven el lado malo del cerco y, por lo tanto, no logran comprender sus acciones. Esto fue lo que ocurrió con Job cuando preguntó: «¿Por qué arrincona Dios al hombre que desconoce su destino?» (Job 3:23). ¡Ah, pero Satanás conoce el valor de esa protección! Y desafió al Señor diciendo: «¿Acaso no están bajo tu protección él y su familia y todas sus posesiones?» (Job 1:10).

Sobre las páginas de cada prueba hay pequeños rayos de luz que brillan. Las espinas no le causarán daño a menos que usted se eche sobre ellas y nadie podrá tocarlo sin el permiso de Dios.

Las palabras que hieren, la carta que le hizo sufrir, la crueldad de su mejor amigo, sus necesidades financieras, todo eso lo conoce Dios. Él se compadece como nadie puede hacerlo y observa si a través de todo eso se va usted a atrever a confiar completamente en él.

«Porque él hiere, pero venda la herida;
golpea, pero trae alivio» (Job 5:18).

El ministerio de la gran aflicción

Mientras caminamos por la ladera de unos cerros que han sido violentamente sacudidos por un terremoto, nos percatamos que después de aquella onda destructiva ha sobrevenido una completa calma… El edificio de la iglesia aún está iluminado después de capear la tormenta y proclama una oración renovada por la protección de él, quien sustenta las esquinas de la tierra en sus manos y da fuerza a los cerros.

—*John Ruskin*

«Por lo que a mí toca, no guardaré silencio;
    la angustia de mi alma me lleva a hablar,
    la amargura en que vivo me obliga a protestar» (Job 7:11).

Oh, si tan solo Job hubiese sabido, cuando se sentó en ceniza, con el corazón angustiado con el pensamiento de la providencia de Dios, que millones a lo largo de la historia habrían de mirar atrás a sus tribulaciones, se habría armado de valor para que su experiencia hubiera ayudado a otros a través del mundo.

Nadie vive para sí, y la historia de Job es como la suya y la mía, solo que la de él quedó escrita para que todos la conocieran. Las aflicciones que Job enfrentó y las pruebas con las que luchó son las cosas por las cuales lo recordamos y sin ellas probablemente jamás habríamos leído de él en la Palabra de Dios.

No sabemos las pruebas que nos esperan en los días que tenemos por delante.

Es posible que no seamos capaces de ver la luz a través de nuestras pruebas, pero podemos creer que esos días, como en la vida de Job, serán los más importantes que se nos llame a vivir.

—*Robert Collyer*

¿Quién no ha aprendido que, a menudo, nuestros días más tristes son los mejores?

El alma que está siempre alegre y risueña se pierde las cosas profundas de la vida. Es cierto que esa vida tiene su recompensa y es plenamente satisfecha, pero sus satisfacciones no tienen profundidad. Su corazón es sumamente pequeño y su naturaleza, la cual tiene el potencial de experimentar las grandes alturas y las grandes profundidades, se mantiene sin desarrollar...

Recuerde lo que dijo Jesús: «Dichosos los que lloran» (Mateo 5:4). Cuando más brillan las estrellas es en las largas noches oscuras del invierno. Y las flores silvestres de genciana muestran sus colores más hermosos en las alturas casi inaccesibles de las montañas de nieve y hielo.

Dios pareciera usar la presión del dolor para llevar a cabo el cumplimiento de sus promesas y liberar los más dulces néctares de su lagar. Solo aquellos que han conocido las tristezas pueden apreciar plenamente la inmensa ternura del «varón de dolores» (Isaías 53:3).

—*Seleccionado*

«Le he dicho a Dios: No me condenes. Dime qué es lo que tienes contra mí. Me diste vida, me favoreciste con tu amor, y tus cuidados me han infundido aliento» (Job 10:2, 12).

O alma probada, quizás el Señor te esté mandando a través de esta prueba para que desarrolles tus dones. Tú tienes algunos dones que nunca habrían sido descubiertos a no ser por las pruebas. ¿No sabías que tu fe nunca se ve tan grande durante el cálido verano como durante el frío invierno? Tu amor es demasiado a menudo como una luciérnaga, proyectando una muy pequeña luz excepto cuando está rodeada de la oscuridad.

Y la esperanza es como las estrellas: no se ven cuando alumbra el sol de la prosperidad y solo se ven durante una noche de adversidad. A menudo, las aflicciones son el ambiente oscuro que Dios usa para montar las joyas de los regalos de sus hijos, haciendo que luzcan aun más brillantes.

¿No fue hace tan poco tiempo que sobre sus rodillas usted oró: «Señor, pareciera que no tengo fe; por favor, demuéstrame que sí tengo»? ¿No fue su oración, aunque no se hubiera percatado de ello en ese momento, que se le enviaran pruebas y tribulaciones? Porque ¿cómo va a saber si tiene fe si no la ejercita? Usted depende del hecho que a menudo Dios envía las pruebas para que nuestros dones queden expuestos y así podamos estar seguros de su existencia. Y hay más que simplemente descubrir nuestros dones: experimentamos un verdadero crecimiento en gracia como otro de los resultados de las pruebas siendo santificados por él.

Dios entrena a sus soldados no en tiendas de comodidad y lujo, sino a través de prolongadas marchas y tareas duras y difíciles. Los hace pasar por corrientes de agua, nadar a través de los ríos, ascender montañas y caminar muchos kilómetros con pesadas mochilas sobre sus espaldas.

Querido cristiano: ¿no será por esto las pruebas por las que está pasando actualmente? ¿No será esta la razón por la que él está tratando con usted?

—*Charles H. Spurgeon*

«¿Quién de todos ellos no sabe
que la mano del Señor ha hecho todo esto?» (Job 12:9).

Hace algunos años se encontró en una mina de África el más maravilloso diamante del mundo. Se lo ofrecieron al rey de Inglaterra para que embelleciera su corona. El rey lo envió a Amsterdam para que fuera trabajado por un experto tallador. ¿Se puede imaginar usted lo que este experto hizo con la piedra?

Tomó la gema de un valor incalculable e hizo una muesca en ella. Luego le dio un martillazo y la joya cayó en sus manos, partida en dos. ¡Qué descuido más horrible!

Pero la historia no termina ahí. Porque ese golpe con el martillo había sido estudiado y planeado durante días e incluso semanas... El tallador a quien se le había encomendado el trabajo era uno de los más grandes expertos en tallar piedras preciosas de todo el mundo... El golpe con el martillo hizo la única cosa que podría dar a la joya la forma, la luminosidad y el esplendor perfectos. El golpe que parecía haber arruinado tan preciosa piedra en realidad había obrado en ella su perfecta redención...

A veces, de igual manera, Dios deja caer sobre nosotros golpes que duelen. Su alma sangra, sufre dolor y clama en agonía. Al principio, usted piensa que el golpe fue un terrible error; pero no lo fue, porque para Dios usted es la joya más preciosa en el mundo. Y él es el tallador más hábil en el universo.

Algún día, usted va a ser una joya adornando la corona del Rey. Ahora, mientras permanece en su mano, él sabe exactamente qué hacer con usted. Ningún golpe va a venir sobre su vida a menos que el amor de Dios lo permita. Y puede estar seguro de que de las profundidades de la experiencia verá indescriptibles bendiciones y enriquecimiento espiritual que nunca pudo haberse imaginado.

—*J. H. M.*

Ni un solo golpe habrá de recibir
Mientras Dios no lo crea conveniente.

«¡Que me mate! ¡Ya no tengo esperanza!
Pero en su propia cara defenderé mi conducta» (Job 13:15).

»Por ese motivo padezco estos sufrimientos. Pero no me avergüenzo, porque sé en quién he creído, y estoy seguro de que tiene poder para guardar hasta aquel día lo que le he confiado» (2 Timoteo 1:12).

Un viejo hombre de mar dijo en una ocasión: «Cuando arrecia la tormenta, hay una cosa que debemos hacer porque hay solo una posibilidad de sobrevivir: debemos poner la nave en cierta posición y mantenerla así». Y esto mismo, querido cristiano, es lo que nosotros debemos hacer.

…La razón no nos puede ayudar, las experiencias anteriores no proyectarán luz y ni siquiera la oración traerá consuelo. Solo mantener el curso…

Manténgase firmemente anclado en el Señor y entonces, cuando vengan temporales, marejadas, mar embravecido, truenos, relámpagos, rocas cortantes o rompientes rugientes, agárrese firme del timón, poniendo toda su confianza en la fidelidad de Dios.

—*Richard Fuller*

«Él, en cambio, conoce mis caminos;
si me pusiera a prueba, saldría yo puro como el oro» (Job 23:10).

Oh, creyente, ¡qué gloriosa seguridad encontramos en Job 23:10! ¡Qué confianza tengo porque «mis caminos», caminos de pruebas y lágrimas, sinuosos, ocultos o enredados, «él… [los] conoce»… Hay un guía todopoderoso que sabe y dirige mis pasos, sea que me lleven a las aguas amargas del pozo de Mara o al oasis gozoso y refrescante de Elim (ver Éxodo 15:23–27)…

Cuando siento que Dios está muy lejos, por lo general está muy cerca de mí… ¿Sabemos de alguien más que nos alumbre más que el sol más radiante, que se llegue a nuestro cuarto con la primera luz del día, que tenga una ternura y una compasión infinitas, que se preocupe de nosotros a lo largo del día y que conozca el camino por el que vamos andando?

Durante tiempos de adversidad, el mundo habla de «providencia» con una total falta de comprensión. Saca de su trono a Dios, que es el Soberano viviente que conduce el universo, para reemplazarlo por una abstracción inanimada, muerta. A lo que le dicen «providencia» el mundo lo ve como una forma de destino, de suerte, desvalorizando a Dios de su posición como nuestro poderoso, personal y activo Jehová.

El dolor podría quitarse de muchas pruebas angustiantes si solo pudiera ver lo que Job vio durante el tiempo que sufrió aflicciones tan duras, cuando toda esperanza terrenal yacía a sus pies. Job no vio nada más que la mano de Dios, la mano de Dios detrás de las espadas de los caldeos que atacaron a sus siervos y ganado, y detrás del relámpago devastador; la mano de Dios dando alas al poderoso viento del desierto que barrió a sus hijos; y la mano de Dios en el terrible silencio de su casa destruida.

Así, viendo a Dios en todo, Job pudo decir: «*El Señor* ha dado, *el Señor* ha quitado. ¡Bendito sea el nombre del *Señor*!*»* (Job 1:21, itálicas del autor). Pero su fe alcanzó su cenit cuando este una vez poderoso príncipe del desierto «se sentó en medio de las cenizas» (Job 2:8) y aun pudo decir: «Aunque él me mate, seguiré esperando en él» (Job 13:15).

—*J. R. Macduff*

«"Aquí no está", dice el océano;
"Aquí tampoco", responde el mar» (Job 28:14).

Recuerdo haber dicho un verano: «Lo que de verdad necesito es un viaje a la playa». Y fui, pero el mar parecía decirme: *«Aquí no está»* (Job 28:14, itálicas del autor). El mar no hizo por mí lo que yo esperaba que hiciera. Entonces dije: «Quizás la montaña me proporcionará el descanso que necesito». Y fui a las montañas, y cuando desperté la primera mañana observé la imponente montaña que tanto había deseado contemplar. Pero la vista no me satisfizo, y la montaña dijo: *«Aquí no está»*.

Lo que realmente necesitaba era el mar profundo del amor de Dios y las altas montañas de su verdad dentro de mí. Su sabiduría tiene profundidades y alturas que ningún océano ni montaña podría contener y que no podrían compararse con las más preciadas joyas, oro o piedras preciosas. *Cristo es sabiduría y es nuestra más profunda necesidad.* Nuestra inquietud interna solo puede ser pacificada por la revelación de su amistad eterna y su amor para con nosotros.

—*Margaret Bottome*

Usted no puede pretender mantener un águila en el bosque. Podría reunir en torno a ella un grupo de las más hermosas aves, proveerle en el pino más alto una percha donde posarse o hacer que otros pájaros le traigan las viandas más exquisitas, pero todo eso lo rechazaría. Extendería sus alas y con los ojos puestos en los acantilados alpinos se remontaría hasta alcanzar sus ancestrales moradas rocosas, donde las tormentas y las caídas de agua crean su propia música natural.

Nuestras almas anhelan elevarse como un águila y hallar descanso nada menos que en la Roca de la Eternidad. Sus dominios ancestrales son los dominios del cielo, hechos con la roca de los atributos de Dios. ¡Y la extensión de su vuelo majestuoso es la misma eternidad! «Señor, tú has sido nuestro refugio generación tras generación» (Salmos 90:1).

—*J. R. Macduff*

«Me arrebatas, me lanzas al viento;
me arrojas al ojo de la tormenta» (Job 30:22).

¿Ha visto alguna vez a alguien que en medio de un desastre haya dedicado tiempo a la oración? ¿Y que una vez que el desastre se haya olvidado quede un dulce recuerdo que dé ánimo a su alma?

Esto me trae a la memoria una imponente tormenta que presencié en cierta ocasión al final de la primavera: la oscuridad cubría por completo el cielo. No se veía nada, excepto cuando los rayos irrumpían violentamente a través de las nubes seguidos de potentes truenos. El viento soplaba y la lluvia caía como si el cielo hubiese abierto todas sus ventanas.

¡Qué desolación era aquella! La tormenta desarraigaba incluso los poderosos robles y ni las arañas escapaban al viento tormentoso a pesar de que estaban ocultas. Pero he aquí que después que los relámpagos cesaran, los truenos se callaran y la lluvia dejara de caer, un viento occidental se levantó con una brisa dulce y apacible, obligando a retroceder a aquellas oscuras nubes. Vi a la tormenta en retirada echar por sobre sus hombros y su brillante cuello una pañoleta arco iris. Se volvió, me echó una mirada y luego siguió, perdiéndose de mi vista.

Durante varias semanas después de la tormenta, los campos levantaron sus manos al cielo llenas de flores fragantes y celestiales. Y la hierba reverdeció, las corrientes de agua se llenaron y los árboles, gracias a su exuberante follaje, proyectaron una sombra mucho más generosa.

Todo esto, *gracias a la visita que hiciera la tormenta*; todo esto, aun cuando el resto de la tierra se hubiera olvidado de la tormenta, su arco iris y su lluvia.

—*Theodore Parker*

Es probable que Dios no nos dé una travesía fácil hasta la tierra prometida, pero sí nos da seguridad.

—*Horatious Bonar*

«Pero nadie dice: "¿Dónde está Dios, mi Hacedor,
que me infunde fuerzas por las noches…"» (Job 35:10).

¿Ha experimentado alguna vez noches sin poder dormir, dando vueltas en la cama y anhelando ver las primeras luces del amanecer? Cuando tal cosa ocurre, ¿por qué no pedirle al Espíritu Santo que fije sus pensamientos en Dios, su Hacedor, y creer que él puede llenar esas noches solitarias y tristes con una canción?

¿Es la suya una noche de duelo? Concéntrese en Dios y él se acercará a su corazón entristecido, trayéndole la seguridad de que él necesita a la persona que ha muerto. Le asegurará que ha llamado al espíritu entusiasta y ansioso de su ser querido para que se integre a la multitud viviente radiante, invisible y liberada. Y cuando este pensamiento tome posesión de su mente junto con el conocimiento de que su ser querido participa en una gran misión celestial, de su corazón brotará un himno de alabanza.

¿Es la suya una noche de desaliento o fracaso, real o imaginario? ¿Se siente como si nadie lo entendiera y sus amigos lo han ignorado? Anímese: su Hacedor «se acercará a [usted]» (Santiago 4:8) y le dará una canción, una canción de esperanza que armonizará con la música de su providencia.

Prepárese para cantar la canción que su Hacedor le da.

—*Seleccionado*

«A los que sufren, Dios los libra mediante el sufrimiento;
en su aflicción, los consuela» (Job 36:15).

Puede parecer una paradoja, pero la única persona que descansa es aquella que lo ha logrado a través de una prueba. Esta paz, nacida de la prueba, no es como la calma amenazante previa a la tormenta, sino que es como la serenidad y la quietud que siguen a la tormenta con su aire fresco y purificado.

La persona que pudiera parecer bendecida sin haber pasado por la pena del dolor no es la típicamente fuerte y poseedora de paz. Sus cualidades nunca han sido probadas por lo que no sabe aun cómo manejarse en medio de un revés...

¡Oh, cómo todo colapsa cuando llegan las aflicciones!

Nuestras esperanzas se vienen abajo rápidamente, y el corazón se abruma y decae igual que una vid azotada por el vendaval. Sin embargo, cuando el impacto inicial ha terminado, podemos mirar arriba y decir: «¡Es el Señor!» (Juan 21:7); entonces, la fe comienza a levantar nuestras esperanzas caídas una vez más y las deposita firmemente a los pies de Dios. Y el resultado final es confianza, seguridad y paz.

—*Seleccionado*

«¿Has llegado a visitar
los depósitos de nieve de granizo,
que guardo para tiempos azarosos,
cuando se libran guerras y batallas?» (Job 38:22–23).

Nuestras pruebas son grandes oportunidades, pero a menudo también las vemos como grandes obstáculos. Si solo pudiéramos reconocer cada difícil situación que nos sobreviene como algo que Dios ha escogido para demostrar su amor hacia nosotros, entonces cada obstáculo llegaría a ser un lugar de refugio y descanso y una demostración a otros de su inexpresable poder. Si pudiésemos ver las señales de su gloriosa obra, entonces cada nube sería un arco iris y cada montaña de aflicción un camino de ascenso, transformación y glorificación.

Si miráramos a nuestro pasado, nos daríamos cuenta de que los momentos en que soportamos las más duras tensiones y sentimos que cada senda por la que intentábamos avanzar era bloqueada fueron precisamente los momentos que nuestro Padre celestial escogió para llevar a cabo por nosotros las cosas más bondadosas y otorgarnos sus más ricas bendiciones.

—A. B. Simpson

«El Señor bendijo más los últimos años de Job que los primeros, pues llegó a tener catorce mil ovejas, seis mil camellos, mil yuntas de bueyes y mil asnas» (Job 42:12).

Job encontró su herencia a través del dolor que sufrió. Su piedad tenía que ser confirmada y autenticada. Asimismo, mis agonías deben profundizar mi carácter y vestirme de los dones que tenía antes de mis pruebas, porque mis frutos más maduros crecen contra los muros más escarpados. El lugar de gloria al cual voy lo alcanzaré solo a través de mi propia humildad, de mis propias lágrimas y de mi propia muerte, así como a Job sus aflicciones lo dejaron con una más alta imagen de Dios y unos más humildes pensamientos de sí mismo. Al final, pudo exclamar: *«Ahora te veo con mis propios ojos»* (Job 42:5 itálicas del autor).

Si yo experimento la presencia de Dios en su majestad a través de mi dolor y mi pérdida, me inclinaré ante él y oraré: *«Hágase tu voluntad»* (Mateo 6:10, itálicas del autor), lo cual significará una gran ganancia para mí. Dios le dio a Job atisbos de su gloria futura, porque en aquellos días y noches fatigosos y difíciles, se le permitió traspasar el velo de Dios y pudo decir con toda sinceridad: *«Yo sé que mi redentor vive»* (Job 19:25, itálicas del autor).

Así pues, definitivamente: *«El Señor bendijo más los últimos años de Job que los primeros»* (Job 42:12).

—*In the Hour of Silence*

Las pruebas nunca vienen a alguien a menos que traigan una pepita de oro en la mano.

La aparente adversidad terminará siendo una bendición para aquellos de nosotros que actuamos correctamente, si es que estamos dispuestos a mantenernos sirviendo y esperando con paciencia. ¡Piense en las grandes almas victoriosas del pasado que sirvieron con una fe inquebrantable y fueron invencibles y valientes! Hay muchas bendiciones que nunca obtendremos si no estamos dispuestos a aceptar y soportar el sufrimiento. Hay ciertas alegrías que pueden llegar a nosotros solamente a través del dolor. Hay revelaciones de la divina verdad de Dios que recibiremos solo cuando las luces de la tierra se hayan extinguido. Y hay siembras que crecerán solo una vez que el arado haya hecho su trabajo.

—*Seleccionado*

«*¿Por qué, Señor, te mantienes distante?*
¿Por qué te escondes en momentos de angustia?» (Salmos 10:1).

«Dios es… nuestra ayuda segura en momentos de angustia» (Salmos 46:1). Pero él permite que nos lleguen las tribulaciones, como si fuera indiferente a su presión abrumadora, para que podamos ser llevados al final de nosotros mismos. Mediante la prueba, se nos permite descubrir el tesoro de la oscuridad y la inconmensurable riqueza de la tribulación.

Podemos estar seguros de que el que permite el sufrimiento está con nosotros durante el tiempo que lo experimentamos. Puede ocurrir que lo veamos únicamente una vez que la prueba esté a punto de pasar, pero debemos tener el valor de creer que él nunca nos dejará solos en tiempos de prueba. Nuestros ojos están ciegos y no ven al que aman, nuestras almas. La oscuridad y la venda que cubre nuestros ojos nos impiden ver la forma de nuestro sumo sacerdote. Pero él está ahí y está completamente comprometido con nosotros. No dependamos de nuestros sentimientos sino confiemos en su fidelidad inquebrantable. Y aunque no lo podamos ver, hablémosle. Aunque su presencia esté velada, una vez que empecemos a hablarle a Jesús como si estuviera literalmente presente, una respuesta vendrá para demostrarnos que él está en la sombra, velando a los suyos. Su Padre está muy cerca de usted tanto cuando va por el túnel más obscuro como cuando va bajo el cielo abierto.

—*Daily Devotional Commentary*

Del mismo modo que los pesos de un reloj de péndulo, o los estabilizadores de un barco, son necesarios para que reloj y barco funcionen correctamente, lo mismo ocurre con las pruebas del alma. Los más finos perfumes se obtienen solo a través de tremendas presiones, las flores más hermosas crecen en el máximo aislamiento de los picos nevados, las más impresionantes gemas son aquellas que han sufrido más tiempo la rueda del joyero y las estatuas más admirables son aquellas que han soportado los más duros golpes del buril. Todo esto, sin embargo, está sujeto a la ley de Dios. Nada ocurre que no haya sido determinado con sumo cuidado y anticipación.

—*Daily Devotional Commentary*

«Me sacó a un amplio espacio;
me libró porque se agradó de mí» (Salmos 18:19).

¿Cuál es este «amplio espacio» (Salmos 18:19)? ¿Qué otra cosa puede ser sino Dios mismo, el ser infinito a través de quien todos los demás seres encuentran su fuente y su propósito de vida? Indudablemente, Dios es un «amplio espacio». Y fue mediante la humillación, la degradación y un sentido de falta de valor que David fue llevado allí.

—*Madame Guyon*

«El Señor es mi pastor, nada me falta; en verdes pastos me hace descansar. »La bondad y el amor me seguirán todos los días de mi vida; y en la casa del Señor habitaré para siempre» (Salmos 23:1–6).

En la casa de mi padre en el campo, hay un pequeño closet cerca de la chimenea donde conservamos los bastones usados por nuestra familia a lo largo de generaciones. Cada vez que voy de visita a esa vieja casa y mi padre y yo planeamos salir a caminar, vamos al closet de los bastones y escogemos algunos que nos ayuden en la ocasión. Cuando hacemos esto, viene a mi mente el pensamiento de que la Palabra de Dios es como un bastón.

Durante la guerra, cuando experimentábamos tiempos de desaliento e inminente peligro, el versículo: «No temerá recibir malas noticias; su corazón estará firme, confiado en el Señor» (Salmos 112:7) fue un bastón que nos ayudó a caminar por muchos de esos días oscuros.

Cuando murió nuestro hijo y fuimos presa de la desesperación, encontré otro bastón en la promesa: «Si por la noche hay llanto, por la mañana habrá gritos de alegría» (Salmos 30:5).

… En tiempos de amenaza de peligros o dudas, cuando el juicio humano parece no valer nada, me ha sido fácil seguir caminando apoyado en este bastón: «En la serenidad y la confianza está su fuerza» (Isaías 30:15).

—*Abbott Benjamin Vaughan,* en *The Outlook*

«*El Señor brinda su amistad a quienes le honran,
y les da a conocer su pacto*» (Salmos 25:14).

Hay ciertos secretos de la providencia de Dios que él permite que sus hijos conozcan. A menudo, sin embargo, al menos en la superficie, su trato con ellos parece ser muy duro y misterioso. Pero la fe mira más al fondo y dice: «Este es un secreto de Dios. Tú estás viendo solamente lo externo, pero yo voy al fondo y veo el significado oculto».

Recuerde que los diamantes se encuentran en bruto y en tal condición no se puede apreciar su verdadero valor. Cuando se construyó el tabernáculo en el desierto, no tenía adornos en su apariencia externa. De hecho, la cubierta exterior con las gruesas pieles de tejón no daba ninguna pista acerca de los objetos de valor que había en su interior.

Querido amigo, es posible que Dios quiera mandarle algún valioso regalo envuelto en papel sin mayor atractivo. No se preocupe por el envoltorio, porque puede estar seguro de que en el interior se esconden tesoros de amor, bondad y sabiduría. Si solo nos apropiamos de lo que nos manda y confiamos en él para los efectos de las bendiciones incluidas, vamos a aprender el significado de los secretos de su providencia, incluso en tiempos de oscuridad.

—*A. B. Simpson*

> *«Pero de una cosa estoy seguro:*
> *he de ver la bondad del Señor*
> *en esta tierra de los vivientes.*
> *»Pon tu esperanza en el Señor;*
> *ten valor, cobra ánimo;*
> *¡pon tu esperanza en el Señor!»* (Salmos 27:13–14).

¡Oh, cuán grande es a veces la tentación a desesperarnos! Nuestras almas llegan a deprimirse de tal manera que la fe se tambalea bajo las duras pruebas que nos vienen, especialmente durante tiempos de duelo y sufrimiento. Podemos llegar a decir: «¡Ya no puedo más! Estoy al borde de la desesperación por esta prueba que Dios ha permitido. Él me dice que no me desespere, pero ¿qué se supone que debo hacer bajo estas condiciones?».

¿Qué ha hecho en el pasado cuando se ha sentido débil físicamente? Quizás no *hizo* nada. Quizá *dejó* de hacer. En su debilidad, quizá descansó en el hombro de un ser querido más fuerte que usted...

Lo mismo ocurre cuando se siente tentado a desesperarse bajo aflicciones espirituales. Una vez que ha llegado cerca del punto de desesperación, el mensaje de Dios no es: «Sé fuerte y valiente» (Josué 1:6), porque él sabe que su fuerza y su valentía han salido huyendo; en lugar de eso, le dice dulcemente: «Quédate quieto, reconoce que yo soy Dios» (ver Salmos 46:10).

Hudson Taylor se sentía tan débil y achacoso los últimos meses de su vida, que le dijo a un amigo: «Me siento tan débil que no puedo escribir. No puedo leer mi Biblia. Y ni siquiera puedo orar. Todo lo que puedo hacer es quedarme quieto en los brazos de Dios como un bebé, confiando en él». Este extraordinario hombre de Dios, que había tenido un tremendo poder espiritual, llegó al punto de sufrir físicamente y, en su debilidad, no pudo hacer otra cosa que quedarse quieto y confiar.

Eso es todo lo que Dios pide de usted como su hijo amado. Cuando se sienta débil por los duros fuegos de la aflicción, no trate de «*ser fuerte*». Solo «*quédese quieto y reconozca que él es Dios*». Y sepa que él le sustentará y le hará pasar a través del fuego.

Dios reserva su mejor medicina para nuestros tiempos de profunda desesperación.

«Porque sólo un instante dura su enojo,
*   pero toda una vida su bondad.*
»Si por la noche hay llanto,
*   por la mañana habrá gritos de alegría»* (Salmos 30:5).

A menudo nos preguntamos: «¿Por qué en la vida humana se derrama tanta sangre y se vierten tantas lágrimas?». La respuesta se encuentra en la palabra *producir,* ya que estos «sufrimientos ligeros y efímeros que ahora padecemos producen» (2 Corintios 4:17) algo muy precioso. Ellos nos enseñan no solo el camino de la victoria sino, mejor aún, la ley de la victoria, pues hay una recompensa por cada dolor, y es el dolor mismo el que produce la recompensa…

A veces, el gozo necesita nacer del dolor. Fanny Crosby fue una compositora de himnos estadounidense extraordinaria que vivió desde 1820 a 1915 y que escribió más de doscientos himnos. Pero nunca habría podido escribir las hermosas palabras «Cara a cara espero verle» si no hubiese sido por el hecho de que nunca pudo ver los verdes campos, las puestas de sol y ni siquiera los ojos de su madre. Fue la pérdida de su visión la que la ayudó a tener ese extraordinario discernimiento espiritual.

Es reconfortante saber que el dolor se hace presente solo por la noche y luego se va por la mañana. Y una tormenta eléctrica es brevísima cuando se la compara con un largo día de verano. Recuerde: «Si por la noche hay llanto, por la mañana habrá gritos de alegría» (Salmos 30:5).

—*Songs in the Night*

«Tenme compasión, Señor, que estoy angustiado;
el dolor está acabando con mis ojos,
con mi alma, ¡con mi cuerpo!» (Salmos 31:9).

Cuando Sadrac, Mesac y Abednego fueron lanzados al horno de fuego, las llamas no los pudieron detener ya que se les veía paseándose tranquilamente (Daniel 3:25). En realidad, el fuego del horno fue una de las calles por las que tuvieron que transitar para llegar a su destino. El bienestar que nos da la verdad revelada de Cristo no es que nos enseña la libertad *del* dolor, sino que nos enseña la libertad *a través* del dolor.

Oh, querido Dios: cuando las oscuridades caigan sobre mí, hazme entender que solo voy caminando a través de un túnel. Y que será suficiente saber que llegará el día cuando todo estará bien.

Se me ha dicho que un día llegaré a la cumbre del Monte de los Olivos y viviré la gloria de la resurrección. Pero querido Padre celestial, yo quiero más; quiero que sea el Calvario el que me lleve hasta allí. Quiero saber que las sombras de oscuridad son las penumbras en el camino; el camino que conduce a tu hogar celestial. Enséñame que la razón por la que debo subir la montaña es porque allí está tu hogar. Sabiendo eso, no me causará daño el dolor aunque tenga que caminar sobre el fuego.

—*George Matheson*

«Esperamos confiados en el SEÑOR;
    él es nuestro socorro y nuestro escudo» (Salmos 33:20).

Puedo estar seguro de que parte de las bendiciones que Dios me ha prometido son demora y sufrimiento. La demora en la vida de Abraham que parecía poner la promesa de Dios bastante más allá de su cumplimiento fue luego seguida por la aparente demora interminable que experimentaron sus descendientes. Pero es evidente que no fue más que una demora, pues finalmente la promesa se cumplió porque ellos *«[salieron] en libertad y con grandes riquezas»* (Génesis 15:14, itálicas del autor).

Dios me va a probar con demoras, y mientras espero soportaré sufrimientos. Sin embargo, a través de todo esto la promesa de Dios permanece. Tengo su nuevo pacto en Cristo y su promesa sagrada de toda bendición que necesito por pequeña que sea. Las demoras y el sufrimiento son realmente parte de las bendiciones prometidas; por lo tanto, debo alabarle por ellos hoy. Y esperar confiado en el Señor (ver Salmos 33:20).

—*Charles Gallaudet Trumbull*

*«No te irrites a causa de los impíos
ni envidies a los que cometen injusticias»* (Salmos 37:1).

Yo creo que este versículo es un mandato tan divino como *«No robes»* (Éxodo 20:15, itálicas del autor). ¿Pero qué quiere decir irritarse? Alguien lo definió como lo que hace que una persona sea áspera en su exterior, causándole molestia y desgaste a sí misma y a otras. ¿No es verdad que una persona irritable, irracional y criticona se desgasta a sí misma y desgasta a los demás?

Cuando nos exasperamos e irritamos, somos una molestia constante. Salmos 37:1 no solo dice: «No te irrites a causa de los impíos», sino que no deja espacio para que nos irritemos por lo que sea. Hacerlo trae mucho perjuicio y Dios no quiere que nos perjudiquemos nosotros y perjudiquemos a los demás.

Cualquier médico le puede decir que un ataque de ira es más perjudicial a su sistema que una fiebre y que una tendencia a estarse irritando constantemente no conduce a una buena salud. El siguiente paso de la irritación es la impertinencia, lo cual aumenta la ira. Apartémosla de nosotros de una vez y para siempre y sencillamente seamos obedientes al mandato de no irritarnos.

—*Margaret Bottome*

«*Encomienda al Señor tu camino;
confía en él, y él actuará*» (Salmos 37:5).

El sentido literal de este versículo es: «*Deja que tu camino pase por Jehová y confía en él, porque él actúa*». Esto trae nuestra atención a la inmediatez de la acción de Dios una vez que nos comprometemos, o «dejamos» las cargas de cualquier tipo en sus manos. Sean estas de dolor, de dificultades, de necesidades físicas o una preocupación por la salvación de algún ser querido, «*él actúa*».

¿Cuándo lo hace? «Él está actuando *ahora*. Nosotros nos comportamos como si Dios no aceptara inmediatamente nuestra confianza en él y por lo tanto, se tardara en concedernos lo que le hemos pedido que haga. No entendemos que «él actúa» en la medida que *nos comprometemos*. «¡Él actúa ahora!». Alabado sea el Señor porque esto es verdad.

Nuestra esperanza de que él actúe es lo que permite al Espíritu Santo llevar a cabo lo que hemos dejado para que él haga. Esto está más allá de nuestra capacidad de comprensión, por lo que no podemos tratar de hacerlo por nosotros mismos. «¡Él lo hace!». Consuélese en esto y no vuelva a intentarlo por usted mismo. Es un gran alivio saber que él realmente actúa en medio de nuestras dificultades.

Y cuando alguien le diga: «Pero yo no veo ningún resultado», no le preste atención.

Si usted le ha entregado sus cargas a él y «[fija] la mirada en Jesús», (Hebreos 12:2) él actúa. Es posible que su fe sea probada, pero «*él actúa*». ¡Su Palabra es verdad!

—*V. H. F.*

El Señor seguirá adelante con sus promesas del pacto. Lo que sea que tome en sus manos lo hará. Por lo tanto, sus misericordias pasadas son una garantía para el futuro y razones más que suficientes para seguir clamando a él.

—*Charles H. Spurgeon*

«Puse en el Señor toda mi esperanza;
él se inclinó hacia mí y escuchó mi clamor» (Salmos 40:1).

Esperar es mucho más difícil que caminar porque esperar requiere paciencia, y la paciencia es una virtud muy rara. Nos alegra saber que Dios construye cercos alrededor de su pueblo, cuando vemos esos cercos como un medio de protección. Pero cuando los vemos crecer y crecer hasta que ya no podemos mirar por sobre ellos, nos preguntamos si alguna vez podremos salir de nuestra pequeña esfera de influencia y servicio donde nos sentimos atrapados. A veces nos es difícil entender por qué no tenemos una más grande área de servicio y resulta difícil para nosotros «brillar en el sitio» donde estamos. Pero Dios tiene un propósito en todas sus demoras. «El Señor afirma los pasos del hombre cuando le agrada su modo de vivir» (Salmos 37:23).

Junto al salmo 37:23, en el margen de su Biblia, George Mueller escribió lo siguiente: «Y las *detenciones* también». Es un serio error cuando alguien intenta saltarse el cerco de protección de Dios. Un principio vital de la dirección del Señor para un creyente es nunca salirse del lugar donde está seguro de que Dios lo ha puesto allí.

—*Sunday School Times*

… Esperar —manteniéndose fiel a su liderazgo— es el secreto de la fuerza. Y lo que sea que no se alinee con la obediencia a él es una pérdida de tiempo y energía.

—*Samuel Dickey Gordon*

¿Debe considerarse un fracaso la vida de alguien obligado a detenerse, forzado a la inacción y a que se quede observando las grandes y rugientes mareas desde la playa? No. La victoria es haberse quedado quieto y esperando en silencio. Sin embargo, esto es mil veces más difícil que en el pasado, cuando apresuradamente se lanzó al ajetreo de la vida. Se requiere mucho más valentía para soportar y esperar en silencio sin desmayar ni perder las esperanzas, para someterse a la voluntad de Dios, para renunciar a oportunidades de trabajo y para dejar los honores a los demás y quedarse quieto, confiado y regocijándose mientras la multitud atareada sigue feliz su camino.

—*J. R. Miller*

«Y le digo a Dios, a mi Roca:
   "¿Por qué me has olvidado?
¿Por qué debo andar de luto
   y oprimido por el enemigo?"» (Salmos 42:9).

Querido creyente, ¿puede usted responder la pregunta: «¿Por qué debo andar de luto?» (Salmos 42:9)? ¿Puede decirme una razón por qué tan a menudo tiene que lamentarse en lugar de regocijarse? ¿Por qué le permite a su mente que se detenga en pensamientos sombríos? ¿Quién le dijo que la noche nunca se terminará? ¿Quién le dijo que el invierno de su descontento iría de helada en helada, de nieve en nieve y de hielo en hielo hasta las más fuertes tormentas de desesperación?

¿No sabe que el día viene después de la noche, que las lluvias desplazan la sequía y la primavera y el verano siguen al invierno? Así que, ¡no pierda la esperanza! Espere siempre, ¡porque Dios no le va a fallar!

—*Charles H. Spurgeon*

> «¿Por qué voy a inquietarme?
> ¿Por qué me voy a angustiar?
> »En Dios pondré mi esperanza,
> y todavía lo alabaré.
> ¡Él es mi Salvador y mi Dios!» (Salmos 43:5).

¿Hay realmente una razón para estar desalentado? En realidad, habría dos razones, pero solo dos. Si todavía fuéramos incrédulos, tendríamos una razón para estar alicaídos, pero si a pesar de ser convertidos, seguimos viviendo en pecado; en tal caso, la consecuencia es el desaliento.

Excepto por estas dos condiciones, no hay ninguna razón para que nos sintamos derrotados, porque todo lo demás debe traerse a Dios «con oración y ruego… y [darle] gracias» (Filipenses 4:6). Y mientras estemos pasando por tiempos de necesidad, dificultades o pruebas debemos ejercer la fe en el poder y el amor de Dios.

«En Dios pondré mi esperanza» (Salmos 43:5, itálicas del autor). Recuerde que no hay un tiempo en que no podamos esperar en Dios, cualquiera sea nuestra necesidad o grande que sea nuestra dificultad. Nuestra esperanza no será en vano y en el mismísimo tiempo de Dios la ayuda llegará.

¡Oh, los cientos e incluso miles de veces que he comprobado la verdad de esto en los pasados setenta años y cuatro meses de mi vida! Cuando parecía imposible que llegara la ayuda, esta venía porque Dios tiene sus propios recursos ilimitados.

Nuestro privilegio es poner nuestras peticiones ante el Señor y con la sencillez de un niño derramar nuestro corazón ante él, diciendo: «No soy digno de que me escuches y des respuesta a mi ruego, pero por el amor de mi precioso Señor Jesús y su favor, responde a mi oración. Y dame gracia para esperar pacientemente hasta que te plazca enviarme tu respuesta. Porque sé que lo harás en tu propio tiempo y forma».

«Y todavía lo alabaré» (Salmos 43:5, itálicas del autor). Más oración, más ejercicio de nuestra fe y más paciente espera conduce a bendiciones, abundantes bendiciones. Yo he comprobado la verdad de esto que digo cientos de veces y, por lo tanto, continuamente me estoy repitiendo: *«En Dios pondré mi esperanza»*.

—George Mueller

«Dios es nuestro amparo y nuestra fortaleza,
nuestra ayuda segura en momentos de angustia» (Salmos 46:1).

¿Por qué Dios se tardó tanto en venir en mi ayuda? Esta es una pregunta que surge frecuentemente, pero debemos recordar que Dios no actúa según nuestra agenda. Su plan es que usted cambie a través de las aflicciones y aprenda una lección de todo eso. Él ha prometido: «Estaré con él en momentos de angustia, lo libraré y lo llenaré de honores» (Salmos 91:15). Él lo sacará de esa situación que lo aflige, pero no hasta que haya dejado de ser impaciente, de preocuparse y se calme y tranquilice. Entonces él dirá: «Es suficiente».

Dios usa las pruebas para enseñar a sus hijos lecciones preciosas. Las dificultades están ahí para educarnos y cuando cumplan tan loable propósito, recibiremos una gloriosa recompensa a través de ellas. En las dificultades hay un dulce gozo y un valor real, porque él las considera no como dificultades sino como oportunidades.

—*Seleccionado*

Una vez escuché a un anciano sencillo decir algo que nunca olvidaré. Dijo: «Cuando Dios lo pruebe a usted, es buen momento para probarlo usted a él y a sus promesas, y luego pedirle exactamente lo que sus pruebas han hecho necesario».

Hay dos formas de salir de una prueba. Una es, simplemente, tratar de deshacerse de ella y agradecer cuando se haya terminado. La otra es reconocerla como un desafío de parte de Dios para llegar a tener una mayor bendición como nunca antes hemos experimentado y aceptarla con alegría como una oportunidad de recibir una medida más grande de la gracia divina de Dios.

De esta manera, aun el adversario llega a ser una ayuda para nosotros como asimismo todo lo que parecía oponérsenos. Sin duda esto es lo que quieren decir las palabras «En todo esto somos más que vencedores por medio de aquel que nos amó» (Romanos 8:37).

—*A. B. Simpson*

> «El sacrificio que te agrada
>   es un espíritu quebrantado;
> tú, oh Dios, no desprecias
>   al corazón quebrantado y arrepentido» (Salmos 51:17).

E l jugo de la sábila o áloe vera tiene un sabor ligeramente amargo, pero es algo que cuando se aplica a la piel es suavizante, por lo que nos habla de la dulzura de las cosas amargas… La mirra es simbólica de la muerte. Se usaba para embalsamar y representa la dulzura que viene al corazón después que ha muerto a la voluntad propia, al orgullo y al pecado.

Qué encanto inefable parece rodear a algunos cristianos simplemente porque llevan sobre sus semblantes y espíritus afables la huella de la cruz. Es la evidencia santa de haber muerto a algo que una vez fue orgulloso y fuerte, pero que ahora se ha rendido para siempre a los pies de Jesús. Y es también el encanto celestial de un espíritu quebrantado y un corazón contrito, la música hermosa que se eleva desde un tono menor y la dulzura producida por el toque helado en la fruta madura.

El incienso era un perfume que se manifestaba solo después de haber sido tocado por el fuego. La quema del incienso se convertía en nubes de dulzura surgiendo desde el corazón de las llamas. Simboliza el corazón de una persona cuya dulzura ha surgido desde el fuego de la aflicción hasta que la parte santa y más profunda del alma se llena de nubes de alabanza y oración…

—*The Love-Life of Our Lord*

«Pues tu amor es tan grande que llega a los cielos;
¡tu verdad llega hasta el firmamento!» (Salmos 57:10).

Sospecho que la fuente de cada brizna de dolor en mi vida puede trazarse hasta una simple incredulidad. Si realmente creo que el pasado está totalmente perdonado, el presente recibe una provisión de poder y el futuro es brillante con esperanza, ¿cómo no podría estar completamente feliz?

Sí, el futuro es brillante a causa de la fidelidad de Dios. Su verdad perdurable no cambia con mi estado de ánimo y él nunca flaquea cuando tropiezo y caigo sobre una promesa suya debido a mi incredulidad. Su fidelidad se mantiene firme y tan prominente como los picos de las montañas de perlas dividiendo las nubes de eternidad. Y cada base de sus colinas se arraiga en una insondable profundidad en la roca de Dios.

—*James Smetham*

¿No le parece extraño que no recibamos la bendición de Dios después de tropezar con su promesa debido a nuestra incredulidad? No estoy diciendo que la fe no amerite una respuesta o que podamos hacer algo para ganarla. Pero Dios mismo ha hecho *creíble* una condición de recibir y el dador tiene el derecho soberano de elegir sus propios términos para sus dones.

—*Samuel Hart*

Nada hay más allá del alcance de la oración excepto aquellas
cosas que están fuera de la voluntad de Dios.

«Has sometido a tu pueblo a duras pruebas;
nos diste a beber un vino embriagador» (Salmos 60:3).

Siempre me ha agradado que el salmista dijera a Dios que ciertas épocas de la vida son desesperadas y difíciles. No nos equivoquemos al respecto: hay cosas difíciles en la vida.

Este verano alguien me regaló unas hermosas flores de color rosado. Al recibirlas, le pregunté: «¿Qué clase de flores son estas?». Y la respuesta que recibí fue: «Son flores de las rocas. Crecen y florecen sobre rocas donde no es posible ver tierra». Entonces pensé en las flores de Dios que crecen en tiempos de desesperación y en lugares hostiles, y de alguna manera sentí que él debe de tener cierto cariño por sus «flores de roca» que quizás no tenga por sus lirios y sus rosas.

—*Margaret Bottome*

Las pruebas de la vida nos son enviadas para formarnos, no para destruirnos. Una crisis financiera puede destruir el negocio de alguien, pero fortalecer su carácter. Y un soplo directo al ser exterior puede ser la más grande bendición para el ser interior. Así, si Dios coloca o permite alguna dificultad en nuestras vidas, podemos estar seguros de que el verdadero peligro o el problema estará en lo que habremos perdido si huimos o nos rebelamos contra ella.

—*Malthie D. Babcock*

«Haces de las nubes tus carros» (Salmos 104:3).

No podemos viajar en nuestros propios carros y en los de Dios al mismo tiempo. Dios tiene que quemar con el fuego de su amor *todos los carros terrenales* que se interponen en el camino para que no viajemos en los de él.

¿Ha viajado usted en los carros de Dios? Entonces considere cada cosa que no anda bien en su vida como uno de los carros de Dios para usted. Pídale todos los días que *abra sus ojos* y verá sus carros invisibles de liberación.

Siempre que viajamos en los carros de Dios experimentamos un traslado, no a los cielos que están por encima de nuestra cabeza, como Elías, sino al cielo *dentro de nosotros*, lejos del nivel bajo de esta vida, hacia arriba a los lugares celestiales en Cristo Jesús, donde viajaremos en triunfo sobre todo lo que está abajo. Pero el carro que lleva el alma sobre este camino, por lo general es alguna disciplina que *al presente no parece ser causa de gozo, sino de tristeza.*

¡Pero después!

No importa cuál sea la fuente de esas disciplinas, considérela como los carros de Dios enviados para llevar su alma a los altos niveles de logros espirituales y elevación espiritual. Descubrirá, para su grata sorpresa, que es el amor de Dios el que envía los carros, en los cuales usted puede *pasar con éxito* por encima de toda oscuridad.

Seamos agradecidos por cada prueba que nos ayuda a destruir nuestros carros terrenales y nos impulsa a buscar refugio en los carros de Dios.

«Alma mía, en Dios *solamente* reposa, porque de él es mi esperanza. Él *solamente* es mi roca y mi salvación. Es mi refugio, no resbalaré».

Tenemos que llegar al punto en que todos los demás refugios fallan, antes que podamos decir: SOLO ÉL. Decimos él y mi experiencia; él y mis relaciones; él y mi labor. Todo lo que viene después de la «y» tiene que ser quitado de nosotros o tenemos que ver que es inútil, antes que podamos venir a él solamente. Solo entonces viajaremos en los carros de Dios.

—*Hannah Whitall Smith*

«Quiera él agradarse de mi meditación» (Salmos 104:34).

Isaac fue al campo a meditar. Jacob se quedó en la ribera oriental del vado de Jaboc después que toda su compañía había pasado al otro lado; allí luchó con el ángel y prevaleció. Moisés, escondido en las grietas de Horeb, contempló la gloria que se esfumaba señalando el camino por donde el Señor había pasado. Elías envió a Acab a comer y a beber, mientras él se retiraba a la cima solitaria del Carmelo. Daniel pasó semanas en éxtasis de intercesión en las riberas de Hidekel, que una vez había regado el paraíso. Y Pablo, no hay duda que para poder tener la oportunidad de meditar y orar en forma ininterrumpida, estuvo dispuesto a ir a pie de Troas a Asón.

¿Ha aprendido usted a entender la verdad que encierran estas grandes paradojas: la bendición de una maldición, la voz del silencio, la compañía de la soledad?

«Habló Dios, y se desató un fuerte viento
que tanto encrespó las olas» (Salmos 107:25).

L os vientos de tormenta cumplen su palabra. Cuando el viento llega a soplar sobre nosotros, es el viento de Dios para nuestra vida. No tenemos nada que ver con lo que provocó ese viento en primer lugar. No hubiera podido agitar una hoja del árbol más pequeño del bosque, si él no le hubiera abierto el camino para soplar a través de los campos del aire. Él manda aun a los vientos y le obedecen. Manda a los vientos, como si fueran sus siervos. Él le dice a uno: «Ve», y va; y a otro: «Ven», y viene; y a otro más: «Haz esto», y lo hace. Así que cualquier viento que sople sobre nosotros es el viento de él, *su viento cumpliendo su palabra.*

Los vientos de Dios realizan un trabajo eficaz. *Nos sacuden para desprender de nosotros las cosas perecederas, para que las cosas impe-recederas permanezcan, aquellas cosas eternas que pertenecen al reino y que no pueden ser removidas.* Ellos juegan un papel en cuanto a despojarnos y fortalecernos para que podamos estar más listos para que el amor eterno nos use. Entonces, ¿podemos negarnos a darles la bienvenida?

¿Está usted en verdad dispuesto a dejarse llevar por cualquier viento en cualquier momento?

—*Gold by Moonlight* [El oro a la luz de la luna]

Sé como el pino en la cumbre del monte,
Solo en el viento para Dios.

Hay un consuelo curioso en recordar que el Padre depende de que su hijo no ceda. Es *inspirador que se confíe en nosotros para cosas difíciles.* Usted nunca pidió que brisas de verano soplaran sobre su árbol. Es suficiente que usted no esté solo sobre el monte.

«Y permite que la tormenta que lleva a cabo tu obra
Trate conmigo como tiene que hacerlo».

> *«Tus tropas estarán dispuestas*
> *el día de la batalla*
> *… recibirás el rocío de tu juventud»* (Salmos 110:3).

E sto es lo que el término *consagración* quiere decir en realidad. Es la rendición voluntaria o dispuesta, es decir, la entrega de sí, del corazón, impulsado por el amor, *para ser del Señor*. Su declaración jubilosa es: «Yo soy de mi Amado».

Desde luego, debe surgir de la fe. Tiene que haber la confianza plena de que estamos seguros en este abandono; que no estamos cayendo en un precipicio o rindiéndonos en las manos de un juez, sino que nos estamos hundiendo en los brazos del Padre y entrando en una herencia infinita. ¡Oh, *es una herencia infinita!* Es un privilegio infinito el hecho que se nos permita entregarnos de esa manera al que se compromete a hacer de nosotros todo lo que nos encantaría ser; aun más, ¡todo lo que su sabiduría, poder y amor infinitos se deleitará en lograr en nosotros!

Es el barro rindiéndose en las manos del alfarero, para que lo pueda transformar en un vaso de honra, apto para el uso del Maestro.

—*Days of Heaven upon Earth*

Conságrese al máximo.

«Su corazón estará firme, confiado» (Salmos 112:7).

Frente a mi ventana hay una hermosa rama que ahora viste por completo el atavío de la primavera. Hace solo unas semanas esa misma rama estaba cargada de hielo; ¡hasta parecía que se iba a romper! Recuerdo un momento en particular: parecía que no podía sostenerse; yo creía que se iba a quebrar pero no se rompió. Hoy está hermosa.

Hay muchos en este triste mundo que están como la rama cuando estaba desnuda: cargados de hielo. Sus tristezas parecen como tormentas de granizo y la pregunta fundamental parece ser cómo continuar, cómo mantenerse. Si alguien así leyera acerca de mi rama, permítame decirle: «No ceda; aférrese con todas sus fuerzas a la única verdad: *"que Dios no le ha olvidado"*. Él sostiene los vientos en sus puños; y las olas que ahora parecen que lo van a tragar, en el hueco de su mano».

Así que persevere con fe sencilla en la bondad y el amor de Dios y cuando en el futuro, como la rama cerca de mi ventana, llegue la primavera en su vida, recordará sus tristezas como aguas que han pasado. «Resista. No siempre será invierno; ya viene la primavera. Llegará el momento en que las aves cantarán sobre esa misma rama que está cargada de hielo. *Pero, ¡no ceda!*

Mi rama no tenía voluntad propia, pero nosotros tenemos voluntad y Dios puede darle energía. Nosotros debemos usar nuestra voluntad y decir: «Aunque él me mate, en él esperaré», y *él nunca mata si no es para dar vida.*

Confiando de esa manera, aunque la ráfaga lo haga doblarse, usted no cederá; resistirá; verá la primavera.

«No tengo ningún problema, porque tengo al Rey de la tempestad que cambia la furia de mi invierno en la alegría de la primavera».

Bienaventurado el hombre que, cuando la tempestad haya pasado con su furia, reconoce la voz de su Padre en el suave murmullo del viento.

«Me regocijo en tu promesa como quien halla un gran botín» (Salmos 119:162).

Al Señor le ha placido enseñarme una verdad, el beneficio de la cual he disfrutado por más de catorce años vi más claro que nunca que el asunto más importante que tengo que atender todos los días es *asegurarme de que mi alma esté gozosa en el Señor.*

Lo primero que me debe preocupar es sino cómo puedo llevar mi alma a sentir alegría y cómo mi hombre interior puede alimentarse. Porque puedo tratar de poner la verdad delante del incrédulo, puedo tratar de beneficiar a los creyentes, puedo tratar de aliviar al angustiado; puedo, de otras maneras, tratar de comportarme como corresponde a un hijo de Dios en este mundo; y sin embargo, si no soy feliz en el Señor y no estoy fortalecido en el hombre interior día tras día, todo lo demás no lo estoy haciendo en el espíritu correcto. Anteriormente mi práctica había sido, por lo menos por los diez años previos, como un acto habitual, entregarme a la oración en la mañana después de vestirme. Entonces vi que lo más importante que tenía que hacer era *entregarme a la lectura de la Palabra de Dios y meditar en ella*, para que de esa manera mi corazón pudiera recibir consuelo, aliento, afecto, reprensión, instrucción; y para que así, mediante la Palabra de Dios, al meditar en ella, mi corazón pudiera experimentar la comunión con el Señor.

Comencé entonces a meditar en el Nuevo Testamento desde el principio, temprano en la mañana.

El resultado que he encontrado casi invariablemente es este: que después de unos minutos, mi alma ha sido dirigida a la confesión, a la acción de gracias, a la intercesión o a la súplica; de modo que, aunque no me entregaba a la oración sino a la meditación, sin embargo, esta se convertía de inmediato más o menos en oración.

Antes pasaba un cuarto de hora o media hora, o hasta una hora sobre mis rodillas, antes de sentir que había recibido consuelo, aliento, humillación del alma, etc. Ahora casi nunca sufro eso; porque al recibir mi corazón nutrición de la verdad y experimentar la comunión con Dios, hablo con mi Padre y con mi Amigo (aun siendo yo indigno y vil) acerca de las cosas que él ha traído delante de mí en su Palabra preciosa.

—El secreto de George Müller.

«¡Cuán preciosos, oh Dios, me son tus pensamientos!
¡Cuán inmensa es la suma de ellos!» (Salmos 139:17).

¡Nada es más hermoso que la previsión de nuestro Señor!

Nunca hubo nadie tan fiel, considerado y previsor como Jesús. Él tuvo palabras de encomio para una mujer porque vino a ministrarle «de antemano». Él solía prever lo que acontecería. Siempre era más previsor que los discípulos. Cuando los envió a preparar la Pascua, encontraron un aposento alto amueblado y preparado. Lo tenía todo pensado. Sus planes se habían hecho no solo para ese día. Él siempre tenía todo preparado con anticipación. Cuando los discípulos regresaron de pescar, Jesús estaba en la ribera con un fuego de carbón en el que cocinaba pescado. Él piensa en los deberes de la mañana antes que usted se haya levantado; está allí antes que usted. Él está esperando mucho antes que usted se despierte. Él sabe de antemano todo el camino de la vida que usted deberá recorrer.

Después de la resurrección, los discípulos estaban perplejos y el camino parecía oscuro. Pero el ángel, hablando de Jesús, dijo: «He aquí va *delante de ustedes* a Galilea». Él siempre va delante, pensando de antemano, preparando de antemano. Llévese este versículo para el futuro, lléveselo para la experiencia de hoy: «No se angustien ni se acobarden… Me voy, pero vuelvo a ustedes». Él está allá afuera haciéndolo. Él estará allí *antes* que usted. Le llevará al lugar designado y usted encontrará *recursos*. Usted descubrirá *su discernimiento, su supervisión* y *su previsión*. Tal vez usted no lo vea a siempre, pero siempre puede caminar por fe en la oscuridad sabiendo que él le ve a usted; puede cantar mientras viaja, aun a través de la noche.

—*John MacBeath*

«Señor, ponme en la boca un centinela;
   un guardia a la puerta de mis labios» (Salmos 141:3).

«No me permitas decir una palabra errada, vana o irreflexiva;
pon un sello sobre mis labios, por hoy nada más».

¡Quédese callado! Cuando el problema esté amenazando, ¡quédese callado! Cuando la calumnia se esté levantando, ¡quédese callado! Cuando hieran sus sentimientos, ¡quédese callado!, por lo menos hasta que se haya recuperado de su agitación. Las cosas se ven diferentes con los ojos serenos.

Una vez, estando turbado, escribí una carta y la envié, luego lamenté haberlo hecho.

Días después también me sentí turbado y escribí otra larga carta. La vida me había impregnado con un poco de sentido común, por lo que guardé la carta en mi bolsillo hasta que pude examinarla sin agitación y sin lágrimas, y me alegré de haberlo hecho: cada vez parecía menos necesario enviarla. No me parecía que sería perjudicial, pero en mi vacilación aprendí a ser discreto y, finalmente, la destruí.

¡El tiempo obra maravillas! Espere hasta que pueda hablar con calma y, entonces, quizás ya no será necesario que hable. Algunas veces el silencio es lo más poderoso que se puede concebir. Es la fuerza en toda su magnitud, es como un regimiento al que le han ordenado guardar silencio en el furioso fragor de la batalla. Precipitarse sería mucho más fácil. *No se pierde nada aprendiendo a quedarse callado.*

—H. W. S.

El silencio es un gran pacificador.

—*Longfellow*

«Me convirtió en una flecha pulida» (Isaías 49:2).
«Como columnas esculpidas para adornar un palacio»
(Salmos 144:12).

Esculpidas… para adornar.

«E stando en Ámsterdam, Holanda, el verano pasado —dice
un viajero— me interesó mucho una visita que hicimos a
un lugar entonces famoso por pulir diamantes. Vimos a los hombres haciendo el trabajo. Cuando se encuentra un diamante, está
áspero y oscuro como un guijarro corriente. Requiere mucho
tiempo pulirlo y es un trabajo muy difícil. Un pedazo de metal lo
sujeta cerca de la superficie de una rueda grande que gira continuamente. Sobre esa rueda se pone polvo de diamante muy fino
porque no existe ninguna otra cosa que sea lo suficientemente
dura como para pulir el diamante. Este trabajo continúa durante
meses y algunas veces durante años antes de llegar a su fin. Si el
diamante está destinado a un rey, entonces se le dedica más tiempo y más trabajo».

¡Qué importa que la joya preciosa se rasgue y se corte hasta que
sus quilates se reduzcan diez veces! Cuando se termine de esculpir y de pulir brillará con mil destellos de luz reflejada. El valor
de cada quilate se multiplicará cien veces mediante el proceso de
reducción y la amenaza de destrucción.

Esperemos su tiempo; confiemos en su amor para que «la fe de ustedes, que vale mucho más que el oro, al ser acrisolada por las pruebas demostrará que es digna de aprobación, gloria y honor cuando
Jesucristo se revele».

«Las joyas más excepcionales soportan el esmerilado más severo».
«Porque somos hechura de Dios».

«Que siempre mantiene la verdad» (Salmos 146:6).

Dios nunca olvida su Palabra. Hace tiempo prometió un Redentor; y aunque *esperó cuatro mil años,* la promesa al fin se cumplió. *Él le prometió a Abraham un hijo;* y aunque sobrevino un cuarto de siglo de prueba, la promesa por fin se hizo realidad de manera literal. Le prometió a Abraham la tierra de la promesa como herencia; y aunque sobrevinieron *cuatrocientos* años de prueba, por fin poseyeron la tierra. *Le prometió a Jeremías* que después de *setenta años* los cautivos regresarían de Babilonia; y en esa misma hora, la acción respondió a la palabra. *Le prometió a Daniel* que en un momento específico el Mesías iba a aparecer; y hoy la evidencia más extraordinaria que tenemos para ofrecer a los hebreos que dudan que Jesús sea el Mesías, es el cumplimiento literal de la profecía de Daniel.

De igual modo son verdaderas las promesas de Dios para el creyente. Todas ellas son «Sí y Amén» en Cristo Jesús. Él las ha garantizado. Las promesas de Dios forman una gran libreta de cheques. Cada uno está endosado por el Mediador, y su palabra y honor están comprometidos en su cumplimiento. Para hacerlas «Sí y Amén» *usted debe firmar su nombre* al dorso de la promesa y entonces *apropiársela en persona.*

«Todo el que confíe en él no será jamás defraudado» (Romanos 10:11).

«[Él] restaura a los abatidos
y cubre con vendas sus heridas.
»Él determina el número de las estrellas
y a todas ellas les pone nombre» (Salmos 147:3, 4).

Uno de los más grandes artistas europeos pintó un hermoso cuadro al que llamó: «*El consolador*». El cuadro adornaba un dormitorio de una residencia inglesa. Sentado en la cama un hermoso bebé, de un año de edad, sostiene un soldadito de juguete en su mano, apretándolo amorosamente contra su cuerpo. Él no sabe lo que hay a su alrededor. Detrás de él, en la pared, está el cuadro de un hombre joven vestido de soldado; es el padre del niño. De rodillas, con la cabeza entre las manos, está la joven viuda vestida de negro, sollozando sin consuelo. Es uno de los cuadros más tristes que el mundo jamás verá: un bebé que nunca conocerá y, por consiguiente, olvidará a su padre; una joven viuda que pasará por la vida con un corazón cargado y quebrantado. Pero inclinado sobre ella, con la luz del cielo en su hermoso rostro, esta uno que pone con amor su mano sobre su hombro. No nos maravilla que el gran artista haya llamado al cuadro «El consolador».

«Permita que Dios cubra sus heridas —dijo San Agustín—. No lo haga usted. Porque si quiere cubrirlas porque está avergonzado, el Médico no vendrá. Permita que él las cubra; porque cuando las cubre el Médico la herida se sana; cuando las cubre el hombre herido, la herida se oculta. Pero ¿de quién? De aquel que conoce todas las cosas».

«El viento tempestuoso que cumple su mandato» (Salmos 148:8).

¿Ha ido alguna vez al bosque entrada la tarde en un día de viento huracanado y lluvia torrencial? ¿Ha visto usted alguna vez un espectáculo o escuchado un sonido más lóbrego? El susurro del viento a través de las ramas casi desnudas, el gotear continuo de la lluvia sobre los montones de hojas marchitas, el aire lleno de hojas que caen volando hacia la lobreguez del bosque como hacia una tumba, los delicados colores del tronco y del musgo, todo transformado, manchado y mezclado al empaparlos la lluvia: ¡qué difícil es creer que semejante lobreguez se relaciona en alguna manera con la belleza de ese bosque en el verano!

Y sin embargo, sabemos que es ese mismo viento que está meciendo los árboles y aullando con tanta melancolía, esa misma lluvia que cae y esas mismas hojas podridas, los que ayudarán a vestir los árboles del bosque con verdor el año próximo y harán que el bosque cante de gozo y palpite al estar lleno de vida. Todas las variaciones del tiempo son favorables al desarrollo del árbol robusto y bien enraizado; hasta el huracán que lo desnuda de sus hojas y sus ramas, vivifica todos sus impulsos vitales, obligándolos a emplear una fuerza mayor.

Si el árbol se corta en parte, el resultado es un tronco más robusto y un crecimiento más compacto y simétrico. Aun si es derribado por la tormenta, sus bellotas se esparcen y llegan a ser las semillas del bosque. En su ruina vuelve al suelo, del cual nacen otros árboles.

Asimismo, usted es mejor, más puro y más fuerte hoy por causa de las lágrimas, los suspiros y la desolación. Usted sabe y el mundo también que su vida es más significativa, más serena, más confiada, menos egoísta, más desligada de los cinco sentidos; en una palabra, que todo el ambiente de alguna manera, es más puro y más vigorizante.

«El viento tempestuoso que cumple su mandato» y el alma que oye la agitación del batir de las alas todopoderosas alaba a Dios por la tormenta: la tormenta que nos liberta de la holgura debilitante; el diluvio que nos lanza sobre la Roca eterna.

Las tormentas hacen fuerte al árbol.

¡Los sufrimientos hacen fuerte al santo!

*«No cambies de lugar los linderos antiguos
que establecieron tus antepasados»* (Proverbios 22:28).

Entre las propiedades que poseían en conjunto dos hermanos que eran carpinteros estaba el viejo lugar destartalado de su nacimiento. Uno de ellos iba a casarse pronto, por lo que tendrían que derribar la casa vieja para edificar una nueva en su lugar. Por muchos años ninguno de los dos había visitado la vivienda, ya que había estado arrendada.

Al entrar ahora y comenzar la obra de demolición del lugar, una y otra vez los inundaban oleadas de viejos recuerdos. Cuando llegaron a la cocina sus emociones casi se desbordaron. Aquel era el lugar donde había estado la vieja mesa con la Biblia familiar, donde se arrodillaban todas las tardes. Ahora recordaban con dolor cómo en años posteriores se sintieron un poco superiores a esa costumbre tradicional que su padre observaba con esmero.

Uno de ellos dijo: «En cuanto a finanzas, estamos *mejor* de lo que él estaba, pero no somos *hombres mejores*».

El otro asintió diciendo: «Voy a regresar a la vieja iglesia, al camino antiguo y en mi nuevo hogar voy a dar lugar a la adoración, como lo hacía papá».

La fortaleza de una nación radica en los hogares de sus ciudadanos.
—*Abraham Lincoln*

Dice el doctor G. Paton: «Ni la prisa por hacer compras, ni la urgencia del negocio, ni la llegada de amigos o invitados, ni dificultades o tristeza, ni gozo o emoción nos impidieron jamás arrodillarnos alrededor del altar familiar mientras nuestro sumo sacerdote se ofrecía a sí mismo y a sus hijos a Dios». La decisión del doctor Paton de seguir al Señor por completo se basó en la vida de su padre en el hogar. «Él caminó con Dios. ¿Por qué no yo?».

«Deténganse en los caminos… pregunten por los senderos antiguos. Pregunten por el buen camino» (Jeremías 6:16).

«Donde no hay visión, el pueblo se extravía» (Proverbios 29:18).

D ebemos ver algo antes de emprender nuestra misión. La fe debe tener primero visiones: la fe ve una luz, es decir, la luz imaginaria, ¡y salta! La fe siempre nace de una visión y una esperanza. Debemos ver el fulgor de lo que esperamos brillando a través del desierto, antes qué podamos tener una fe enérgica y vigorizante.

Podemos decir sin temor a equivocarnos que la mayoría de las personas no tienen esperanzas nobles y que están desprovistas de una *visión espléndida* y, por lo tanto, no tienen audacia para llevar a cabo empresas y lanzarse a aventuras espirituales. Nuestras esperanzas son pequeñas e insignificantes y no originan cruzadas. No hay torres brillantes ni minaretes a nuestro horizonte, ni nueva Jerusalén y, por lo tanto, no intentamos exploraciones heroicas.

Necesitamos una transformación en cuanto a «las cosas que esperamos». *Nuestro entendimiento* necesita ser renovado y serlo *diariamente*. Necesitamos entronar en nuestra imaginación las remotas cumbres imponentes de posibilidades vastas y nobles. Nuestros horizontes grises y poco atractivos deben brillar con los colores perdurables de las esperanzas inmortales.

—*Seleccionado*

«Piensa que unos y otros son obra de Dios» (Eclesiastés 7:14).

D emasiado a menudo vemos la prosa de la vida, pero no su poesía. Demasiado a menudo perdemos la inspiración de las canciones. ¡Qué numerosas son nuestras tristezas, pero qué numerosos son sus dones!

El pecado está aquí, pero también su gracia ilimitada; el diablo está aquí, pero también está Cristo; la espada del juicio se cruza con el cetro de misericordia.

«Juicio y Misericordia», de acuerdo con una hermosa leyenda judía, «fueron enviados juntos después de la caída para ministrar a la raza pecadora pero redimida», *y siguen obrando juntos*. Uno aflige, la otra sana; donde uno arranca, la otra planta una flor, uno crea una arruga, la otra enciende una sonrisa; el arco iris sigue a la tormenta; el ala que socorre cubre nuestra cabeza desnuda de la espada reluciente.

¡Getsemaní tenía su ángel fortalecedor!

¡Por toda la eternidad, Dios envía misericordias para contrarrestar las miserias! Sus intervenciones nunca vienen a deshora. Él nunca llega en el momento inoportuno. *Dios tiene los asuntos del mundo en sus manos*. En sus crisis más negras, no hay duda de que la presencia angelical está cerca de usted.

Dios nunca emite una nota equivocada; nunca canta la canción equivocada. Si Dios produce música, esta tendrá una influencia sanadora.

—*Rvdo. Joseph Pearce*

¡Preste atención a las canciones en la noche que vienen de Dios!

> «Cuéntame, amor de mi vida,
> ¿dónde apacientas tus rebaños?,
> ¿dónde a la hora de la siesta los haces reposar?» (Cantares 1:7).

Hemos perdido el arte de *«descansar al mediodía»*. Muchos están sucumbiendo poco a poco a la tensión de la vida *porque han olvidado cómo descansar*. La corriente constante, la uniformidad continua de la vida es lo que mata.

El descanso o reposo no es un sedante para los enfermos, sino un tónico para los fuertes. Significa emancipación, iluminación, transformación. Impide que nos convirtamos en esclavos aun de las buenas obras.

Uno de nuestros naturalistas de Cambridge una vez me contó de un experimento que había hecho con una paloma. El ave había nacido en una jaula y nunca había sido libre; un día su propietario tomó el ave, la llevó al portal de la casa y la lanzó al aire. Para sorpresa del naturalista, la capacidad del ave para volar era perfecta. Voló alrededor como si hubiera nacido en el aire; pero pronto su vuelo se volvió agitado, jadeante y los círculos se hicieron más pequeños, hasta que por fin el ave se precipitó contra el pecho de su dueño y cayó a tierra. ¿Qué significaba eso? Significaba que aunque el ave había heredado el instinto de volar, no había heredado la capacidad de detenerse y si no hubiera arriesgado el impacto de una parada repentina, la pequeña vida hubiera muerto de sofocación en el aire.

¿No es esta una parábola de muchas vidas modernas: dotadas por completo con el instinto de acción, pero sin la capacidad de detenerse? La vida da vueltas constantes en su círculo cansado hasta que casi se muere a toda velocidad. Cualquier impacto, hasta una experiencia severa, es una misericordia si detiene el remolino. Algunas veces Dios detiene abruptamente a un alma así, mediante el golpe agudo de un problema, y el alma cae en desesperación a sus pies, entonces él se inclina sobre ella y le dice: «Quédate *tranquilo*, hijo; quédate tranquilo y conoce que yo soy Dios». Hasta que poco a poco, la desesperación del problema se transforma en sumisión y obediencia, y la pobre vida que aleteaba cansada, se fortalece para volar otra vez.

¿Acaso hace tanto tiempo que no recorremos el camino hacia nuestro «lugar de descanso» que se ha convertido en una jungla?

«Él es todo un encanto» (Cantares 5:16).

Qué glorioso es el hecho de que haya una vida que se pueda exhibir ante los ojos de la humanidad como el ejemplo perfecto. Hubo labios que nunca hablaron crueldad, que nunca pronunciaron una mentira; hubo ojos que nunca miraron nada, sino con amor, pureza y gozo; hubo brazos que nunca se cerraron contra la desdicha o el arrepentimiento; hubo un pecho que nunca palpitó con pecado ni jamás fue excitado por un impulso impuro; hubo un hombre libre de todo egoísmo indebido y cuya vida la empleó para hacer el bien.

Hubo uno que amó a toda la humanidad, que la amó más que a sí mismo y que se entregó a la muerte para que aquella pudiera vivir, hubo uno que fue hasta las puertas de la muerte para que las puertas de la muerte no prevalecieran contra nosotros; hubo uno que estuvo en la tumba, con su humedad, con su frialdad, con su horror y le enseñó a la humanidad cómo podía trascender la tumba; hubo uno que, aunque caminó sobre la tierra, tuvo su diálogo en el cielo, que quitó el velo que escondía de la vista la inmortalidad y que nos presentó a Dios el Padre en toda su gloria y en todo su amor.

Él es el modelo que se exhibe en la Iglesia de Cristo. La Iglesia acude a la cruz y se reúne alrededor de Jesús; y es porque él es tan atractivo, amoroso y glorioso que vienen desde los cabos de la tierra para ver la salvación de Dios.

—*Obispo Matthew Simpson*

Oh, no hay nada tan admirable, nada que no nos parezca en nuestros mejores momentos tan digno de ser buscado y tan valioso como esa santidad que es la cumbre de la verdadera perfección; no una santidad que es distante y fría, sino una que hace los ojos más tiernos en su visión suavizada, los labios más prósperos en conversación agradable y la mano más útil en el servicio presto; que termina con las pasiones y el egoísmo, la aspereza y la mezquindad en el corazón humano, que lleva al hombre a Dios y trae a Dios al hombre; y la cual, si llegara a ser predominante y universal, haría de cada alma un cielo en miniatura y cambiaría nuestra tierra deplorable en un paraíso recobrado.

«Así, todos nosotros, que con el rostro descubierto refleja-
mos como en un espejo la gloria del Señor, somos transformados
a su semejanza con más y más gloria por la acción del Señor, que
es el Espíritu» (2 Corintios 3:18).

—*Obispo Ninde*

«*El año de la muerte del rey Uzías, vi al Señor*» (Isaías 6:1).

Tenemos que quitar nuestros ojos de los demás para que podamos tener una visión completa de Jesús. Moisés y Elías tuvieron que pasar para que fuera posible la visión de Jesús nada más. *En el año de la muerte del rey Uzías* —dice Isaías—, *vi al Señor*. Sus ojos y sus esperanzas habían estado en el poderoso y victorioso líder terrenal, con cuya muerte todas esas esperanzas se hundieron en la desesperación. Pero *las estrellas salen cuando las luces de la tierra desaparecen*. Fue entonces que la verdadera visión y la vida de Isaías comenzaron.

No es suficiente ver a Jesús a la par de otras cosas y personas. Lo que necesitamos es que él llene *toda* nuestra visión, *todo* nuestro ser, *todo* nuestro corazón, *todos* nuestros planes y *todo* nuestro futuro. Lo que él quiere de nosotros es el «*primer amor*», en otras palabras, el lugar supremo; en realidad no puede, de una manera satisfactoria, ser nada para nosotros hasta que no lo sea todo. Él puede llenar totalmente nuestro ser y sin desalojar ningún afecto u ocupación legítimos. Puede armonizar con todo de tal manera, controlarlo todo de tal manera, llegar a ser la misma esencia de todo pensamiento y toda delicia —de tal manera— que podamos en verdad decir: «Para mí el vivir es Cristo», porque «el amor de Cristo [me] obliga», me separa de todo lo demás, como un torrente contenido en su estrecho cauce, de modo que yo viva, no para mí mismo, sino para «quien me amó y dio su vida por mí».

Espíritu Santo, danos nuestra propia experiencia de transfiguración, condúcenos a nuestro propio monte de la visión, permite que Moisés y Elías pasen y que no veamos a más nadie, sino *solo a Jesús*.

—*Echoes of a New Creation* [Ecos de una nueva creación]

«Cuando un agricultor ara para sembrar, ¿lo hace sin descanso?»
(Isaías 28:24).

¿No es el arar simplemente una preparación para la siembra de la semilla que viene después y luego, para el trigo que va a alimentar a muchos? *Cuando la reja del arado atraviesa el corazón humano, ¡seguro que es para algo!* Un día, cuando aparezcan las espigas maduras del maíz veremos que el arado era necesario por una temporada. ¡Pensamos que nos mataría! Y efectivamente, ninguna reja de arado atraviesa la tierra sin que alguna vida sea destruida, *pero solo para que algo mejor que esa vida pueda venir.*

¡Quédate tranquilo, pobre corazón! Dios es eficaz en su obra. Permítele que haga lo que le parezca bueno.

He visto a un agricultor pasar su reja de arado a través de la pradera de terciopelo verde; me ha parecido un proceso duro y cruel; pero el ojo del agricultor previó las hojas de trigo brotar y sabrá que dentro de unos meses la tierra iba a reírse con una cosecha dorada.

El arado profundo del alma trae ricos frutos del Espíritu. Hay misericordias amargas así como dulces; *pero todas son misericordias,* ya sean dadas con miel o con ajenjo.

—*Dr. Cuyler*

El arado de hierro pasa sobre el campo del corazón hasta la noche… en los profundos surcos los ángeles vienen y siembran.

«El grano se tritura» (Isaías 28:28).

E stén satisfechos; ustedes son el trigo que crece en el campo del Señor; y si son trigo, deben pasar bajo el instrumento trillador en el suelo de su granero y a través de su cedazo; y por su voluntad ser molidos, como lo fue el príncipe de nuestra salvación (Isaías 53:10); para que puedan ser hallados como buen pan en la casa de su Señor.

—*Samuel Rutherford*

«Observe el método de Dios para producir maíz y entender algo de su método para producir santos».

*«En el arrepentimiento y la calma está su salvación,
en la serenidad y la confianza está su fuerza»* (Isaías 30:15).

«E ndulzado en el desierto». Era solo un anuncio en una venta de frutas al borde del camino. ¡Pero el pomelo dorado que anunciaba adquiría un nuevo valor! Y así sucederá con cualquier vida que sigue la fórmula dada por el Maestro: «Vengan conmigo ustedes solos a un lugar tranquilo y descansen un poco». Fue en la soledad de los lugares desiertos que algunos de los profetas más poderosos del Antiguo Testamento recibieron su mensaje: «Así dice el Señor». En el desierto, Jesús se enfrentó con la tentación y la venció. ¡Después de tres años de retiro en el desierto, Pablo salió para ser el misionero más grande de todos los tiempos!

«¡Endulzado en el desierto!». Un lugar tranquilo al comienzo y al final del día. Una «pequeña capilla de silencio», «donde, aunque los pies puedan unirse al gentío, el alma puede entrar y orar». Sol y silencio, sinónimos de desierto. Que puedan traer los dones especiales de la calma, el valor y la confianza ¡porque hemos acudido a nuestra cita con Cristo en estos momentos de devoción!

—*Seleccionado*

El camino hacia la tierra prometida del poder espiritual siempre conduce a través de lugares desiertos donde hay una oportunidad de escuchar «la voz suave y apacible».

—*Glenn Randall Phillips*

«*Huiremos a caballo*» (Isaías 30:16).

Dios nunca es lento desde su punto de vista, pero sí lo es desde el *nuestro,* porque la impetuosidad y el hacer cosas prematuramente son debilidades universales.

Dios vive y se mueve en la eternidad, y todos los pequeños detalles de su obra deben ser como él mismo y deben tener la majestad y el movimiento mesurados, así como la precisión y la inspiración de la sabiduría infinita; tenemos que *permitir que Dios actúe con rapidez* y *nosotros actuar con lentitud.*

El Espíritu Santo nos dice que debemos estar «listos para escuchar, y ser lentos para hablar y para enojarse». Esto es, *listos para recibir de Dios,* pero lentos para emitir las opiniones y las emociones del hombre.

Nos perdemos muchas cosas que Dios quiere darnos por no ir lo suficientemente despacio con él. ¿Quién quisiera que Dios cambiara sus perfecciones para acomodar nuestros caprichos? ¿No hemos tenido vislumbres de las perfecciones de Dios, percepciones de verdades hermosas, revelaciones silenciosas de oportunidades diarias, suaves interrupciones del Espíritu Santo en nuestras decisiones o palabras, dulces y secretas inspiraciones para hacer ciertas cosas?

Hay un tiempo en el universo para que cada cosa llegue a su madurez, e *ir despacio con Dios es el ritmo celestial que reúne todas las cosas en el momento que están maduras.*

¡Lo que ganan los que esperan en Dios, vale la pena esperarlo!

¡Ir despacio con Dios es nuestra mayor seguridad!

«*Cuando el* Señor *ponga una venda en la fractura de su pueblo y sane las heridas que le causó*» (Isaías 30:26).

Cuando algún amigo se ha mostrado infiel, ha traicionado nuestra confianza, nos ha usado para fines egoístas y ha pisoteado en el polvo el pasado, con todos sus recuerdos y todos sus lazos sagrados, se oscurece la luz del cielo, porque algo muere en nosotros.

Bendiga a su amigo falso e infiel. Solo sonría y siga de largo; Dios deberá ser el juez: él sabe lo bueno y lo malo del caso… La vida es corta; no desperdicie las horas cavilando sobre el pasado. Las grandiosas leyes de Dios son buenas y justas; la verdad al fin triunfará.

Tal vez nuestras heridas sean rojas y profundas, pero después de todo el dolor, el mismo dedo de Dios nos toca y nos sana otra vez… Con la fe restaurada y la confianza renovada, miramos hacia las estrellas: el mundo verá las sonrisas que tenemos, pero Dios verá las cicatrices.

—*Scars* [Cicatrices], por Patience Strong

Señor, ¡permíteme amar como tú!

«*Ustedes cantarán*» (Isaías 30:29).

Alguien escribió que una tarde de invierno estaba sentado al lado de una hoguera y escuchaba a los leños verdes cantar mientras las llamas ardían a su alrededor. La madera producía toda clase de sonidos mientras se quemaba y el escritor, con imaginación poética, sugiere que eran canciones aprisionadas que por mucho tiempo durmieron en silencio en la madera hasta que ahora el fuego las hizo salir.

Cuando el árbol estaba en el bosque los pájaros venían, se posaban en sus ramas y cantaban sus canciones. El viento también suspiraba a través de sus ramas produciendo una música extraña y misteriosa. Un día, un niño se sentó sobre el musgo en la raíz del árbol y cantó su alegría dichosa en un fragmento de dulce melodía. Un penitente se sentó bajo la sombra del árbol y con notas temblorosas, en medio de las hojas que caían, cantó el salmo cincuenta y uno. Y todas esas notas de canciones variadas se hundieron en el árbol mientras estaba allí y se escondieron en su tronco. Allí durmieron hasta que cortaron el árbol y parte de él llegó a ser un leño de fondo en el alegre fuego del atardecer. Entonces las llamas hicieron brotar la música.

Esto es nada más que la imaginación de un poeta en lo que se refiere al árbol y a las canciones de la leña. Pero ¿no hay aquí una pequeña parábola que se puede asemejar a muchas vidas humanas? La vida tiene sus notas y tonalidades variadas, algunas alegres, otras ahogadas por las lágrimas. Los años pasan y la vida no emite música de alabanza, no canta canciones para bendecir a otros. Pero a la larga viene la angustia y, en las llamas, la música por largo tiempo aprisionada, se libera y canta su alabanza a Dios y sus notas de amor para alegrar y bendecir al mundo. Reunidas durante el largo verano de la vida y reservadas en el corazón, se reparten en las horas de sufrimiento y dolor.

Muchos creyentes gozosos no aprendieron a cantar hasta que las llamas se encendieron sobre ellos.

—*J. R. Miller*

¡Reúna la madera que encenderá el fuego invernal!

«Ese tal morará en las alturas;
      tendrá como refugio una fortaleza de rocas...
»Tus ojos verán... una tierra que se extiende hasta muy lejos»
(Isaías 33:16, 17).

A llá arriba en el peñasco rocoso, en un nido tosco de ramitas, hay un huevo. Las plumas del pecho del águila lo calientan; el cielo se inclina y lo invita; los abismos del aire lo atraen diciendo: todas nuestras alturas y profundidades son para ti; ven y ocúpalas.

Y todas las cumbres y los lugares espaciosos bajo las vigas del firmamento, donde las estrellas que titilan permanecen guarecidas como golondrinas que trinan, llaman a la pequeña vida, diciendo: «¡Ven acá arriba!», y convencen al germen vivo que yace adentro, a través de las delgadas paredes de su prisión, para que salga de su cáscara, deje el nido y se aleje del peñasco para que entonces pueda volar hacia arriba, lejos, hacia las vastas extensiones de aire iluminado por el sol y hacia abajo, hacia los profundos abismos que separan las montañas.

—*A Pilgrim of the Infinite* [Un peregrino de lo infinito]

«*Ni se despliegan las velas*» (Isaías 33:23).

Imagínese un velero inmóvil en un mar de cristal, ni el más leve soplo mueve las velas. Pero enseguida, el pequeño banderín en el extremo del mástil comienza a moverse y a levantarse. No hay ni un rizo en el agua, ni el menor movimiento de aire en la cubierta, pero hay una corriente moviéndose en el aire superior. ¡En el momento las velas se extienden para captarlo!

«Así sucede en la vida —dice el doctor Miller—. Hay corrientes superiores e inferiores. Muchos de nosotros solo usamos las velas inferiores y captamos solo los vientos que soplan al nivel de la tierra. Sería una ganancia inefable para todos nosotros si permitiéramos que nuestra vida cayera bajo la influencia de esas corrientes superiores».

¡Extienda sus velas para capturar las corrientes superiores!

«Una vez más... echarán raíces abajo, y arriba darán fruto»
(Isaías 37:31).

¿Por qué es que los pinabetes de la montaña pueden lograr tal majestuosidad a pesar de los fieros vientos invernales y las nevadas aplastantes? Al mirar uno de cerca, verá que tiene un follaje casi tan delicado como el abeto; sus agujas oscuras son tan delicadas como plumas. Pero si trata de romper una rama grande o pequeña descubrirá que en ellas se ve la fortaleza y el poder tenaz del pinabete. Se doblará y cederá, pero no se romperá. Los vientos pueden batirla y sacudirla de acá para allá, pero no la pueden quebrar. Los elementos, por fieros que sean, no pueden arrancar sus raíces de la tierra. Durante meses tal vez su forma esbelta esté subyugada bajo el peso de la nieve, pero cuando el cálido aliento de los vientos veraniegos y la influencia del sol del verano derriten la nieve y lo alivian de su carga, se endereza tan orgulloso y tan noble como era antes.

Precioso, hermoso pinabete de las montañas, ¡qué lección traes para nosotros! Aunque podamos ser sacudidos por las tormentas y doblados por el viento de la tristeza, no tenemos que ser aplastados ni quebrantados *si nuestra alma está anclada a la roca de los siglos.*

«Ezequías tomó la carta… la desplegó delante del Señor»
(Isaías 37:14).

¿No le sucede a usted con frecuencia que le cuesta mucho saber cómo proceder en un caso en particular? Su trayectoria no está claramente trazada; su camino no está abierto: ambas opciones parecen ser igualmente favorables y usted no sabe cuál escoger. Tal vez sus deseos tiendan hacia un lado y sus temores hacia el otro. Tiene miedo de equivocarse al decidir, no sea que escoja lo que, al final, le resulte perjudicial.

Es muy difícil encontrarse en ese doloroso conflicto. Y nuestra angustia aumenta si se nos obliga a proceder de una vez y seguir un camino u otro. ¿Me permite decirle cómo puede usted encontrar consuelo inefable?

Vaya y vuelque el asunto delante del Señor, como hizo Ezequías con la carta del rey de Asiria. Sin embargo, no se engañe a sí mismo como hacen muchos, al buscar el consejo de Dios *habiendo ya decidido proceder de acuerdo con su propia voluntad y no de acuerdo con la de él.* Pero, con sencillez y sinceridad, pídale que le guíe. Entregue su caso a su Padre que está en los cielos; ríndase como un niño para que lo conduzca como a él le agrade. Esta es la manera correcta de recibir una guía y de darnos cuenta de la bendición de tener un Consejero celestial.

—A. Oxeden

«Pon en manos del Señor todas tus obras, y tus proyectos se cumplirán» (Proverbios 16:3).

Rendido, dirigido solo a ti,
Y esperando tranquilo tu guía.

«Que el terreno escabroso se nivele y se alisen las quebradas. Enton-
ces se revelará la gloria del SEÑOR, y la verá toda la humanidad.
El SEÑOR mismo lo ha dicho» (Isaías 40:4, 5).

¿Y qué es la gloria de Dios? Es el ministerio del amor. No tenemos que esperar tener unidad de *opiniones*; tenemos que
empezar por tener unidad de corazones. *Debemos estar unidos,*
aunque no «veamos las cosas desde el mismo punto de vista». Usted y yo
podemos mirar las mismas estrellas y llamarlas con nombres diferentes.
Usted es astrónomo y yo soy campesino, para usted son mundos enteros;
para mí son velas colocadas en el firmamento para alumbrar mi camino
de regreso al hogar.

¿Qué importa? ¿No disfrutaremos su gloria aunque no estemos
de acuerdo acerca de ella? *Tomémonos de la mano en cuanto al men-*
saje antes de arreglar nuestra disputa respecto al mensajero.

Ustedes que se paran sobre la costa y discuten acerca del número de las olas, mientras tanto hay un trabajo para que ustedes lo
hagan y *lo hagan juntos.* Hay viajeros que han naufragado mar
adentro, llorando y clamando. Han unido sus manos en oración y
no han escuchado respuesta excepto el eco de su llanto. ¿Clama-
rán en vano? ¿Tendrán que esperar hasta que ustedes hayan contado las olas que los consumen? ¿Se estremecerán en la tormenta
mientras discuten acerca del nombre del bote salvavidas? *¿Qué*
importa cómo llamemos al bote salvavidas si solo cada uno de nosotros
cree en él?

Salgan de las minas, hermanos míos. Traigan a las almas que han
perdido su compás, a las vidas que han roto su timón, a los corazones que
han rasgado sus velas. Ellos no le preguntarán el nombre de su bote
salvavidas; aun el ángel de Jacob no tenía nombre. Tal vez ustedes
no vean las cosas desde el mismo punto de vista, pero la revelarán
juntos; revelarán la gloria del Señor. Sean la iglesia de los que tienen compasión y están unidos. *Vean la faz del Maestro, toquen junta-*
mente la huella de los clavos. Mañana, le verán tal como él es.

—George Matheson

«¡Aquí está su Dios!» (Isaías 40:9).

Él se convirtió en el Hijo del hombre para que nosotros pudiéramos llegar a ser los hijos de Dios. He aquí un hombre que nació en una aldea oscura, hijo de una mujer campesina. No tenía ni riqueza ni influencia, ni entrenamiento ni educación; sin embargo, en su infancia alarmó a un rey; en su niñez confundió a los doctores. En su vida adulta caminó sobre las olas y acalló el mar hasta dormirlo. Sanó las multitudes sin medicina y no cobró por sus servicios. Nunca escribió un libro; *sin embargo, en todas las librerías del mundo no cabrían los libros acerca de él, sin embargo, él ha provisto* el tema para *más canciones que todos los compositores combinados. Nunca fundó una universidad; sin embargo, todas las universidades del mundo juntas no pudieran jactarse de tener tantos discípulos como él,* «que aunque era rico, por causa de ustedes se hizo pobre».

¿Cuán pobre? ¡Pregúntele a María! ¡Pregúnteles a los magos! *Durmió en un pesebre prestado. Cruzó el lago en una barca prestada. Cabalgó en un asno prestado. Fue sepultado en una tumba prestada.*

Mientras todavía era joven, la opinión popular se volvió contra él. Sus amigos se alejaron de él. Uno de ellos lo negó; otro lo traicionó y lo entregó a sus enemigos. Experimentó la burla y el juicio. Lo clavaron en la cruz entre dos ladrones. Sus verdugos se rifaron su ropa.

Sin embargo, todos los ejércitos que han marchado, todas las marinas que se han formado, todos los parlamentos que se han reunido, todos los reyes que han gobernado, todos juntos, no han afectado la vida del hombre tan poderosamente como lo ha hecho ¡esta única vida solitaria!

Grandes hombres han aparecido y desaparecido, ¡pero él permanece! ¡La muerte no pudo destruirlo! ¡La tumba no pudo retenerlo!

«¡Miren cómo lo sigue todo el mundo!» (Juan 12:19).

«Vayamos también nosotros» (Juan 11:16).

«Si lo buscas, te permitirá que lo encuentres» (1 Crónicas 28:9).

¡ENCUÉNTRELO!

«Volarán como las águilas» (Isaías 40:31).

L os que esperan en el Señor obtienen una adición maravillosa a sus recursos: *tendrán alas*. Son dotados con poder para sobreponerse a las cosas. Los hombres que no se remontan siempre tienen una perspectiva muy pequeña de las cosas. Se requieren alas para ampliar la visión. La vida del que tiene alas se caracteriza por un sentido de proporción. Para ver las cosas correctamente, debemos alejarnos de ellas. Una aflicción que se mira desde las tierras bajas puede parecer tremenda; si se mira desde las alturas, puede parecer pequeña e insignificante. «Pues los sufrimientos ligeros y efímeros que ahora padecemos producen una gloria eterna que vale muchísimo más que todo sufrimiento». ¡Qué perspectiva tan amplia!

Y he aquí otra gran cita: «En nada se comparan los sufrimientos actuales con la gloria que habrá de revelarse en nosotros». Esta es una vista a vuelo de pájaro. Ve la vida como un todo. Qué poderosa es el ave de la cual se toma la figura. «Como las águilas». Qué fuerte son sus alas. Esa fuerza será nuestra si esperamos en el Señor. Seremos capaces de remontarnos por encima de las desilusiones, sin importar lo grandes que sean y volar hasta la misma presencia de Dios. *Vivamos la vida con alas.*

El poder de las alas nos da el don de remontarnos y ver cómo las cosas se relacionan unas con otras.

Volar extensamente nos permite ver extensamente.

«*Expongan su caso —dice el Señor—; presenten sus pruebas —demanda el rey de Jacob*» (Isaías 41:21).

U na santa irlandesa, a la que llamaban Santa Ana —y que llegó a cumplir cien años de edad— vivía en Canadá. Cuando era muchacha trabajaba para una familia por un salario mínimo; sus amos eran muy crueles. La hacían cargar agua subiendo un kilómetro y medio por una empinada colina. Aunque el pozo cavado en aquel lugar se había secado, ella permanecía allí año tras año. Una noche Ana estaba muy cansada, cuando cayó de rodillas clamando a Dios. Mientras estaba arrodillada leyó estas palabras: «Haré brotar ríos en las áridas cumbres, y manantiales entre los valles. Transformaré el desierto en estanques de agua, y el sequedal en manantiales… Expongan su caso —dice el Señor—; presenten sus pruebas».

Esas palabras impresionaron a Santa Ana, por lo que expuso su causa delante del Señor. Le dijo lo mucho que necesitaban el agua y lo difícil que era para ella cargarla, subiendo la empinada colina; entonces se acostó y se quedó dormida. Había expuesto su causa y presentado sus pruebas. Temprano en la mañana siguiente la vieron tomar un balde y encaminarse al pozo. Alguien le preguntó adónde iba y ella contestó: «Voy a sacar agua del pozo». «Pero está seco», le respondió la persona. Sin embargo, eso no detuvo a Santa Ana. Ella sabía en quién había creído y continuó su camino; y he aquí que en el pozo había casi tres metros cúbicos de agua pura y fría, y dijo que más nunca se secó. Esa es la manera en que el Señor puede cumplir sus promesas. «Exponga su caso —dice el Señor—; presente sus pruebas»; y véalo obrar a favor de usted.

Qué poco usamos este sacro método argumental en oración y, sin embargo, hay muchos ejemplos en la Escritura: Abraham, Jacob, Moisés, Elías, Daniel, todos ellos usaron argumentos en la oración y reclamaron la intervención divina en base a las peticiones que presentaron.

«Cuando camines por el fuego, no te quemarás» (Isaías 43:2).

Mientras daba una conferencia acerca del fuego, un científico hizo una vez un experimento muy interesante. Él quería demostrar que en el centro de la llama había un vacío, un lugar de calma total, alrededor del cual el fuego no es sino una pared. Para probarlo introdujo en el medio de la llama una carga diminuta de pólvora protegida con mucho cuidado. Después, le quitó la protección con cautela y no hubo ninguna explosión. Se probó el experimento por segunda vez y con una pequeña agitación de la mano hizo que la pólvora ya no estuviera protegida en el centro de la llama y el resultado fue una explosión inmediata.

De modo que nuestra seguridad no está sino en la *quietud del alma*. Si estamos amedrentados y cambiamos el principio de fe por el de temor, o si somos rebeldes y desasosegados, las llamas nos harán daño y como resultado sentiremos angustia y desilusión. Además, Dios se desilusionará con nosotros si perdemos la calma. La prueba es la demostración de su amor y su confianza y ¿quién puede imaginar el gozo que le trae nuestra constancia y nuestra calma? Si él no permitiera que pasáramos por pruebas, no ayudaría nuestra vida espiritual. Por tanto, las muchas pruebas y los sufrimientos significan que Dios tiene confianza en nosotros; que cree que somos lo suficiente fuertes para soportarlos, y que le seremos fieles aun cuando nos haya dejado sin una evidencia externa de su cuidado y estemos, al parecer, a merced de sus adversarios. Si él aumenta las pruebas en vez de disminuirlas es una expresión de la confianza que ha tenido en nosotros hasta el presente y una prueba más de que está esperando que nosotros lo glorifiquemos en fuegos aun más ardientes, a través de los cuales nos está llamando a pasar. *¡No tengamos temor! ¡Seremos liberados de lo transitorio, de lo externo y atraídos a una comunión más íntima con Dios mismo!*

¡Oh, Dios, haznos hijos de la quietud!
—*Una liturgia antigua*

«Marcharé al frente de ti, y allanaré las montañas» (Isaías 45:2).

«¿Me falta acaso fuerza para liberarlos?» (Isaías 50:2).

S i alguno de ustedes, amados, parece estar enredado en dificul-tades para las cuales no encuentra solución, mire a aquel que es perfecta sabiduría y *permita que el enredo pase de sus manos a las de él; entréguele el asunto.* Lo que es imposible para usted es perfecta-mente posible para él, que es todopoderoso.

¿Cómo se enredan algunos de nuestros problemas con el pasar de los días sin que aparezca ninguna forma de enderezar el asunto? Quizás los hemos conservado demasiado en nuestras manos. Entonces no es de asombrarse que no encontremos el principio ni el final del hilo ni la manera de aflojar la hebra anu-dada en los lugares apropiados. Un joven que escribía a su padre acerca de un problema personal, dijo: «Una vez más, apenas ayer, he puesto todo este asunto en las manos del Señor y le he pedido que me guíe en todo. A menudo recuerdo cómo se me enredaba el hilo de pescar. Mientras más lo tiraba, peor era. Al final, te lo entregaba todo a ti y tú lo arreglabas. Así que, por lo general, eso es lo que hago con mis problemas ahora y estoy tratando de aprender a no halar demasiado el hilo antes de dárselo a él». ¿Ha estado usted tirando el hilo de ese problema que lo inquieta hoy? Entréguelo al Padre celestial y vea con cuánto amor y rapi-dez él desenreda la maraña y el nudo de imposibilidad que lo ha inquietado tanto.

—*Sunday School Times*

«Con irreflexivas e impacientes manos enredamos los pla-nes que el Señor ha hecho. Y cuando lloramos con dolor, él dice: "Tranquilízate, querido, mientras desenredo el nudo"».

«Si hubieras prestado atención a mis mandamientos, tu paz habría sido como un río» (Isaías 48:18).

¿No vemos acaso cómo los propósitos de Dios son frustrados y demorados por la perversidad humana? Al mismo tiempo que Dios determinó la elección y consagración de Aarón al sacerdocio, Aarón estaba pasando su tiempo moldeando y labrando un becerro de oro.

Pudiéramos haber sido coronados hace cincuenta años, pero justo cuando la coronación estaba a punto de realizarse, se descubrió que estábamos confeccionando un ídolo. *El Señor estaba por hacernos reyes, cuando de repente hicimos el ridículo.*

—*Joseph Parker*

Recuerde esta terrible verdad: *yo puedo limitar el poder de Cristo en el presente*, aunque nunca puedo alterar el mandato del Dios todopoderoso por un momento.

—*Seed Thoughts* [Semilla de pensamientos]

«Hay un nicho en el templo de Dios que es tuyo;
y la mano que te da forma para poder ocuparlo es divina».

«Convertiré en caminos todas mis montañas» (Isaías 49:11).

No trate de pasar por debajo de ellas, ni de forzar el paso a través de ellas, ni de huir de ellas, al contrario, reclámelas.

Suba sus lomas con las promesas de Dios.

Las altas montañas de dificultad son sus pasadizos; camine sobre ellas con gozo santo.

Agárrese bien del fuerte cayado de la fe y *confíe en Dios en medio de la oscuridad.*

Estamos más seguros con él en la oscuridad que sin él a la luz del sol. *Al final del pasadizo lúgubre brilla la luz celestial.* Cuando lleguemos al cielo, tal vez descubramos que las experiencias más enriquecedoras y provechosas que tuvimos en este mundo fueron las que adquirimos en los mismos caminos ante los cuales retrocedimos con terror.

Job pudo encontrar tantos túneles porque se encontraba en el centro del plan de Dios.

Lo más importante que debemos recordar es que *las tinieblas de Dios no son sus metas.* Hay que atravesar sus túneles *para llegar a otro lugar.* Por tanto, alma mía, sé paciente. La oscuridad no es tu destino; el túnel no es tu hogar permanente.

El viajero que quiera pasar de las laderas invernales de Suiza hacia la belleza veraniega de las llanuras de Italia, *debe estar preparado para atravesar los túneles de los Alpes.*

El túnel nunca se encuentra en una vía sin salida, se construye con el fin de conducir a otro lugar.

«¡*Prorrumpan en canciones!*» (Isaías 49:13).

Hay un hermoso relato acerca de unas aves cantoras que eran transportadas a través del mar. Había treinta y seis mil, canarios en su mayoría. El mar estaba muy calmado cuando el barco zarpó y las avecillas estaban silenciosas. Mantenían la cabecita bajo las alas y no se escuchaba ni una nota. Pero al tercer día en el mar abierto, el barco se enfrentó con un viento furioso. Los pasajeros estaban aterrorizados. Los niños lloraban. Entonces sucedió algo extraño. En el peor momento de la tempestad, las aves comenzaron a cantar, primero una, después otra, hasta que las treinta y seis mil estaban cantando como si sus pequeñas gargantas fueran a estallar.

Cuando la tormenta se levanta en toda su furia, ¿comenzamos nosotros a cantar? ¿No debiera nuestra canción prorrumpir en gozo multiplicado cuando la tempestad comienza?

«Ya la noche con sus sombras se alejó,
La mañana vino ya;
Y viviendo en plena luz me encuentro yo,
La mañana vino ya.

»La mañana reina ya en mi corazón,
Toda sombra ha disipado mi Señor;
Ya cantando alegre voy,
Porque con Jesús estoy,
La mañana reina ya en mi corazón».

¡Oh, Dios, enséñanos la música del cielo! ¡Danos la gracia de ensayar a menudo los aleluyas eternos! «Alaba, alma mía, al Señor; alabe todo mi ser su santo nombre».

¡Trate de cantar! ¡Cante en medio de la tormenta!

«No quedarán avergonzados los que en mí confían» (Isaías 49:23).

No se avergonzarán los que confían en mí. Tal es el testimonio verdadero del Dios viviente, un testimonio cumplido en la experiencia de los que han sido capacitados, mediante la gracia, para ejercitar una fe viva. Debemos recordar cuánto encierran estas tres palabras: «confían en mí». La confianza debe ser real. No dará resultados decir que confiamos en Dios, cuando en realidad, nuestros ojos están mirando de soslayo algún apoyo humano. Debemos estar «encerrados» por completo con Dios, tenemos que llegar al final del yo y al fondo de las circunstancias, para experimentar a plenitud cuáles son los recursos de Dios. «Sólo en Dios halla descanso mi alma».

Fue así con Josafat, en esa escena que se registra en 2 Crónicas 20:12 *Él estaba humillado por completo ante Dios; era Dios o nada.* «En nosotros no hay fuerza». Pero ¿entonces qué? «A ti volvemos nuestros ojos». Eso era suficiente. Josafat estaba en la mejor actitud y condición para experimentar lo que Dios era. Haber poseído la fuerza o la sabiduría humana solo hubiera sido un obstáculo para que él se apoyara exclusivamente del brazo y del consejo del Dios todopoderoso.

—*Things New and Old* [Cosas nuevas y viejas]

Cuando se sienta al límite de sus fuerzas,
¡recuerde que Dios está en el otro extremo!

«Cuando yo lo llamé, él era solo uno, pero lo bendije» (Isaías 51:2).

U n célebre aristócrata y estadista escocés una vez le dijo a un corresponsal que estaba «arando en su surco solitario». Siempre que Dios ha necesitado a alguien que haga algo grande para él, lo ha enviado al «surco solitario». Lo ha llamado a ir solo.

Tal vez tenga usted que llegar a ser la persona más solitaria de la tierra, pero si eso sucede, siempre podrá ver las carrozas de Dios a su alrededor —aun veinte mil y miles de miles—, y entonces se olvidará de su soledad.

Si usted ha tomado el arado, *no lo suelte hasta que haya terminado de arar el campo.*

«No nos cansemos» (Gálatas 6:9).

Dice Theodore L. Cuyler: "Después de estar perplejo e indeciso, no sabiendo si debía o no aceptar un llamado atractivo, abrí el Libro y leí:

¡Con qué ligereza cambias de parecer! (Jeremías 2:36).

«Su campo de actividad presente puede ser limitado, pero usted no está limitado por ello. Los grandes hombres han surgido del surco solitario. Los grandes hombres han arado, han escarificado y, al dejar esas cosas, han grabado sus nombres en la historia. Hay alturas inimaginables, éxtasis inconcebibles para el que sigue adelante. Por lo tanto, estando en el valle, siga adelante, buscando las colinas. Un día mirará hacia atrás con sorpresa y entonces, volviéndose, seguirá adelante con nuevo valor».

Usted fue creado para remontarse, no para arrastrarse.

Un alma solitaria ardiendo con el amor de Dios puede hacer que todo el universo arda (Hechos 2:41; Apocalipsis 5:11).

«Él fue traspasado por nuestras rebeliones, y molido por nuestras iniquidades; sobre él recayó el castigo, precio de nuestra paz, y gracias a sus heridas fuimos sanados... como cordero, fue llevado al matadero... Pero el SEÑOR quiso quebrantarlo» (Isaías 53:5, 7, 10).

Sobre el fatídico monte se alza ya la cruz de pena,
Mientras que, en el horizonte, triunfa el sol, oro y cobre,
En la mañana serena.
El cuerpo del Cristo bueno, morena carne judía,
Anda ya del vil madero, suspendido por el hierro
Del clavo en la ardiente herida.

...

El cuerpo de Cristo, yerto, resta casi abandonado.
El nuevo Maestro ha muerto, y el enemigo está cierto
Que la batalla ha ganado.
Las nubes corren ligeras, y en el monte, ascua de luz,
En la cumbre, enhiesta, queda la cruz que a todos enseña
Cuán muerto resta Jesús.
Y yo quedo, en la distancia de los siglos no llegados...
Yo quedo... y yo soy el alma que anhelando paz y calma
Se angustia por su pecado.

...

Dejadme llegar por fe...
Lo que Cristo en el madero
Ha perdido, lo tendré, todo lo bueno que fue,
Porque yo soy su heredero.   «Crucificado» de *Oro,
incienso y mirra*

Visite con frecuencia el lugar llamado Calvario.

«Maltratado y humillado» (Isaías 53:7).

Cristo fue *escogido de entre el pueblo*, para que pudiera conocer nuestras necesidades y compadecerse de nosotros. Creo que algunos de los ricos no tienen la noción de lo que es la angustia de los pobres. No tienen la menor idea de lo que es trabajar por el pan diario. Tienen un concepto muy vago de lo que significa el aumento del precio de los alimentos; no saben nada acerca de eso. Y cuando ponemos en el poder a hombres que nunca formaron parte del pueblo, no entienden el arte de gobernarnos. Pero nuestro gran y glorioso Jesucristo es uno *escogido de entre el pueblo*; y por tanto, conoce nuestras necesidades.

Jesús sumó *tentación y dolor* antes que nosotros; llevó nuestras *enfermedades*; soportó el *cansancio*, porque exhausto, se sentó junto al pozo; conoce la *pobreza*, porque a veces no tenía pan para comer, excepto el pan del cual el mundo nada sabe; supo también lo que era *no tener casa*, porque las zorras tenían cuevas y las aves del cielo nidos, pero él no tenía dónde recostar su cabeza.

Hermano, no hay lugar al que usted pueda ir, donde Jesús no haya estado antes, a excepción de los lugares de pecado. *Él ha estado allí antes que usted*; él ha allanado el camino; ha entrado en el sepulcro para que la tumba pudiera ser la cámara real de la raza redimida, el aposento para quitarse la ropa de trabajo y ponerse las vestiduras del descanso eterno.

En todos los lugares, adondequiera que vamos, el Ángel del pacto ha sido nuestro precursor. Cada carga que tenemos que llevar estuvo una vez sobre los hombros de Emanuel.

«Su camino fue mucho más áspero y oscuro que el mío.
Cristo mi Señor sufrió, ¿y voy yo a quejarme?».

Querido compañero de viaje, tenga ánimo. Cristo ha consagrado el camino.

—*Charles H. Spurgeon*

«En vez de zarzas, crecerán cipreses; mirtos, en lugar de ortigas. Esto le dará renombre al Señor, será una señal eterna que durará para siempre» (Isaías 55:13).

En la Conferencia de Jerusalén, un viernes santo estábamos en el monte de los Olivos y nuestro corazón estaba profunda y extrañamente conmovido al pensar que Jesús había salido de la ciudad y había subido al monte para morir. Me dije a mí mismo: «Me gustaría seguir sus pisadas y captar la misma pasión y la misma visión». Cuando la reunión estaba llegando a su fin pensé: *«Tomaré algo que me recuerde este momento».* Me incliné para arrancar una flor, una de las flores que crecen abundantes en las laderas de Palestina. Cuando estaba a punto de escoger mi flor silvestre, una voz interior me dijo: «No, esa flor silvestre no; más allá está el espino; llévate un gajo de ese». Era el espino del que hicieron la corona que clavaron en la frente de Jesús. Yo protesté: «El espino no es hermoso, es feo; preferiría la flor», y otra vez me incliné para agarrar mi flor. La voz fue más imperiosa esta vez y dijo: «No, esa flor no, sino el espino; hay algo en el espino que no ves ahora; ¡llévatelo!».

Más bien renuente, me alejé de la flor silvestre y arranqué un gajo del espino y lo puse entre las hojas de mi Biblia. No, más profundo; lo puse entre los pliegues de mi corazón y lo llevé allí.

Pasaron semanas y meses. Un día, por casualidad miré el espino que había llevado dentro de mi corazón y, para mi asombro, ¡encontré que había florecido! Allí se encontraba la rosa de Sarón en hermosa profusión. Había algo más en el espino que yo no había visto.

«Querido corazón, de tu zarza florecerá una rosa para otros».

Para algunos viene esta cruz: la *ausencia* de la cruz. Hay siempre la sombra de la cruz. Imagínese que Dios la quitara, ¿qué pasaría?

«Serás como jardín bien regado, como manantial cuyas aguas no se agotan» (Isaías 58:11).

Me parecía que la santidad era dulce, placentera, tranquila. Me parecía... que hacía del alma un campo o un jardín de Dios con toda clase de flores agradables, encantadoras y serenas; flores que disfrutan de dulce calma así como también de los tiernos y vivificantes rayos del sol.

El alma de un creyente verdadero se parece a esas florecitas blancas que vemos en la primavera, que crecen humildes, al nivel de la tierra, abriendo su pecho para recibir los agradables rayos de la gloria del sol; regocijándose, por decirlo así, en un éxtasis de calma; difundiendo una dulce fragancia a su alrededor.

En una ocasión me fui cabalgando al bosque por el bien de mi salud. Cuando me bajé del caballo en un lugar retirado para caminar en contemplación divina y en oración, como había sido mi costumbre, tuve una visión de la gloria del Hijo de Dios que para mí fue extraordinaria. Hasta donde puedo juzgar, eso continuó alrededor de una hora y me mantuvo casi todo el tiempo sollozando y bañado en un mar de lágrimas. Sentí en el alma un deseo ardiente de ser —no sé cómo expresarlo de otra manera— *vaciado y aniquilado; de amarlo a él con un amor santo y puro; de servirlo y seguirlo; de ser santificado por completo y recibir una pureza divina y celestial.*

—*Jonathan Edwards*

«Antes que me llamen, yo les responderé; todavía estarán hablando cuando ya los habré escuchado» (Isaías 65:24).

E n una de sus grandes campañas evangelísticas en Chicago, Moody pidió a sus ayudantes que se unieran en oración para solicitar seis mil dólares y que pidieran que *fueran enviados de inmediato*. Oraron largo tiempo y con intensidad, y antes de que se levantaran de sus rodillas, les trajeron un telegrama. Decía más o menos las siguientes palabras:

Sus amigos en Northfield sintieron que usted necesitaba dinero para su obra en Chicago. Hemos tomado una ofrenda y hay seis mil dólares en las cestas.

«Y Ezequías y todo el pueblo se regocijaron de que Dios hubiera preparado al pueblo para hacerlo todo con rapidez» (2 Crónicas 29:36).

En relación con la obra de la misión en el oeste de Londres, el reverendo Hugh Price Hughes y sus colegas en cierta ocasión encontraron que necesitaban desesperadamente mil libras esterlinas y para tranquilizarse, se reunieron a media noche para orar por ello. Después de un tiempo de súplica, uno del grupo prorrumpió en alabanza al sentir la certidumbre de que la oración había sido oída y contestada. El señor Hughes no compartía esa confianza tan absoluta. Mas creyó con temor y temblor.

Cuando llegó el día de anunciar la suma recibida, se descubrió que habían llegado novecientas noventa libras en un corto tiempo y de maneras extraordinarias; pero todavía faltaban diez libras. Cuando el señor Hughes regresó a su casa encontró una carta que en ese momento recordó que había estado allí en la mañana, pero por estar apurado no la había abierto. Dentro de la carta había un cheque por diez libras esterlinas.

«Confiaré en tu gracia; es infinita;
no tiene límite ni fin».

«Y Dios puede hacer que toda gracia abunde para ustedes, de manera que siempre, en toda circunstancia, tengan todo lo necesario, y toda buena obra abunde en ustedes».

«Porque vas a ir adondequiera que yo te envíe» (Jeremías 1:7).

¿Ha leído usted el poema de George Eliot que se llama «Stradivarius»? Stradivarius era el famoso fabricante de violines que, fabricados hace más de dos siglos, casi valen su peso en oro hoy día. Dice Stradivarius en el poema:

> Si mi mano se debilitara,
> Le robaría a Dios, ya que él es bueno a plenitud
> y dejaría un vacío en vez de violines.
> Él no podría hacer los violines de Antonio Stradivarius
> sin Antonio.

Usted es la oportunidad de Dios en su época. A través de los tiempos él ha esperado una persona como usted. Si lo rechaza, entonces Dios pierde la oportunidad que ha buscado a través de usted y no tendrá otra, porque nunca habrá otra persona sobre la tierra exactamente igual a usted.

—*R. E. Neighbour*

Dedíquese al propósito de Dios y permítale cargarlo con su mercancía para otros.

Encontramos numerosas personas en su edad madura que tienen la desdicha de hacer un trabajo diario que aborrecen y que no expresa su personalidad, cuando todos pudieran haber actuado con inteligencia en otra esfera, si un día hubieran orado con seriedad acerca de la decisión que afectaría la mitad de un siglo.

«SEÑOR, yo sé que el hombre no es dueño de su destino, que no le es dado al caminante dirigir sus propios pasos» (Jeremías 10:23).

Estábamos al pie del Mont Blanc en la aldea de Chamonix. Algo triste había sucedido el día anterior. Un joven médico había determinado alcanzar las alturas del Mont Blanc. Logró la hazaña y la pequeña aldea estaba iluminada en su honor; en la ladera de la montaña ondeaba una bandera que proclamaba su victoria.

Después que había ascendido y descendido hasta la cabaña, quiso separarse de su guía; quería estar libre de la cuerda e insistió en seguir solo.

El guía objetó, diciéndole que era peligroso, pero *estaba cansado de la cuerda* y declaró que quería estar libre. El guía se vio obligado a ceder. El joven había avanzado solo una corta distancia, cuando su pie resbaló en el hielo y no pudo detenerse, deslizándose por los despeñaderos congelados. La cuerda ya no estaba, así que el guía no pudo sostenerlo ni subirlo. El cuerpo del joven médico yacía sobre el hielo.

Las campanas habían repicado, la aldea se había iluminado en honor a su éxito; pero ¡qué lástima! En un momento fatal rehusó ser guiado; *estaba cansado de la cuerda.*

¿Se cansa *usted* de la cuerda? Las providencias de Dios nos sostienen, nos refrenan, y a veces nos cansamos. *Necesitamos un guía,* y lo necesitaremos *hasta que* se terminen las sendas peligrosas. *Nunca se desprenda de su Guía.* Permita que su oración sea «Sigue guiándome», ¡y un día las campanas del cielo repicarán anunciando que usted está a salvo en el hogar!

—*Charles H. Spurgeon*

«Será como un árbol plantado junto al agua» (Jeremías 17:8).

Los árboles que resisten a las tormentas
no se propagan en invernaderos.

El árbol más fuerte no se encuentra al abrigo del bosque, sino en el campo raso; donde los vientos de todas las direcciones lo golpean, lo doblan y lo tuercen hasta que se convierte en un gigante en estatura.

Se necesitan tormentas para producir raíces.

Allá en la pradera se yergue para refugiar las manadas y los rebaños. La tierra alrededor del árbol se endurece. La lluvia ayuda poco porque el agua no penetra.

Pero llega la tormenta aterradora. Lo tuerce, lo doblega y, a veces, casi lo arranca de la tierra. Si el árbol pudiera hablar posiblemente se quejaría con amargura. ¿Debe la naturaleza escuchar y detener el proceso de la tormenta?

La tormenta casi dobla el árbol en dos. Ahora se enfurece y ruge. ¿Qué puede significar semejante crueldad? ¿Es eso amor? Pero, *esperemos.*

Alrededor del árbol toda la tierra es movediza. Se han abierto abajo grandes grietas en el suelo. Al inexperto, tal vez le parezcan heridas profundas.

La lluvia viene ahora con su tierno ministerio. Las heridas se sanan. La humedad penetra hasta lo más profundo, alcanzando la última raíz. El sol brilla otra vez. Brota vida nueva y vigorosa. Las calces se profundizan más y más. Las ramas retoñan. De vez en cuando se escucha algo que cruje y estalla como un balazo: está creciendo a tal punto que sus ropas ya no le quedan. Se está convirtiendo en un gigante. *Está echando raíces.*

Este es el árbol del cual el mecánico quiere hacer sus herramientas, el árbol que busca el fabricante de vagones.

Cuando usted vea un gigante espiritual, piense en el camino por el cual ha transitado: no la senda soleada donde siempre hay flores silvestres, sino la senda estrecha, empinada, pedregosa donde los estruendos del infierno casi le hacen perder su equilibrio, donde las piedras puntiagudas le hieren los pies, donde las espinas salientes le rasguñan la frente y donde las serpientes venenosas silban por todos lados.

El Señor provee raíces profundas para que haya ramas que se extiendan con amplitud.

¡Benditas sean las tormentas!

«Así que volvió a hacer otra vasija, hasta que le pareció que le había quedado bien» (Jeremías 18:4).

Dios quiere hacer lo mejor posible de cada uno de sus hijos. Él nos pone en su torno y nos sujeta a la disciplina que considera más adecuada para asegurar la bendición y la utilidad más grandes. Pero, ¡ay! A menudo encuentra en sus manos una vasija desfigurada cuando lo que él deseaba era perfecta belleza y fortaleza. Eso no es un fracaso de su parte; sino que alguna burbuja de vanidad o arenilla de obstinación lo han obstaculizado.

Cuando ese es el caso, él no nos desecha por completo, sino que nos pone de nuevo en el torno y *«nos vuelve a formar»*. Si no puede hacer lo que antes deseaba, aun así hace lo mejor de nosotros; y lo débil de Dios es más fuerte que los hombres. *Ríndase a Dios de nuevo.* Confiese que ha desfigurado su obra. Pídale con humildad que lo vuelva a formar, como formó de nuevo a Jacob, a Pedro, a Juan y a Marcos.

No tiene límite el progreso y el desarrollo del alma que es capaz de responder a Dios con un «sí» resuelto. *Obedezca con prontitud todo lo que le indique que es su santa voluntad.* Permita que la vida, como el barro en las manos del alfarero, sea plástica al toque del Hacedor.

—*Daily Devotional Commentary*
[Comentario devocional diario]

No hay ninguna clase de fracaso del que él no se haya encargado para rehacerlo.

«Ustedes... son en mis manos como el barro en las manos del alfa-rero» (Jeremías 18:6).

Ole Bull, el violinista más notable del mundo, siempre estaba deambulando. Un día se perdió en los interminables bosques. En la oscuridad de la noche tropezó con una choza de troncos, hogar de un ermitaño. El anciano lo recibió, lo alimentó y le permitió calentarse; después de la cena se sentaron frente a una chimenea en la que había un fuego abrasador y el viejo ermitaño tocó algunas tonadas rudimentarias en su violín chillón y estropeado. Ole Bull le preguntó al ermitaño:

—¿Cree usted que pueda yo tocar ese violín?

—No lo creo; me tomó años aprender —replicó el viejo ermitaño.

Ole Bull dijo:

—Déjeme intentar.

Tomó el viejo violín desfigurado y deslizó el arco sobre las cuerdas y, de repente, la cabaña del ermitaño se llenó de música divina; y según el relato, el ermitaño sollozaba como un niño.

Somos instrumentos estropeados; las cuerdas de la vida se han roto; el arco de la vida se ha doblado. *Sin embargo, si solo permitimos que él nos tome y nos toque*, en este instrumento viejo, estropeado, roto, desvencijado, desfigurado, él producirá música digna de los ángeles.

«Porque yo sé muy bien los planes que tengo para ustedes —afirma el SEÑOR—, planes de bienestar y no de calamidad, a fin de darles un futuro y una esperanza» (Jeremías 29:11).

El plan de Dios no puedo percibir,
Ni en sus pasos fácilmente ir;
Mas seguiré donde él me guiará
Sabiendo que su gracia bastará.

Mas lo entenderé cuando al Señor veré,
Pues él su voluntad revelará;
Al lado del Señor no hay pena, ni dolor,
Allá en el cielo todo entenderé.

Difícilmente sé dónde he de andar,
Mas Cristo por su mano ha de guiar;
Y aunque oscuro el camino esté
Le sigo a mi Señor con plena fe.

Confiando en el Señor no he de temer,
Pues pronta ayuda de él podré tener,
Y aunque muchas veces triste esté,
Muy pronto con mi Cristo estaré.

—Cánticos de gozo e inspiración

«Bueno es el Señor con quienes en él confían, con todos los que lo buscan. Bueno es esperar calladamente a que el Señor venga a salvarnos» (Lamentaciones 3:25, 26).

E s más fácil trabajar que esperar. Con frecuencia es más importante esperar que trabajar. *Podemos confiar en que Dios hará el trabajo necesario mientras nosotros esperamos*; pero si no estamos dispuestos a esperar e insistimos en trabajar mientras él hubiera deseado que estuviéramos quietos, podemos interferir con la obra efectiva y triunfante que él haría a nuestro favor. *Nuestra espera puede ser lo más difícil que podamos hacer, puede ser la prueba más severa que Dios nos dé.*

Es verdad lo que Oswald Chambers ha dicho: «Una de las tensiones más grandes de la vida es la que produce *esperar en Dios*. Dios toma al santo como un arco que estira; llegamos hasta cierto punto y decimos: *"No lo puedo soportar más"*; pero Dios continúa estirando. Él no está apuntando a nuestro objetivo, sino al suyo, y la paciencia de los santos es que esperemos hasta que él permita que la flecha vuele directo a la meta de él. Si estamos dispuestos a recordar el llamado y la seguridad que Dios nos da, no hay necesidad de que haya ninguna tensión mientras estemos esperando. El tiempo del "arco estirado" puede ser para nosotros un tiempo de descanso ininterrumpido, mientras guardamos silencio ante el Señor y esperamos en él con paciencia» (Salmos 37:7).

A menos que la cuerda de un violín se estire hasta que suene cuando el arco se desliza sobre ella, no hay música. Una cuerda de violín suelta, sin tensión es inútil, está muerta, no tiene voz. Pero cuando se estira hasta que está tensa, llega al tono correcto y solo entonces es útil para el músico.

—*Rvdo. A. B. Simpson*

«En el eterno plan de Dios un mes, un año, es como una hora de un lento mes de abril, que contiene los gérmenes de lo que esperamos o tememos para que florezca en la distancia».

El Todopoderoso es lento, ¡pero seguro!

«Su mano se posó sobre él» (Ezequiel 1:3).

Los huesos no pueden volver a la vida al ser manipulados. Solo el toque de Dios puede darles vida. Algunos tenemos que aprender eso con la amarga experiencia del fracaso. Así escribe el doctor A. C. Dixon.

«Cuando era pastor de la Iglesia Bautista de Chapel Hill, llegué a la conclusión de que como predicador era un fracaso. Padres en todas partes del estado me escribían pidiéndome que me ocupara del bienestar espiritual de sus hijos en la universidad. Preparaba sermones pensando en los estudiantes y me alegraba ver que ellos mostraban su aprecio asistiendo en gran número a nuestros cultos los domingos. Señalamos una semana de oración y predicación con el único propósito de ganarlos para Cristo.

»A mitad de semana su interés pareció transformarse en oposición. Mientras caminaba a través de una arboleda, a veces escuchaba mi voz que venía de detrás de un árbol: un estudiante listo había captado parte de mi sermón la noche anterior y lo estaba repitiendo en pensamiento y tono para beneficio de sus compañeros que mostraban su agrado con aplausos y risas. Sentí que estaba derrotado y consideré con seriedad renunciar al pastorado. Ni uno se había salvado.

»Después de una noche intranquila, tomé mi Biblia y fui a la arboleda y me quedé allí hasta las tres de la tarde. Mientras leía, le pedí a Dios que me mostrara cuál era el problema, y la Palabra de Dios me examinó una y otra vez dándome una profunda convicción de pecado e impotencia como nunca antes había tenido.

»Esa noche los estudiantes escucharon con reverencia y al concluir, dos bancos estaban llenos con los que habían respondido al llamado. El avivamiento continuó día tras día hasta que más de setenta de los estudiantes confesaron a Cristo.

»Ahora, la pregunta obligada es: *¿Qué hizo que eso sucediera?* Indudablemente no fui yo; me temo que fui yo el que, por mucho tiempo, impedí que Dios lo hiciera. De la experiencia de ese día, aprendí una distinción bien definida entre influencia y poder. La influencia está compuesta de muchas cosas: intelecto, educación, dinero, posición social, personalidad, organización, todo lo cual hay que usar para Cristo. El poder es Dios mismo obrando *sin el obstáculo de nuestra incredulidad y de otros pecados.*

«Luego, mientras estaban parados con sus alas replegadas, se produjo un estruendo por encima de la bóveda que estaba sobre sus cabezas» (Ezequiel 1:25).

E n los silencios que hago en medio de la confusión de la vida tengo citas con Dios. De esos silencios salgo con el espíritu reavivado y una nueva sensación de poder. Oigo una voz en los silencios y cada vez estoy más consciente de que es la voz de Dios.

¡Oh, qué consoladora es una pequeña vislumbre de Dios!
—David Brainerd

«Hasta que venga aquel a quien le asiste el derecho»
(Ezequiel 21:27).

Hace años en Cincinnati, el Mesías de Handel fue interpretado quizás por el mejor coro de la tierra: Patti, entonces en su apogeo, era la soprano principal; Whitney, el bajo; Theodore Tbedt, el tenor; Carey, la contralto; y este cuarteto estaba apoyado por más de cuatro mil voces.

Justo antes del coro «Aleluya», una quietud como de muerte se cernía sobre la vasta audiencia. De repente, el bajo cantó: «Y reinará por siempre y siempre»; la contralto cantó en un tono un poco más alto: «Por siempre y siempre», y el tenor lo repitió en un tono aun más alto: «Por siempre y siempre»; entonces Patti entró como inspirada: «Rey de reyes y Señor de señores». Cuando se detuvo, hizo una pausa, y levantó los ojos, una voz parecía flotar desde arriba, como la voz de un ángel, que lanzaba a través del gran salón la pregunta: «¿Por cuánto tiempo reinará él?», y entonces las mil sopranos al unísono respondieron: «Por siempre y siempre». Después, todo el coro de cuatro mil voces rompió a cantar como si fuera un ejército angelical: «¡Aleluya! ¡Aleluya! ¡Aleluya!».

¡Qué gran día será para este viejo mundo arruinado por el pecado, destruido por las tormentas, quebrantado, ciego y andando a tientas, cuando él tome su trono legítimo y reine en todos los corazones y sobre todas las vidas por siempre y siempre!

—*Elmer Ellsworth Helms*

«Por la tarde murió mi esposa. A la mañana siguiente hice lo que se me había ordenado» (Ezequiel 24:18).

Por la tarde murió mi mujer. La luz del hogar se apagó. La oscuridad se cernía sobre la faz de todo lo familiar. La compañera leal que había compartido todos los cambios del camino siempre variable, fue quitada de mi lado. La luz de nuestra comunión de repente se extinguió como por alguna mano misteriosa que se extendió desde lo invisible. Perdí el deleite de mis ojos. Estaba solo. «Por la tarde murió mi mujer y… a la mañana…». Sí, ¿qué acerca de la mañana siguiente, cuando la luz entró casi como una intrusa en un mundo que se había convertido en un cementerio con una sola tumba? *«A la mañana siguiente hice lo que se me había ordenado».*

La orden se le había impuesto en los días previos a su luto. La vida en su hogar había sido una fuente de comunión inspiradora. En la tarde, después del desempeño de las tareas pesadas del día, acudía al hogar como el peregrino cansado y polvoriento acude a un baño; y sumergido en la dulce santidad de la vida matrimonial había encontrado la restauración del alma que necesitaba para la labor del día de mañana. Pero «por la tarde murió mi mujer». El hogar ya no era un baño refrescante, sino parte del camino polvoriento; ya no era un oasis, sino una repetición del desierto.

¿Cómo será ahora en cuanto a la orden que había recibido el profeta? «Por la tarde murió mi mujer; y a la mañana», ¿qué? ¿Cómo parece el antiguo deber, dada la triste lobreguez del luto del profeta? Sigue siendo un deber, apremiante y ruidoso ahora en las sombras así como era enérgico e impertinente en la luz. ¿Qué hará el profeta? Tomará la antigua carga y con fidelidad recorrerá penosamente el camino antiguo. Saldrá en medio de su soledad y continuará con sus antiguas tareas. Pero ¿por qué? Usted encontrará el secreto de todo en la última cláusula del capítulo: «Y sabrán que yo soy el Señor».

¡Un profeta con el corazón quebrantado, que con paciencia y persistencia continúa en su deber antiguo y, por su manera de hacerlo, inspira al pueblo a creer en el Señor! Ese es el motivo secreto de la disciplina severa.

La tristeza de la tarde nos vendrá a todos: en la mañana, ¿qué nos encontrarán haciendo? Tendremos que cavar tumbas; celebrar entierros: ¿cómo estaremos nosotros cuando pase el funeral?

—Dr. Jowett

«¿Pudo tu Dios, a quien siempre sirves, salvarte?» (Daniel 6:20).

Aunque la furiosa tempestad,
Amenace ruina sin piedad,
Yo tendré con Dios seguridad
Confiando en Jesús.

Confiando solo en Jesús.
Sé que su promesa cumplirá,
Confiando solo en Jesús,
Él me salvará.

Penas y dolor podré tener,
Que congojas causen a mi ser,
Sobre todos yo podré vencer
Confiando en Jesús.

Otras esperanzas pasarán,
otros goces, sí, fenecerán.
Mi esperanza y mi gozo durarán
Confiando en Jesús.

—*Himnos de gloria y triunfo*

«Nadie se quedó conmigo cuando tuve esta gran visión»
(Daniel 10:8).

¡Qué hombres tan solitarios fueron los grandes profetas de Israel! ¡Juan el Bautista se puso de pie solo en medio de la multitud! Pablo tuvo que decir: «Todos me han abandonado». Y, ¿quién estuvo más solitario que el Señor Jesús? La victoria para Dios nunca la gana la multitud. El hombre que se atreve a ir donde otros retroceden se encontrará solo, pero verá la gloria de Dios y entrará en los secretos de la eternidad.

—*Gordon Witt*

El lobo solitario avanza por una senda solitaria, *¡pero llega a la presa antes que la manada!*

«En aquel día —afirma el Señor— ... me dirás: "esposo mío"»
(Oseas 2:16).

L a venida del Consolador es algo santo, un acto solemne, por lo que debe ir precedida de un pacto inteligente y solemne entre el alma y Dios. Es el matrimonio entre el alma y el Redentor y no es un «matrimonio de prueba». Uno no se apresura a entrar en un matrimonio verdadero descuidadamente. Se considera con esmero; se fundamenta en completa separación, consagración, en las promesas y los votos más solemnes. Así que si el Consolador ha venido a morar, a estar con nosotros y en nosotros para siempre, debemos salir del mundo y separarnos para él; debemos consagrarnos a Jesús en plenitud y para siempre; debemos hacer un pacto de ser del Señor «para bien o para mal» y debemos confiar en él. El alma que se dedica a él de esta manera, en verdad y con solemnidad, le pertenece, y él vendrá a esa alma a morar para siempre, para ser «su escudo y su galardón sobremanera grande».

No vuelvas a tomar el regalo que voluntariamente depositaste sobre el altar.

«Vas a vivir conmigo mucho tiempo, pero sin prostituirte. No tendrás relaciones sexuales con ningún otro hombre. ¡Ni yo te voy a tocar!» (Oseas 3:3).

«Yo te haré mi esposa para siempre» (Oseas 2:19).

«Levántate, oh amiga mía, hermosa mía, y ven», la llama él. Lejos de la esclavitud de Egipto, lejos… *pero con él*. ¡Divinamente desposada!

«¡Mi amado!», son las palabras. Ninguna otra voz la hubiera despertado así.

A la voz *de él*, el corazón de ella responde. *La expectativa aguza el oído*; y cuando estamos de veras deseosos de Cristo, ¡qué rápido captamos los acentos de su voz!

«Yo seré para Israel como el rocío» (Oseas 14:5).

O seas nos conduce a la fuente de *la vida empapada de rocío*. Es de *él* que proviene este regalo inapreciable. Los que pasan mucho tiempo con el Maestro salen con el rocío de la bendición sobre su vida.

El rocío cae durante la noche callada, cuando toda la naturaleza está descansando en silencio. Lo que es cierto de la naturaleza, es también cierto en las cosas espirituales; en esto encontramos la razón clave porque muchos en el pueblo de Dios viven una vida seca. Están inquietos, ansiosos, impacientes, irritables, ocupados, sin tiempo alguno para estar quietos delante del Señor.

Las cosas excelentes se sacrifican por las más burdas; las cosas de valor, por las inservibles.

En Job 38:28 se hace la pregunta: «¿Ha engendrado alguien las gotas de rocío?».

Es uno de los secretos de Dios. Viene en silencio y, sin embargo, obra tan poderosamente. No podemos producirlo, pero podemos recibirlo y vivir, momento a momento, en el ambiente donde el Espíritu Santo puede empaparnos de continuo con su presencia.

—*Pastor W. Mallis*

«Espera ante el Maestro hasta que todo tu corazón esté empapado de él y, entonces, ve en el poder de una vida nueva, fuerte y fragante».

«Señor, que tu Espíritu derrame su rocío sobre mi vellón seco».

«Yo les compensaré a ustedes por los años en que todo lo devoró… las orugas» (Joel 2:25).

No se nos dice cuántos años; solo esto: *«Yo les compensaré a ustedes por los años».*

Las vidas humanas a menudo quedan desnudas; se ven extensiones de terreno estériles producidas por nuestros propios fracasos, un desierto que se extiende a través de toda nuestra vida. Pero, ¡qué consuelo hay en estas palabras: «Yo les compensaré a ustedes por los años en que todo lo devoró… las orugas».

¿Ha estado usted cavilando en alguna tristeza? ¿Ha oscurecido su vida como un enjambre de langostas oscurece el sol de mediodía? ¿Y ha clamado en su angustia: «El sol nunca va a volver a brillar»? Lea la Palabra que él ha prometido:

«Yo [te] compensaré… por los años en que todo lo devoró… las orugas».

Querido lector, vuélvase a él, vuélvase a aquel a quien tal vez haya tendido a olvidar mientras todo le iba bien. Él está esperando; y si a él no le parece conveniente devolverle las posesiones terrenales que una vez usted tanto apreció, recuerde esto: *él restituirá esos años de una manera mejor y más elevada.*

Los años que comió la oruga a veces toman otra forma: años que se han pasado lejos de Dios en busca de placeres mundanales y gratificación personal. ¡Cuántos han hecho esto! ¡No es de maravillarse que los campos estén desnudos! *¿Puede* Dios restituir esos años? ¿No restituyó los años a Noemí?

¡DIOS PUEDE!

El nenúfar azul abunda en varios de los canales de Alejandría, en Egipto, que en ciertas épocas se secan; y los lechos de esos canales, que pronto se vuelven tan duros como ladrillos por la acción del sol, se usan entonces como caminos para los carruajes. Sin embargo, cuando el agua entra otra vez, el nenúfar vuelve a crecer con redoblado vigor y esplendor.

«Pero el Señor será un refugio para su pueblo» (Joel 3:16).

L os soldados pueden ser heridos en la batalla y enviados al hospital. Un hospital no es un estante; es un lugar de reparación.

Un soldado al servicio del ejército espiritual nunca está fuera del campo de batalla, solo es trasladado a otra parte del campo cuando una herida interrumpe lo que tenía que hacer y lo pone a hacer otra cosa.

¿No es un gozo, un gozo sublime, que no exista tal cosa como el estante?

Ningún soldado en servicio jamás se «deja de lado»; solo se le da otra comisión para pelear entre las fuerzas invisibles del campo. Nunca se coloca en el estante, como si ya no fuera útil a su amado Capitán. El soldado debe dejar que el Capitán diga cuándo y para qué lo necesita más y no debe oscurecer su mente con preguntas. Un amo sabio nunca desperdicia el tiempo de su siervo, ni un comandante el de sus soldados. Así que debemos establecerlo de una vez por todas y tranquilizar así nuestro corazón. *A los soldados nunca se les da de baja en tiempo de guerra*, ni por un solo día. Tal vez seamos llamados a servir en un campo visible, yendo de continuo al invisible para renovar nuestra fuerza y pelear la clase de batalla que solo se puede pelear con él. O tal vez se nos suspenda del visible por completo durante un tiempo y se nos lleve más profundo al invisible. Esa expresión espantosa «dejar de lado» nunca es para *nosotros*. ¡*Nosotros* somos soldados del Rey!

—*Rose from Brier* [Del espino, rosa]

«Empezaba a crecer la hierba después de la siega que corresponde al rey» (Amós 7:1).

Nuestro Señor está tan concentrado en la cosecha de la vida de los santos que él mismo a menudo siega los campos por nosotros y quita las cosas que a nosotros nos parecen *buenas* para darnos lo *mejor.*

Nuestro gran Rey está mucho más preocupado por el obrero que por la obra.

Cuando el corazón nos falla, Dios envía su sol y su lluvia, y las esperanzas que estaban postradas vuelven a germinar; nuevos brotes aparecen, fertilizados quizás por nuestras lágrimas, quizás por la sangre que mana de nuestro corazón. No solo crece la hierba después de las siegas del rey, sino que se da por causa de ellas. Como la hierba, la vida de los santos se embellece mientras más la trillan, la alisan y la cortan. No piense, entonces, que algo extraño le está aconteciendo cuando pasa por tentaciones o pruebas. *Es por esas cosas que viven los hombres.*

Tal vez haya vidas en las cuales la primera cosecha es la más valiosa, pero he visto pocas y estas, aunque hermosas, no han sido fuertes.

La segunda cosecha de rosas es la mejor y *los santos más grandes son los que han sentido la guadaña. Pero si es el Rey el que siega, entonces dé la bienvenida a la siega que lo trae a él a su vida.*

¡Mejor un campo raso con Cristo que la mejor cosecha sin *él!*

«El Señor me sacó de detrás del rebaño» (Amós 7:15).

—¿A quién has dejado atrás para continuar la obra? —preguntaron los ángeles.

—A un pequeño grupo de hombres y mujeres que me aman —respondió el Señor Jesús.

—Pero ¿si fracasan cuando venga la prueba? ¿Se perderá todo lo que has hecho?

—Sí, si fracasan, todo lo que he hecho se perderá; pero *no fracasarán*.

Los ángeles se maravillaron al ver la confianza sublime del amor que eso manifestaba.

El camino se extiende a través de Getsemaní, a través de la puerta de la ciudad, fuera del campamento. El camino se extiende solo y hasta donde ya no hay ningún indicio de huellas, solo la voz: «¡Sígueme!». Pero al final conduce «al gozo puesto delante de él» y al monte de Dios.

—*Seleccionado*

La hora es desesperadamente oscura; se necesita tu llama.

«Aunque parezca tardar, espérala; porque sin falta vendrá»
(Habacuc 2:3).

Algunas cosas completan su ciclo en una hora y otras en un siglo; pero los planes de Dios completarán su ciclo, sea largo o corto. La tierna planta anual que florece por una estación y muere, y el áloe americano que toma un siglo para desarrollarse, cada cual es fiel a su principio normal. Muchos de nosotros deseamos arrancar nuestra fruta en junio, antes que esperar hasta octubre, y así desde luego, es agria y no está madura; pero los propósitos de Dios se maduran por completo con lentitud y la fe espera mientras él tarda, sabiendo que vendrá sin duda alguna y no tardará demasiado.

Es un descanso perfecto cuando aprendemos bien y confiamos de todo corazón en esta gloriosa promesa. Podemos saber sin lugar a dudas que los propósitos de Dios se cumplirán cuando le hayamos rendido nuestros caminos por completo y estemos caminando en obediencia vigilante a cada uno de sus impulsos. Esta fe da una calma y una serenidad al espíritu y nos evita la preocupación de tratar de hacer demasiado por nosotros mismos.

¡Muchas cosas dependen de saber con exactitud cuándo ha llegado el tiempo!

No debemos interferir antes que llegue la crisis ni dejar pasar la oportunidad cuando la crisis ha llegado. Este poder de discernimiento, esta paciencia y prontitud, es un don de muchísimo valor.

¿Quién conoce el momento psicológico como el guardador de Israel? Él no interfiere demasiado pronto; le da al enemigo suficiente soga como para que se ahorque él mismo; espera hasta que su pueblo se da cuenta de su debilidad y del peligro que corre y se encierra con él. Él no interviene demasiado tarde; en el momento crítico derriba el orgullo de su pueblo.

En la naturaleza vemos cómo Dios trabaja con precisión, por el reloj; sin duda, no es menos exacto en los tiempos y en las épocas de la vida humana. A menudo hablamos de «la hora y el hombre»; recordemos «la hora y Dios».

«Aunque la higuera no dé renuevos, ni haya frutos en las vides; aunque falle la cosecha del olivo, y los campos no produzcan alimentos; aunque en el aprisco no haya ovejas, ni ganado alguno en los establos; aun así, yo me regocijaré en el Señor, ¡me alegraré en Dios, mi libertador!» (Habacuc 3:17, 18).

Qué absurdo parece. Nosotros, a quienes Dios ha suplido todo en abundancia, podemos entender por qué debemos alabarle; pero debemos tenerle mucho respeto al hombre que bajo esas circunstancias no se queja. Para entenderlo mejor que en el tiempo de Habacuc, traslade todo eso a la experiencia actual. En vez de ovejas y vacas, diga ganancias; en lugar de higueras y vides, diga saldos positivos; en vez de la agricultura y su terminología, use la terminología de los negocios; por corrales y establos, sustituya saldos en cuenta y valores; por la invasión caldea, la tempestad económica que está extendiéndose por todo el mundo, y entonces compárelo con su situación.

Aunque no haya saldos ni valores, y todos los dividendos se hayan perdido, y aunque sea reducido a la penuria, aun así me regocijaré en el Señor.

Usted dice que es imposible. Desde luego, sin una ayuda sobrenatural él no hubiera podido hacerlo, ni nosotros tampoco. Habacuc aprendió que la vida no puede ser asunto de un solista: tiene que ser un dúo. Si la vida fuera para solistas sería un fracaso trágico cuando hay que alcanzar las notas agudas o resonar las graves melodiosamente. Un dúo significa armonía, *la vida humana unida al propósito y al poder divino.* La experiencia de Habacuc nos muestra que *uno no ha perdido nada si no ha perdido a Dios.*

—J. Stuart Holden

«Da a mis pies la ligereza de una gacela y me hace caminar por las alturas» (Habacuc 3:19).

En «Marble Faun», Miriam, la cantante atribulada, rompe a cantar y así expresa la aflicción reprimida en su alma. Sin duda fue mejor que si hubiera lanzado un salvaje alarido de dolor.

Es más noble cantar una canción victoriosa en tiempo de prueba que encontrarse abrumado por la aflicción. Las canciones bendicen al mundo más que los lamentos. También es mejor para nuestro propio corazón expresar nuestras tristezas y dolores en canción.

«Nuestro pastor es un cristiano alondra», se jactaba uno de sus miembros. ¡Qué ave tan hermosa! Canta en la mañana, al mediodía y en la noche; canta al saltar del césped florido; canta cuando la tierra está cubierta de nieve. ¡Y qué canción! Una lluvia de melodía e infinita dulzura, *sin ningún sentimiento oculto de dolor.*

Si solo pudiéramos damos cuenta de la verdad plena y de la bendición de nuestra fe, de continuo iríamos de aquí a allá cantando, hasta que un día subamos cantando, subamos hacia arriba, más allá del sol. Y ya no bajaríamos, sumidos en la luz eterna.

«Ayúdame a convertir todas mis tristezas en música para el mundo». Permite que todos los suspiros se transformen en un ¡Aleluya!
—Stockmayer

«No era lícito entrar por la puerta del rey vestido de cilicio».

«¡Pues a partir de hoy yo los bendeciré!» (Hageo 2:19).

Dios tiene ciertas fechas desde las cuales comienza a bendecirnos. En el día de consagración (Génesis 22:16, 17), el día cuando nuestro todo es rendido a él; en ese día comienzan bendiciones indecibles.

¿Hemos llegado nosotros a *esa fecha?*

«Fue el día veintidós de julio de mil seiscientos noventa, ese día feliz —dice Madame Guyon—, que mi alma fue librada de todos sus dolores. Ese día fui restaurada, por decirlo así, a la perfecta libertad. Ya *no estuve deprimida,* ni abrumada bajo la carga de la tristeza. Había pensado haber perdido a Dios, y haberlo perdido para siempre; pero lo encontré otra vez. Y él regresó a mí con magnificencia y pureza inefables. De una manera maravillosa, difícil de explicar, *todo lo que se me había quitado no solo me fue restaurado, sino restaurado con aumento y nuevas ventajas. ¡En ti, oh mi Dios, lo encuentro todo y más que todo!* La paz que ahora poseía era santa, celestial, inexpresable. Lo que había poseído años atrás, en el período de mi gozo espiritual, era consolación, paz, los *dones* de Dios, pero ahora que estaba totalmente rendida a la voluntad de Dios, ya sea que esa voluntad fuera consoladora o de otra manera, ahora puede decirse que poseía no solo consolación, sino al Dios de la consolación; no solo paz, sino al Dios de paz.

«*Un día de esta felicidad, que consistía en simple descanso o armonía con la voluntad de Dios, fuera lo que fuera, fue suficiente para compensar años de sufrimiento.* Por cierto, no fui yo misma quien se ató a la cruz y, bajo las operaciones de una providencia inexorable, consumió, si así lo puedo decir, la sangre de la vida natural hasta la última gota. Yo no lo entendía en ese momento; pero lo entiendo *ahora.* Fue el Señor quien lo hizo. *Fue Dios el que me destruyó para poder darme la vida verdadera».*

«El día que yo actúe ellos serán mi propiedad exclusiva»
(Malaquías 3:17).

Cristo murió para poder hacer de nosotros un «pueblo que pertenece a Dios». Muchos creyentes tienen temor de parecer raros. Unas semanas antes que Enoc fuera trasladado, es probable que sus conocidos hayan dicho que era un poco raro; hubieran comentado que cuando ellos tenían un partido de naipes e invitaban a todos los vecinos, Enoc no asistiría, ni ninguno de sus familiares. Él era sumamente extraño.

No se nos dice que era un gran guerrero ni un gran científico ni un gran erudito. De hecho, no se nos dice que fuera nada de lo que el mundo llama grande, pero caminó con Dios trescientos sesenta y cinco años y es la estrella más brillante que resplandeció en esa dispensación.

Si él caminó con Dios, ¿no podemos hacerlo usted y yo? Él un día emprendió un largo camino y todavía no ha regresado. Al Señor le agradó tanto su compañía que le dijo: «Enoc, ven más arriba».

Me imagino que si les preguntáramos a los hombres del tiempo de Elías qué clase de hombre era él, nos hubieran dicho: *«Él es muy raro»*. El rey hubiera dicho: «Lo aborrezco». A Jezabel no le gustaba; no le gustaba a ningún miembro de la corte real, ni tampoco a muchos que eran creyentes solo de nombre, porque era demasiado radical.

Me alegro de que el Señor tuviera siete mil que no habían doblado su rodilla ante Baal; pero yo prefiero el dedo meñique de Elías antes que todos los siete mil de cuerpo entero. Yo no daría mucho por siete mil creyentes escondidos. Apenas entrarán en el cielo; no tendrán coronas.

Procure que *«ninguno tome su corona»*. Esté dispuesto a formar parte del pueblo que Dios ha adquirido, no importa lo que los hombres digan de usted.

—D. L. Moody

«Para ustedes que temen mi nombre, se levantará el sol de justicia trayendo en sus rayos salud [salvación]» (Malaquías 4:2).

Un viajero de Suramérica cuenta acerca de un conflicto curioso que una vez presenció entre un pequeño cuadrúpedo y un reptil venenoso de gran tamaño. Al parecer, la pequeña criatura no podía con su antagonista, que amenazaba con destruirlo de un golpe, así como también a su indefensa cría; pero sin temor se enfrentó a su poderoso enemigo y corriendo hacia él, lo golpeó con una sucesión de golpes fieros y eficaces. Al atacar, recibió una herida profunda, que parecía mortal, de los colmillos venenosos del reptil, que destellaron por un momento con fuego ardiente y después se hundieron en lo profundo de la carne del pequeño pero atrevido asaltante.

Por un momento parecía que todo había terminado, pero la sabia criatura se retiró de inmediato al bosque y apresurándose a un pantano, devoró con avidez algunas de sus hojas y después se apresuró a regresar, aparentemente fresco y restaurado, para renovar el combate con vigor y determinación. Una y otra vez se repitió ese extraño espectáculo: la serpiente, aunque exhausta, atacaba con ferocidad, y una y otra vez según parecía, hería de muerte a su antagonista; pero la pequeña criatura cada vez se restablecía con su simple receta y regresaba a una victoria renovada. En el transcurso de una o dos horas, la batalla terminó: el reptil gigantesco yacía inmóvil, muerto, y el pequeño vencedor estaba ileso, en medio de su nido y sus indefensas crías.

¡Cuán a menudo somos heridos por el aguijón del dragón, al parecer heridos de muerte! Y si tuviéramos que pasar por una larga ceremonia para alcanzar la fuente de vida, desmayaríamos y moriríamos. Pero bendito sea su nombre. Tan cerca de nosotros como la planta que crece a la sombra del bosque, hay siempre una Planta de sanidad con la que podemos restablecernos continuamente y regresar renovados, vigorizados, transfigurados, como Aquel que resplandeció con el brillo de la luz celestial mientras oraba en el monte; quien mientras oraba en el huerto, se levantó triunfante sobre el temor de la muerte, fortalecido desde lo alto para librar la poderosa batalla de nuestra redención.

—*A. B. Simpson*

«Y fue a vivir en un pueblo llamado Nazaret» (Mateo 2:23).

Nuestro Señor Jesús vivió durante treinta años en medio de los sucesos de la pequeña aldea de Nazaret. Este tipo de aldeas cuentan sus historias con los detalles de los eventos pequeños. *¡Y el joven Príncipe de gloria, estaba en el taller del carpintero!* Se movía en medio de tareas monótonas, obligaciones insignificantes, rumores pueblerinos, negocios triviales, sin embargo *fue fiel en lo poco*.

Si las casas más pequeñas de la vida proporcionan tan abundantes oportunidades para la lealtad más noble, toda nuestra vida abunda en posibilidad y promesa. Aun cuando nuestra casa esté amueblada con sencillez puede ser el hogar del Señor todos los días de nuestra vida.

—*Dr. J. H. Jowett*

A veces hay un árbol saludable que crece en la roca desnuda, en una grieta que apenas sostiene las raíces, justo en una de esas colinas donde no parece haber buena tierra suficiente como para llenar ni siquiera una carretilla. Sin embargo, la copa de ese árbol se mantendrá verde en el verano más seco. Si uno escucha, poniendo su oído en la tierra, oirá un pequeño manantial que corre. Cada uno de esos árboles tiene su propio manantial de agua viva; hay personas que son como esos árboles.

—*Sarah Orne Jewett*

Del deseo de ser grandes, ¡líbranos, oh Señor!

—*Oración morava*

«¿No es acaso el carpintero...?» (Marcos 6:3).

«Éste es mi Hijo amado; estoy muy complacido con él» (Mateo 3:17).

E s lógico para nuestro sentido común que aquel que habló de «poner la mano en el arado» y «tomar el yugo», debe haber hecho arados y yugos él mismo, y sus palabras no nos parecen menos celestiales porque no tengan olor a libros y lámparas. No cometamos el error de aquellos nazarenos: el hecho de que *Jesús fuera carpintero* para ellos significaba que sus credenciales de divinidad eran muy pobres, pero han sido *credenciales divinas para los pobres* desde entonces. No nos dejemos engañar por las clasificaciones sociales y los distintivos de las escuelas.

Carey fue zapatero, pero tenía un mapa del mundo en la pared de su tienda y sobrepasó a Alejandro Magno en sus sueños y acciones.

¿Qué pensamientos llenaban la mente de Jesús cuando se encontraba en su banco de trabajo? Uno de ellos era que los reinos de este mundo debían llegar a ser los reinos de Dios, *costara lo que costara.*

—*Seleccionado*

«¿Qué es eso que tiene en la mano?»

¿Es un azadón, una aguja, una escoba? ¿Una pluma o una espada? ¿Un libro de contabilidad o uno escolar? ¿Una máquina de escribir o un instrumento telegráfico? ¿Es un yunque o la regla de un impresor? ¿Es el plano de un carpintero o la paleta de un yesero? ¿Es un acelerador o un timón? ¿Es un bisturí o una vara para medir? ¿Es un instrumento musical o el don del canto?

Lo que sea, ofrézcalo a Dios en servicio amoroso.

Muchos hojalateros, tejedores, carteros y obreros esforzados han tenido ventanas abiertas, un cielo y una mente con alas.

«Estaban con su padre en una barca remendando las redes. Jesús los llamó» (Mateo 4:21).

¡Salomé! Si hubieras estado conmigo en el bote,
No estuvieras reprochándome y lamentándote porque nuestros muchachos
Se han ido con el Amado de este nuestro hogar.
Salomé, déjame decirte cómo sucedió.
La noche estaba tranquila, la marea estaba golpeando fuerte,
Y nuestras redes estaban pesadas y la tensión alcanzó el punto de ruptura,
Estando oscuro todavía atracamos; y mientras trabajábamos
Sentí como si nuevas fuerzas y un gozo constante
Surgía en todo mi ser, así que canté un salmo,
Como cantaba David, una canción para despertar el alba;
Y entonces mi corazón se llenó de una quietud tranquila.

El bote ya estaba amarrado, y nos volvimos
Para secar y remendar nuestras redes. Entonces vino Jesús,
Llamó a los muchachos, primero a Juan, después a Jacobo, por su nombre,
Y se levantaron y lo siguieron.
Me volví y contemplé a Jesús de pie allí;
Me parecía que estaba vestido de una luz brillante,
De pie en el sendero, con la noche
Detrás de él y el alba rompiendo a su alrededor,
Su figura tan radiante, alegre y libre.

Y cuando subió al monte nuestros hijos fueron también;
Jacobo iba detrás y Juan iba a su lado.
Y cuando hablaban, Juan apenas se parecía a nuestro Juan;
Sentí que había captado una luz maravillosa.
Todo mi ser parecía rebosar;
Yo sabía que la noche había pasado, que el alba había llegado
Y entonces supe que debíamos dejarlos ir.

—*Zebedee's Sons* [Los hijos de Zebedeo]

«Entra en tu cuarto» (Mateo 6:6).

Los apóstoles, los hombres santos, los heroicos siervos de Dios, los fuertes soldados de Jesucristo en todo lugar y en todo tiempo han *orado sin cesar*.

Si Francisco de Asís sabía cómo batallar entre los hombres era porque se deleitaba en «volar lejos como un ave a su nido en las montañas». John Welsh pasaba ocho de las veinticuatro horas del día en comunión con Dios, por consiguiente, estaba equipado, armado y listo para sufrir. David Brainerd viajó a través de los interminables bosques estadounidenses orando y así cumplió su ministerio en poco tiempo. John Wesley dejó de vivir aislado y cambió la faz de Inglaterra. Andrew Bonar no perdió ni una vez la oportunidad de acercarse al propiciatorio y su comunión celestial hizo de él un creyente encantador. John Fletcher a veces oraba toda la noche. Adoniram Judson ganó a Birmania para Cristo a través de la oración incansable. Así *solían hacer los que trabajaron noblemente para Dios*.

Si vamos a intentar cosas grandes para Dios y lograr algo antes de morir, *debemos orar en todo momento y en todo lugar*.

Dios se entrega en las manos de los que oran de verdad,

A solas al huerto yo voy,
Cuando duerme aún la floresta.
Y en quietud y paz con Jesús estoy
Oyendo absorto allí su voz
Él conmigo está, puedo oír su voz,
Y que suyo dice seré;
Y el encanto que hallo en él allí,
Con nadie tener podré.
Tan dulce es la voz del Señor,
Que las aves guardan silencio,
Y tan solo se oye esa voz de amor,
Que inmensa paz al alma da.
Con él encantado yo estoy,
Aunque en torno lleguen las sombras;
Mas me ordena ir que a escuchar yo voy,
Su voz, doquier la pena esté.

«¿Y por qué se preocupan...?» (Mateo 6:28).

Cuando el hombre está viviendo según el plan de Dios no tiene necesidad de preocuparse por su negocio, ni por su casa, ni por cualquier cosa que le pertenezca.

¡No mire su propia fe; mire la fidelidad de Dios. No mire las circunstancias a su alrededor; siga mirando los recursos del Dios infinito!

Lo único que debe preocupar al hombre en esta vida es si está trabajando según el plan de Dios, si está haciendo la obra de Dios; y, si es así, todo el cuidado de las demás cosas está en las manos de Dios.

Hay cosas que en definitiva no podemos reclamar en oración porque no sabemos si están en la voluntad de Dios para nosotros. Puede ser que estén o que no lo estén, pero solo orando es que lo sabremos. Tengo la perfecta seguridad de que los hombres que moran con Dios en la oración llegan a tener cierta santa confianza; y cuando se apropian de una promesa de la Palabra de Dios, la contemplan como si ya estuviera concedida.

Rindámonos a Dios para que la afinidad viviente pueda fluir a través de nuestra pobre mente humana, corrompida y frágil.

Si el Señor cuida de ti, has de estar en reposo.

—*Arzobispo Leighton*

Si el Piloto está a bordo, ¿por qué tiene también el capitán que recorrer la cubierta con pasos cansados?

«Por lo tanto, no se angustien por el mañana, el cual tendrá sus propios afanes. Cada día tiene ya sus problemas» (Mateo 6:34).

Hay dos días preciosos en la semana en los cuales —y por los cuales— nunca me preocupo, dos días despreocupados que permanecen inviolables, libres de temor y aprensión.

Uno de esos días es ayer; ayer, con sus cuidados e inquietudes, con sus penas y dolores, con todas sus faltas, errores y desaciertos, ha pasado para siempre de manera irrevocable. No puedo deshacer nada de lo que hice, ni anular una sola palabra que pronuncié. Todo lo errado, lamentable y triste de mi vida que en ella hay está en las manos del Dios poderoso que saca miel de la roca y aguas dulces del desierto amargo. A excepción de los recuerdos hermosos, dulces y tiernos, que perduran como el perfume de las rosas en el corazón del día que se fue, no tengo nada que ver con ayer. *¡Fue mío! ¡Es de Dios!*

Y el otro día por el que no me preocupo es mañana; mañana, con todas sus posibles adversidades, sus cargas, sus peligros, su gran promesa y su comportamiento deficiente, sus fracasos y errores, está tan fuera de mi dominio como su hermana muerta, ayer. Es un día que pertenece a Dios. Su sol saldrá con rosado esplendor, o tras una máscara de nubes llorosas, *pero saldrá.*

Lo que me queda entonces es nada más que un día en la semana, hoy. *¡Cualquier hombre puede pelear las batallas de hoy! ¡Cualquier mujer puede llevar las cargas de un solo día! ¡Cualquier hombre puede resistir las tentaciones de hoy!* Sí, amigos, *cuando nosotros obstinadamente añadimos las cargas de esas dos eternidades horribles, ayer y mañana, cargas que solo el Dios todopoderoso puede sostener, es entonces que nos debilitamos.* No es la experiencia de hoy la que enloquece a los hombres. Es el remordimiento por algo que sucedió ayer, el terror de lo que mañana puede revelar.

¡Esos días pertenecen a Dios! ¡Déjelos con él!

Por consiguiente, pienso, obro y me muevo nada más que día a día.

El Dios que es todo poder y todo amor se hace cargo de ayer y de mañana.

—Bob Burdette

«*Él cargó*» (Mateo 8:17).

Pienso que quizás el obstáculo más grande en apropiarnos de Dios para nuestros cuerpos es la falta de conocerlo a él porque después de todo, en su esencia más profunda, la sanidad divina no es una cosa; no es una experiencia. Es la revelación de Jesucristo como una *Persona* viva y todopoderosa, y después, la unión de ese Cristo vivo con nuestro cuerpo, de manera que se produce un lazo, un vínculo, *un eslabón viviente* por el cual su vida se mantiene fluyendo hacia la nuestra y porque él vive, nosotros también viviremos. Esto es tan real para mí que gimo en mi espíritu por los que no lo conocen en esta bendita unión y me pregunto algunas veces por qué me ha permitido conocerlo de esta manera preciosa. No hay una hora del día o de la noche que yo no esté consciente de ese *alguien* que está más cerca de mí que mi corazón o mi cerebro. Yo sé que *él vive en mí*, y que se trata de la afluencia continua de la *vida de él*. Si yo no tuviera esto, no pudiera vivir. Mi fortaleza física de antes se dio por vencida hace mucho, mucho tiempo; pero alguien sopló en mí con suavidad, no con violencia, ni extrañas emociones, sino solo con su vida saludable.

—*Dr. A. B. Simpson*

Recuerdo cómo una vez, estando en mi estudio, me sentí muy enfermo de repente. Caí de rodillas y clamé a Dios por ayuda. Al instante, todo dolor desapareció y me sentí perfectamente bien. Parece que Dios estaba allí mismo, extendió su mano y me tocó. El gozo de la sanidad no fue tanto como el del encuentro con Dios.

—*Dr. R. A. Torrey*

«Jesucristo… el mismo ayer, y hoy, y por los siglos».

«Señor, enséñanos a orar» (Lucas 11:1).

«Pídanle, por tanto» (Mateo 9:38).

El doctor John Timothy Stone habla de una visita que hizo a la antigua iglesia de Robert Murray McCheyne. El anciano sacristán le mostró el interior de la edificación. Llevando al estudio al doctor Stone, le señaló una silla y le dijo: «Siéntese, ahí acostumbraba sentarse el maestro». Después le dijo: «Ahora ponga los codos sobre la mesa». Así lo hizo. «Ahora incline la cabeza sobre las manos». El doctor Stone lo hizo. «Ahora deje que las lágrimas fluyan; así es como el maestro acostumbraba hacer».

El anciano sacristán llevó entonces al visitante hasta el púlpito y le dijo: «Póngase de pie detrás del púlpito». El doctor Stone obedeció. «Ahora —dijo el sacristán—, coloque los codos sobre el púlpito y apoye el rostro en las manos». Cuando eso hizo, dijo: «Ahora deje que las lágrimas fluyan; así es como el maestro acostumbraba hacer».

Entonces el anciano contó un testimonio que cautivó el corazón de su oyente. Con ojos llenos de lágrimas y voz temblorosa dijo: *«Él invocó el poder de Dios sobre Escocia y todavía está con nosotros».*

—*Sunday School Times*

¡Ah!, que tuviéramos pasión por salvar a otros. Era un convenio entre el santo misionero de la India conocido como «Praying Hyde» [Hyde, el que ora] y Dios, que cada día se ganaba por lo menos cuatro almas.

Brainerd cuenta que un domingo por la noche se ofreció para que Dios lo usara. «Estaba lloviendo y los caminos estaban enlodados; pero ese deseo se hizo tan fuerte que me arrodillé a la orilla del camino y se lo dije a Dios. Mientras oraba le dije que mis manos trabajarían para Dios, que mi lengua hablaría por Dios, si me usaba como su instrumento. De repente, la oscuridad de la noche se iluminó y supe que Dios había escuchado y contestado mi oración; y sentí que Dios me había aceptado en el círculo íntimo de sus amados».

«El que la pierda [su vida] por mi causa, la encontrará» (Mateo 10:39).

Cuando joven formé un negocio de venta de hielo al por mayor. Por dos estaciones sucesivas, las crecidas invernales arrasaron con nuestro hielo. En el invierno del que hablo, las cosas habían llegado a una situación crítica. La temperatura bajó y el hielo se formó y se puso cada vez más grueso, hasta que estuvo en condiciones de recogerlo. Entonces llegó un pedido de miles de toneladas de hielo que nos sacaría por completo de nuestros problemas financieros.

No mucho antes de eso, Dios me había mostrado que era su voluntad que yo le entregara mi negocio a él. Nunca soñé la prueba que venía. A medianoche, hubo un ruido ominoso: ruido de lluvia. Para el mediodía, la tormenta rugía con violencia; por la tarde, ya yo había llegado a una gran crisis espiritual en mi vida.

He aprendido esto: *un asunto puede parecer trivial, pero la crisis que sobreviene por un asunto pequeño puede ser profunda y trascendental en nuestra vida.*

Para mediados de la tarde de ese día, yo había llegado a enfrentarme cara a cara con el hecho de que *en lo profundo de mi corazón había un espíritu de rebelión contra Dios.* Y esa rebeldía parecía desarrollarse en esta sugerencia a mi corazón: «Tú le diste todo a Dios. Esta es la manera en que él te paga». Entonces otra voz me dijo: «Hijo *mío, cuando dijiste que confiarías en mí, ¿fue eso lo que quisiste decir? ¿Permitiría yo que viniera algo a tu vida que no obrara para tu bien?».* Y después la otra voz volvió: «¡Pero es difícil! ¿Por qué te quita el negocio si es limpio y honrado?».

Después de dos horas (durante las cuales se libró una de las batallas espirituales más grandes de mi vida), por la gracia de Dios, pude exclamar: «Toma el negocio; toma el hielo; tómalo todo; solo dame la suprema bendición de una voluntad sometida a ti por completo». *¡Y entonces vino la paz!*

A medianoche, hubo otro ruido: ruido de viento. Por la mañana, el mercurio había bajado a cero y en unos días estábamos recogiendo el mejor hielo que habíamos tenido. Él me devolvió el hielo, bendijo mi negocio y continuó guiándome, hasta que me llevó desde allí al lugar que tenía para mí desde el principio: ser maestro de su Palabra.

—*James H. McConkey*

Dele su vida a Dios, ¡y Dios se la devolverá!

«Vengan a mí todos ustedes que están cansados y agobiados, y yo les daré descanso» (Mateo 11:28).

Me pregunto, ¿por qué lo más fácil de la vida cristiana es lo más difícil? Me pregunto, ¿por qué una vela parpadeante me alumbra mientras trabajo cuando hay un interruptor de luz eléctrica al alcance de mi mano? La respuesta, desde luego, es que yo no hago tal cosa. No soy tan insensato, excepto en un aspecto y ese aspecto es en relación con Dios. En nuestra vida espiritual, muchos de nosotros parecemos estar satisfechos con todos esos recursos pobres y primitivos de la débil naturaleza humana, cuando todo el poder infinito de la Trinidad está a nuestra disposición. No hay ninguna condición de la naturaleza humana, ni ninguna circunstancia en la vida para la cual no haya provisión absoluta en el amor inmensurable de nuestro Padre Dios; sin embargo, la gran mayoría de sus hijos avanzan con dificultad por el camino de la vida, llevando cargas que él está ansioso por llevar, habiéndoles instado a que se las entreguen. Me pregunto por qué.

Debiera ser algo fácil, algo fascinante, *algo emocionante hablar con Dios*, conversar con Cristo. Sin embargo, es extraño decir que la oración es uno de los ministerios cristianos más descuidados. El tiempo de oración es el ejercicio más superficial, abreviado y, con frecuencia, omitido en la vida de muchos creyentes. Me pregunto por qué.

Quizás la dificultad estriba en su facilidad, en su extrema sencillez. Arrodillarse al lado de la cama y con el antiguo abandono de la niñez y la misma fe incondicional, dejar todas las cargas, preocupaciones y necesidades con el Padre. ¡Qué infantil, pero qué difícil! ¡Qué difícil es descansar; reservar una hora o media hora de nuestra vida ocupada, agitada, preocupada e ir en silencio a nuestro dormitorio. Cerrar la puerta y estar quietos en su presencia. Qué difícil es despojarnos de nuestra afectación, de nuestra inseguridad y egocentrismo, de ese sentimiento siempre presente de tener que enfrentar, satisfacer y cargar con todas las preocupaciones y responsabilidades. Qué difícil volver a ser niño y con un suspiro grande y feliz, acomodarnos despreocupados a sus pies, con la perfecta seguridad de que él tiene cuidado de nosotros, de que el gobierno está sobre sus hombros.

—A. Stuart M'Nairn | 203

«No tienen que irse» (Mateo 14:16).

¡Qué tarea tenía por delante el Señor ese día! Había cinco mil hombres, además de las mujeres y los niños. Alimentar semejante multitud en el acto pudiera parecer nada menos que imposible. Es natural que los discípulos dijeran: «Despide a la gente, para que vayan a los pueblos y se compren algo de comer». Es natural que se alarmaran cuando oyeron la respuesta. «No tienen que irse; denles ustedes mismos de comer». Su corazón debe haber desfallecido mientras sus ojos recorrían una y otra vez la multitud agitada.

La perspectiva de alimentar a esa multitud no perturbó al Señor. En realidad, le preguntó a Felipe: «¿Dónde compraremos pan para que coman estos?». Pero de inmediato aprendemos que lo decía «para probarle». El Señor Jesús tiene plena confianza de que puede suplir nuestras necesidades y quiere que nosotros también tengamos confianza; porque él es el que por miles de años ha suplido las necesidades de los que ponen su confianza en él. Como Dios de la providencia, no permite que la harina de la tinaja escasee ni que el aceite de la vasija se acabe. Alguien dio de él este testimonio: «He sido joven y ahora soy viejo, pero nunca he visto justos en la miseria, ni que sus hijos mendiguen pan». Y otro: «No ha dejado de cumplir ni una sola de las gratas promesas».

—Seleccionado

Jesús alimentó a la multitud en un lugar desierto.

«Cuando subieron a la barca, se calmó el viento» (Mateo 14:32).

¡La fe puede conquistar todos los obstáculos!

Algunas personas insisten en mantener a distancia a Cristo, esperando que los obstáculos desaparezcan para entonces acercarse a él. *Cuando los cielos económicos sean más brillantes; cuando las dudas se hayan aclarado; cuando el dolor de la tristeza se haya mitigado, entonces irán a Jesús.*

Pedro, sabiendo que el Maestro estaba cerca, con fe sublime le pidió que le permitiera ir a él a través de las aguas agitadas. *El temor casi lo vence, pero aun así Jesús lo levantó con la mano.*

Siempre hay tormentas con las dificultades y las dudas que nos asaltan. Las preguntas sin respuesta y los problemas con errores espantosos siempre están batallando contra los propósitos benévolos de Cristo. No permita que las tormentas lo mantengan lejos de la presencia consoladora de Cristo. *¡Haga de las tormentas un puente y acérquese a él!*

—*Seleccionado*

Cuando Jesús se levanta, la tormenta cesa. La calma proviene del poder de su presencia. Cuando un hombre fuerte y callado interviene de manera imponente en medio de una multitud de pendencieros ruidosos, su misma presencia los avergüenza y acalla su alboroto; así Jesús se introduce entre las fuerzas de la naturaleza y estas se aquietan al instante.

«Si alguien quiere ser mi discípulo, tiene que negarse a sí mismo, tomar su cruz y seguirme» (Mateo 16:24).

A la luz de la eternidad, ¿quiénes serán los que estarán frente al trono vestidos de ropas blancas? ¿Son los que han salido de la holgura y del placer, de la calma apacible y las relaciones humanas intactas? En lo absoluto; más bien son los que han salido de gran tribulación. Si Milton no hubiera sido ciego, ni él ni nosotros pudiéramos ver con tanta claridad y él nunca hubiera podido escribir:

«Mi visión tú has oscurecido,
para que yo pudiera verte a ti, solo a ti».

De la ceguera aprendió la lección que tanto necesitan aprender hoy los que son truncados de la vida activa, que «también sirven los que permanecen y esperan».

Si Tennyson no hubiera perdido a su amigo Hallam, nunca habríamos tenido su «In memoriam».

¡No se puede tener victoria sin batalla! ¡Carácter sin conflicto! ¡Perfecto amor sin sufrimiento!

Cuando visitamos las pesquerías de perlas, descubrimos que la vida sin dolor no deja perla; que la vida que se vive en holgura ociosa, sin heridas, sin sufrimiento y fricción continua, no forma ninguna joya.

Cuando pasamos por las moradas de los hombres, descubrimos que sin sufrimiento *la perla de gran precio,* el carácter humano más elevado, no se forma.

Para los que lo enfrentan correctamente, el sufrimiento está ligado al gozo. *Si usted sufre sin tener éxito es para que otra persona pueda tenerlo. Si usted tiene éxito sin sufrimiento, es porque otro ha sufrido.*

«Jesús tomó consigo a Pedro, a Jacobo y a Juan, el hermano de Jacobo, y los llevó aparte, a una montaña alta. Allí se transfiguró en presencia de ellos; su rostro resplandeció como el sol, y su ropa se volvió blanca como la luz… Pedro le dijo a Jesús: —Señor, ¡qué bien que estemos aquí!» (Mateo 17:1, 2, 4).

E s muy bueno haber pasado por una experiencia sublime. *No conocer la vida en las alturas es estar empobrecido y no tener plenitud.* Esos momentos en que la presencia del Señor se manifiesta de una manera maravillosa en nuestra vida, los momentos en que él se da a conocer, no los tenga en poco. *Pero asegúrese de obrar según lo que ve en esos momentos en la montaña con Dios.*

Los horizontes se amplían cuando estamos en las alturas. Nos percatamos de que existe el peligro de hacer de la vida una existencia todo el tiempo al mismo nivel; una huella monótona de sendas trilladas; una cuestión de rutina absorbente, que nos embota e insensibiliza.

Alguien escribe: *no toda la vida cristiana es un valle de humillación. Tiene sus alturas, desde donde hay una mejor visión.*

Abraham vio en las gloriosas profundidades del firmamento estrellado, visiones que ningún telescopio podría haber revelado.

La almohada de piedra condujo a Jacob a la escalera de la visión.

Los sueños juveniles de José lo guardaron en las horas de desaliento y desesperación que vinieron después.

A Moisés, que pasó la tercera parte de su vida en el desierto, lo encontramos clamando: «Te ruego que me muestres tu gloria».

La visión de Job le mostró a Dios y lo sacó de sí mismo.

El marinero no espera ver el sol y las estrellas todos los días, pero cuando los ve, toma sus observaciones y navega por esa luz durante mucho tiempo.

Dios da días de iluminación especial para que podamos recordarlo en los días de sombra y podamos decir: «Me siento sumamente angustiado; por eso, mi Dios, pienso en ti desde la tierra del Jordán, desde las alturas del Hermón, desde el monte Mizar».

Si estas experiencias especiales vinieran muy a menudo perderían su sabor.

«Cuando alzaron la vista, no vieron a nadie más que a Jesús»
(Mateo 17:8).

Cuando Samuel Rutherford estaba en la prisión de Aberdeen, se nos dice que acostumbraba escribir al comienzo de sus cartas: «El palacio de Dios, Aberdeen».

Cuando Madame Guyon estaba presa en el castillo de Vincennes, dijo: «Me parece que soy un pajarillo que el Señor ha puesto en una jaula y que no tengo ahora otra cosa que hacer, sino cantar».

«Y las prisiones serán como palacios
Si Jesús habita conmigo allí».

Nunca en mi vida he podido profundizar tanto en la Palabra de Dios como ahora; aquellas escrituras en las que antes no veía nada, ahora en este lugar y estado (la prisión de Bedford), me irradian luz, además, Jesucristo nunca fue más real y aparente que ahora; ¡aquí lo he visto y lo he sentido en realidad!

—*John Bunyan*

El Nuevo Testamento no nos cuenta ningún lamento por parte de los que se sacrificaron por Cristo. Los apóstoles nunca contaron en un tono patético la historia de lo que habían dejado por el ministerio cristiano. Los mártires de la antigüedad a veces besaban el poste donde sufrían de una manera tan cruel.

Ese es el espíritu en el cual *nosotros* debemos perder, sufrir y morir por causa de Cristo.

Renunciando a todo de esta manera, lo ganamos todo. Nada produce mayor ganancia que las amorosas renuncias personales por causa de los valores más elevados.

«He visto los reflectores de una maquinaria gigante precipitarse hacia adelante a través de la oscuridad, sin hacer caso a la oposición y sin temer el peligro. He visto los relámpagos a medianoche atravesar un cielo tempestuoso, rasgando la oscuridad caótica con rayos de luz, hasta que el cielo resplandecía como el sol del mediodía. Yo sabía que esto era grandioso, pero lo más grandioso a este lado de la luz que fluye del trono del Dios todopoderoso es la bendita gracia de la vida humana que se entrega en servicio desinteresado por un mundo quebrantado y encuentra su hogar por fin en el regazo del Dios eterno».

«Por mi impuesto y por el tuyo» (Mateo 17:27).

P edro era pescador y Jesús le dijo: «Sígueme», por lo que dejó su negocio de pesca para seguirlo. Leemos que al *instante* dejó sus redes y lo siguió. Esa debe haber sido una experiencia tremenda para Pedro; esa renuncia a su medio de subsistencia, del mantenimiento de su hogar, sin contar el dinero para los impuestos. Pedro, el pescador, lo dejó *todo* para seguir a Cristo. El Señor sabía que había dejado su medio de subsistencia para responder a su llamado. Con lo mismo que Pedro había dejado por su causa —es decir, los peces—, el Señor suplió la necesidad de su siervo cuando llegó el momento de pagar los impuestos. *Ningún siervo de Cristo jamás saldrá perdiendo.*

Así que nuestro querido Señor está siempre pensando de antemano en nuestras necesidades; se complace en evitarnos la vergüenza y prevé nuestras ansiedades y preocupaciones, acumulando sus saetas de amor y proveyendo antes que venga la emergencia. «Por mi impuesto y por el tuyo», dijo, juntando esas palabras en una intimidad sagrada y maravillosa. Él se pone a sí mismo primero en la necesidad vergonzosa y lleva el extremo más pesado de la carga por su hijo angustiado y atribulado. Él hace de nuestras preocupaciones, *sus* preocupaciones; de nuestras tristezas, *sus* tristezas; de nuestra vergüenza, *su* vergüenza.

«¿Qué más me falta?» (Mateo 19:20).

C uando Jesús contestó la pregunta del joven rico, este dijo: «Todo esto lo he guardado desde mi juventud. ¿Qué más me falta?». Entonces Jesús le dijo qué le faltaba y «se fue triste». La entrevista había terminado; Jesús le pidió la llave maestra y el joven rehusó dársela.

¿Tiene Jesús las llaves de su vida? ¿Tiene él la llave a la *biblioteca* de su vida, o lee usted lo que le place? ¿Tiene él la llave al *comedor* de su vida; alimenta usted su alma con su Palabra? ¿Tiene él la llave al compartimiento de las *recreaciones* o va usted a donde le place? ¿Le ha dado *usted* a Cristo la llave maestra de su vida?

Todos nosotros podemos tener al Espíritu Santo, pero ¿tiene él nuestro *todo*? ¿Hay espacios que todavía tienen que ser llenos con el Espíritu Santo: espacios, lugares, habitaciones y armarios en nuestra casa espiritual en la cual él no ha «*entrado por completo*», porque no le hemos dado *todas* las llaves, desde el sótano hasta el desván de nuestra residencia espiritual?

«Dichoso el siervo cuando su señor, al regresar, lo encuentra cumpliendo con su deber» (Mateo 24:46).

Se cuenta una historia relacionada con la segunda venida de nuestro bendito Señor y la propagación general de esta preciosa verdad. Por fin llegó a las personas de color en el sur de Estados Unidos mientras trabajaban en los campos de algodón. Dijo uno de los viejos hermanos negros: *«¿Para qué vamos a seguir recogiendo algodón si el Señor regresa?»*. Y muchos estuvieron de acuerdo. Los recogedores de algodón dejaron de trabajar y el algodón se perdió en los campos. Todos estaban ocupados asistiendo a conferencias y campamentos, cantando alabanzas de Dios y previendo su regreso.

El siguiente invierno hubo gran necesidad y privación porque las cosechas se habían descuidado de una manera deplorable.

Entonces uno de ellos que era evangelista, empezó a predicar sobre este versículo: *«Dichoso el siervo cuando su señor, al regresar, lo encuentra cumpliendo con su deber»*.

No pasó mucho tiempo antes que los negros estuvieran otra vez cultivando su tierra y recogiendo algodón en las hileras.

«Negocien entre tanto que vengo».

«Quédense aquí y manténganse despiertos conmigo» (Mateo 26:38).

Cuando más necesitaba a Dios en la crisis más grande de su vida, Jesús buscó un huerto. Bajo los olivos, con la luna de la Pascua brillando sobre él, estando acongojado, pidió fuerzas para hacer la voluntad de Dios. Solo los que han pasado por tal angustia pueden darse cuenta, aunque sea en parte, de lo que significó para Cristo esa hora sombría de renuncia por mí y por usted.

¿Estamos dispuestos a que él haya sufrido Getsemaní y la cruz por nosotros *en vano*?

«¿No pudieron mantenerse despiertos conmigo ni una hora?» (Mateo 26:40).

«Pero Jesús no respondió ni a una sola acusación» (Mateo 27:14).

N o respondió a la acusación acusando a su vez; no respondió ni una palabra! ¡Cuánto se pierde con una palabra! ¡Esté quieto! ¡Permanezca callado! Si lo hieren en una mejilla, presente también la otra. ¡Nunca replique! ¡Silencio, ni una palabra! *No importa su reputación ni su carácter, están en las manos de él; los puede desfigurar si trata de retenerlos.*

No luche. No abra su boca. ¡Silencio! Una palabra contristará, perturbará a la tierna paloma. ¡Silencio, ni una palabra!

¿Es usted malentendido? ¡Qué importa! ¿Dañará su influencia y debilitará su poder para hacer el bien? *Déjeselo a él para que se encargue y solucione el problema.*

¿Lo han tratado con injusticia y su buen nombre se ha manchado? ¡Está bien!

Manténgase manso y humilde, sencillo y tierno; ¡ni una palabra! *Permita que él le guarde en completa paz; que su pensamiento persevere en él; confíe en él.*

Ni una palabra de argumento, debate o controversia. Ocúpese de lo suyo. Esté quieto.

Nunca juzgue, condene, acose ni censure. Ni una palabra. Nunca un comentario despectivo acerca de otro. *Así como quisiera que los demás lo trataran, trátelos también a ellos.*

¡Deténgase! Haga silencio. Definitivamente, ni una palabra: ni siquiera una mirada que desfigure la dulce serenidad del alma, tranquilícese. Conozca a Dios. *Guarde silencio ante él.* La quietud es mejor que el ruido.

Al suplicar, ni una palabra de murmuración o queja, ni una palabra para importunar o persuadir. Que el lenguaje sea sencillo, suave, tranquilo; no pronuncie una palabra, dele a él la oportunidad de hablar. *Preste atención para poder oír su voz.*

Esta es la manera de honrarlo y conocerlo. Ni una palabra, ¡ni la más mínima!

Escuche para luego obedecer. Las palabras traen problemas, *esté quieto. Esta es la voz del Espíritu.*

La inquietud, la irritación, la preocupación, hacen de su morada un lugar desagradable. *Él es el que guarda en completa paz*; no lo quite de sus manos.

«Sálvate a ti mismo» (Mateo 27:40).

¡Sálvate a ti mismo! Estas palabras le sonaban al Maestro. Las había oído en todas sus variaciones durante el período de su ministerio público. Cuando un mensajero fue a Perea llevando la noticia de la muerte de Lázaro, sus discípulos trataron de disuadirlo de ir a Betania, para que se salvara a sí mismo.

Una familia ansiosa lo atendió en Capernaúm y le suplicó que regresara a Nazaret *para que se salvara a sí mismo.*

Ciertos griegos se acercaron a él durante la última Pascua y con toda claridad, le proveyeron una oportunidad para salirse de la escena con dignidad, *para que se salvara a sí mismo.*

En Getsemaní tomó su decisión final, en completo acuerdo con todas sus decisiones previas. *No* se salvaría a sí mismo. Ahora, agonizando en la cruz, oyó a los malhechores sugiriendo que se salvara a sí mismo, y a ellos. Sus críticos y crucificadores se unieron al coro y clamaron: «Desciende de la cruz; *sálvate a ti mismo*».

Pero el que les enseñó a sus discípulos a negarse a sí mismos y a salvar su vida perdiéndola, había determinado de una manera definitiva entregarse a sí mismo.

—*The Upper Room* [El aposento alto]

Cuando un guía le dijo a un soldado romano que si insistía en hacer cierto viaje, con toda probabilidad iba a ser fatal, el soldado respondió: «Es necesario que yo vaya; no es necesario que yo viva».

Esto es profundo. Cuando tenemos convicciones como esta, llegaremos a algo digno de nuestro nombre de cristiano.

«Les aseguro que estaré con ustedes siempre, hasta el fin del mundo» (Mateo 28:20).

Muchos han regresado con los pies lacerados para contar la historia y testificar que cuando los mismos cimientos de la tierra parecían hundirse, él seguía siendo aquel que ninguna desgracia podía llevarse y que ningún azar podía hacer cambiar. Ese es el poder del gran compañerismo.

Estirado sobre el potro del tormento donde lo estaban torturando terriblemente, uno de los mártires vio con ojos despejados y purificados a un varón a su lado, *que no llegaba a los cincuenta años*, que le limpiaba de continuo las gotas de sudor de la frente.

Cuando el fuego está más caliente, él está allí. *«Y el cuarto tiene la apariencia de un dios»* (Daniel 3:25, énfasis añadido). *«El que está cerca de mí está cerca del fuego».* Esa es la razón por la que el centro del horno divino es el lugar de la paz más profunda del alma. Siempre hay Uno a nuestro lado cuando atravesamos el fuego.

Cuando John G. Paton estuvo de pie al lado de aquella tumba solitaria en las islas del Pacífico Sur; cuando con sus propias manos construyó el ataúd de su esposa y cuando con sus propias manos cavó su tumba, los nativos estaban mirando. Nunca lo habían visto así. Ese hombre tiene que llenar el sepulcro y retirarse pronto. Él dice: «Si no hubiera sido por Jesús y su presencia, que se dignó darme allí, me hubiera vuelto loco y habría muerto al lado de aquella tumba solitaria». Pero John G. Paton encontró que su Maestro estaba con él a través de la espantosa oscuridad.

Sir Ernest Shackleton y dos de sus compañeros pasaron treinta y seis horas entre las montañas nevadas de New Georgia, buscando un poblado que significaba la vida o la muerte para ellos y para la tripulación que los esperaba en Elephant Island. Escribiendo acerca de ese viaje dice: *«Me parecía a menudo que éramos cuatro, no tres».* Se refiere a la Presencia guiadora que iba con ellos. Entonces al concluir escribe: «El relato de nuestro viaje estaría incompleto sin una referencia a un asunto tan importante para nosotros».

Pablo no gozó de un privilegio especial cuando vio al Resucitado mientras iba camino a Damasco.

«Cuando estaba a solas con sus discípulos, les explicaba todo»
(Marcos 4:34).

Tal vez Dios, en su trato con usted, no le explique muchas cosas que lo dejan perplejo, pero si se ve siempre a sí mismo como su esclavo de amor, él despertará en usted un amor celoso y le concederá muchas bendiciones que solo reciben los que tienen intimidad con él.

Yo todavía puedo creer que viene un día para todos, no importa lo lejos que esté, cuando entenderemos; cuando estas tragedias que a nuestros ojos oscurecen y ennegrecen hasta el ambiente celestial, volverán a tomar su lugar en un plan tan augusto, tan magnífico, tan jubiloso, que reiremos de admiración y de gozo.

—*Arthur Christopher Benson*

«Cree nada más» (Marcos 5:36).

U na anciana con una aureola de pelo plateado, con lágrimas que corren por sus mejillas, con sus manos gastadas ocupadas sobre la tabla de lavar en una habitación pobre, ora por su hijo John. John, que se fue del hogar en su adolescencia para convertirse en marinero; John, de quien ahora le han informado que se ha convertido en un hombre muy malvado; *orando, orando siempre,* para que su hijo pueda ser de utilidad para Dios.

La madre creía en dos cosas: el poder de la oración y la transformación de su hijo. Así que mientras restregaba, continuaba orando. Dios contestó la oración operando un milagro en el corazón de *John Newton.* Las manchas negras del pecado se hicieron blancas lavadas en la sangre del Cordero. *¿Son sus pecados como escarlata? ¡Quedarán blancos como la nieve!*

Las oraciones desde la tina de lavar fueron escuchadas, como lo son todas las oraciones cuando se ora en su nombre. John Newton, el marinero borracho, se convirtió en John Newton, el marinero predicador. Entre los miles de hombres y mujeres que trajo a Cristo estuvo *Thomas Scott,* refinado, egoísta y satisfecho consigo mismo. Por causa de las oraciones desde la tina de lavar, otro milagro se operó y Thomas Scott usó su pluma y su voz para guiar miles de corazones incrédulos a Cristo, entre ellos, un joven melancólico, que se llamaba *William Cowper.*

Él también fue lavado por la sangre que limpia y en un momento de inspiración escribió:

Hay un precioso manantial de sangre de Emanuel
Que purifica a cada cual que se sumerge en él.

Y esa canción ha traído a incontables miles al Varón que murió en el Calvario. Entre los miles estaba *William Wilberforce,* que llegó a ser un gran estadista cristiano y desató las cadenas de los pies de miles de esclavos británicos. Entre los que él llevó a los pies del Señor estaba *Leigh Richmond,* un clérigo de la iglesia establecida en una de las islas anglonormandas. Él escribió un libro, *The Dairyman's Daughter* [La hija del lechero], que se tradujo a cuarenta idiomas y, con la intensidad de las llamas cuando saltan, encendió el amor de Cristo en miles de corazones.

Todo eso sucedió porque una madre *tomó la promesa de Dios en serio y oró* para que el corazón de su hijo pudiera llegar a ser blanco como la espuma del jabón en la tina de lavar.

«Vengan conmigo ustedes solos a un lugar tranquilo y descansen un poco» (Marcos 6:31).

En la música hay un intervalo del cual el cantante no entrenado no conoce el valor, no es la cesación de la música; es parte de ella.

Antes que la marea fluya o refluya, siempre hay un tiempo de serenidad cuando no está ni fluyendo ni refluyendo.

Así es en la vida cristiana; siempre habrá *la pausa* y la *serenidad*.

El desierto ha sido la escuela de entrenamiento de Dios para muchos de sus profetas: Abraham, Moisés, Elías, Pablo. Pero no todos los que vienen de Arabia son profetas; y Dios tiene otras escuelas. Antes de los años de testimonio están los años de silencio, todos los testigos con un gran mensaje pasan por estos años. ¡Que los santos no busquen evadir la disciplina y el entrenamiento!

Los días sin vista significarán una visión mayor, los años de silencio, una canción más dulce. Si el Señor lo pone en la oscuridad, no es sino para fortalecer sus ojos para soportar la gloria que está preparando para usted; si le ordena silencio, es solo para afinar su lengua con su alabanza. Recuerde que el *intervalo* es parte de la música.

«Así que se fueron solos en la barca a un lugar solitario»
(Marcos 6:32).

Si usted tiene un lugar desierto en su corazón al cual debe ir a veces, debe ir en el barco solo. *Nadie debe hacer una feria de su desierto.* Guarde su dolor para su barco privado. Nunca ande acompañado cuando tenga la mente abstraída; eso es manifestar su desierto.

A veces se ha abstenido de la mesa de la comunión con Dios porque sus pensamientos estaban lejos. Hizo bien, la mesa de la comunión del hombre tiene la misma necesidad. Si lo convidan a una fiesta cuando tiene problemas en la mente, trate primero de ver si, en privado, puede mandar lejos su carga. Si lo puede hacer, entonces deje atrás el desierto; *«unge tu cabeza y lava tu rostro, para no mostrar a los hombres que ayunas».* Pero si no lo puede hacer, si no hay barco que pueda llevarse su carga en secreto, entonces *no vaya todavía* a la fiesta. No viaje mientras la nube esté descansando sobre el tabernáculo. Espere bajo la nube. Vigile una hora en el jardín. Sepulte su tristeza en el silencio. Permita que su corazón se reconcilie con el Padre y entonces venga al mundo y ofrezca su don.

Esconda su espina en la rosa. Sepulte su suspiro en la canción. Mantenga su cruz si así lo desea, pero manténgala escondida bajo una guirnalda de flores. Que su corazón siga cantando.

Oh, Señor, tú que escondiste tu espina bajo una rosa, conduce el barco en el que escondo mi carga. Tú fuiste a la fiesta de Caná después del ayuno en el desierto; ¿dónde escondiste la huella de los clavos? En el amor, ¡condúceme a ese cementerio! Que el barco que se dirige a mi desierto se detenga por una hora en el desierto de mi hermano. Permíteme sentir la comunión de la aflicción y la tristeza, el parentesco del dolor. Permíteme escuchar las voces de otros desiertos, los suspiros de otras almas, los gemidos de otras tumbas. Y cuando llegue a mi propio lugar de desembarque y extienda la mano para levantar mi carga, encontraré una sorpresa maravillosa. *Estará allí pero se habrá reducido a la mitad,* el peso habrá desaparecido, la imposibilidad se habrá desvanecido. La levantaré con facilidad; la llevaré con ligereza; la sepultaré con rapidez. Estaré listo para Caná en una hora, listo para el Calvario en unos minutos. Regresaré para entrar en la lucha de la multitud y la multitud dirá: *«No hay desierto en él».*

«Porque el que quiera salvar su vida, la perderá» (Marcos 8:35).

E l perder la vida no es solo el fundamento de una nueva existencia para nosotros, sino también el fundamento de una nueva vida para los demás, así como la pérdida de la vida de nuestro Señor ha traído cosecha abundante a través de los años.

Es perder la vida por causa de la cosecha; es el grano de trigo que cae a la tierra y muere para que no quede solo.

La vida de John Coleridge Patterson estaba equipada con todos los dones para enriquecer y hacer feliz a su propia tierra; sin embargo, la sacrificó para vivir la vida difícil y afanosa que vivió en el Pacífico Sur. Si le hubieran preguntado: *«¿Lamentas haber dejado atrás lo que tenías?»*, habría contestado: *«En mi vida la promesa se ha cumplido»*.

Un cónsul estadounidense en China le dijo una vez a Matthew Culbertson: *«Usted hubiera podido ser un general de división si se hubiese quedado en su país»*. Él había sido el mejor de su clase en la academia militar de West Point, pero las oraciones de su madre produjeron fruto y se hizo misionero. Él fue el que tuvo genio militar cuando hubo la necesidad en Shanghai. *«No, solo dijo: No lo lamento. El privilegio de predicar el evangelio a cuatrocientos millones de mis semejantes es el más grande que cualquier hombre puede tener sobre la tierra»*. Él había *encontrado* su vida.

Sin duda alguna, Livingstone perdió su vida, pero encontró otra: una vida que se extendió a través de África, que permanece en África, que moldeó la manera de pensar del mundo con respecto a África.

Henry Martyn puso su mano en el arado con estas palabras: *«Ahora, ¡permítanme consumirme para Dios!»*. Sin «mirar atrás». ¡Sin abandonar la labor ni siquiera para unas vacaciones!

Piense en James Gilmore en Mongolia, viviendo una vida solitaria. Mongolia se extiende desde el mar de Japón en el este, hasta el Turquestán en el oeste, una distancia de unos cuatro mil ochocientos kilómetros, y desde la frontera austral de Rusia asiática hasta la gran pared de China, unos mil cuatrocientos kilómetros. ¡Qué clase de campo misionero! Pero, ¡qué labrador! ¡Murió en el surco!

Hace mil novecientos años nuestro Señor perdió su vida y su fama. ¿*O las ha perdido en realidad?*

«Para el que cree, todo es posible» (Marcos 9:23).

L a oración lleva a las personas al banco de la fe y obtiene la bendición preciosa. ¡Ponga cuidado a cómo ora! ¡Ore! ¡Haga de la
oración un asunto de mucha importancia! Nunca permita que sea
una formalidad muerta. Las personas oran por mucho tiempo,
pero no obtienen lo que se supone que deben pedir, *porque no recla-
man la promesa de una manera eficiente.* Si usted fuera a un banco
y se pasara una hora hablando con el empleado y después saliera
otra vez sin su dinero, ¿cuál sería el beneficio?

—*Charles H. Spurgeon*

¿Le ha dado alguna vez la oportunidad a Dios de contestar la
oración de fe?

No permita que perdamos nuestra última oportunidad para
creer esperando que el amanecer se convierta en día.

—*Lillias White*

Si todas las cosas se pueden lograr mediante la oración, ¿por
qué no someterlo a prueba? ¿Por qué no seguir orando? ¿Y orando
hasta recibir?

«Cuando Jesús estaba ya para irse, un hombre llegó corriendo… le preguntó… ¿qué debo hacer para heredar la vida eterna?… Jesús lo miró con amor y añadió: —Una sola cosa te falta: anda, vende todo lo que tienes… y tendrás tesoro en el cielo. Luego ven y sígueme. Al oír esto, el hombre se desanimó y se fue triste porque tenía muchas riquezas» (Marcos 10:17–22).

Esta preparación era necesaria antes que esta alma notable pudiera llegar a ser discípulo de Jesucristo. Para usar el lenguaje del doctor Donald Davidson:

«Despójese de toda posesión, suprima todo afecto, despréndase de todas las *cosas,* quédese como si fuera un alma desnuda, sola en el mundo; sea tan solo un simple hombre y entonces, entréguese a Dios. "¡Vende todo lo que tienes y sígueme!" Redúzcase al mínimo, si es que se puede decir así, hasta que no quede nada sino su conciencia de sí mismo, y entonces ponga esa conciencia a los pies de Dios en Cristo».

«El único camino a Jesús es el que se recorre solo. ¿Se despojará, se separará y tomará ese camino solitario o se "irá triste"?».

«Tengan fe en Dios» (Marcos 11:22).

Se cuenta que en las catacumbas los exploradores llevan un hilo consigo a través de los pasadizos oscuros y los tortuosos recodos, por medio del cual encuentran su camino de regreso a la luz. Hay un hilo semejante que corre a través de todos los pasillos oscuros que nosotros recorremos; si confiamos en Dios de una manera práctica y sencilla, evitaremos todos los peligros y arribaremos al mundo de la luz. Este es el consejo que debemos recordar en todas las perplejidades de nuestra vida presente. Hay una respuesta para cada «¿Por qué?». Es esta: tengan fe en Dios.

¡Tengan fe en que *Él nos conoce a todos, en que se compadece de todos, en que puede corregir lo que esté mal en todos!* Tengan fe en el resultado de su propósito benéfico: que las ruinas se convertirán en edificios magníficos; que el desierto florecerá para ser un jardín. *Tengan fe en Dios.* Permanezcamos cerca de él, a su lado, en su voluntad y nos enseñará lo que es verdadero, el camino recto. Tengan fe en que Dios sabe, y en que nosotros sabremos dentro de poco, por qué las cosas son como son.

«Todo lo que estén pidiendo en oración… lo obtendrán»
(Marcos 11:24).

¡Ah, las victorias de la oración! Son las cumbres de la Biblia. Nos llevan a las llanuras de Mamre, a los vados de Peniel, a la prisión de José, a los triunfos de Moisés, a las victorias de Josué, a las liberaciones de David, a los milagros de Elías y Eliseo, a la santa historia de la vida del Maestro, al secreto de Pentecostés, al fundamento del ministerio incomparable de Pablo, a la vida de los santos y la muerte de los mártires, a todo lo que es más sagrado y dulce en la historia de la iglesia y la experiencia de los hijos de Dios.

Y cuando nuestro último conflicto haya pasado y el *banquillo de la oración le haya cedido el paso al arpa de la alabanza*, las escenas de nuestra vida que brillarán con eterno resplandor serán las que tengan que ver con la tristeza más profunda y la noche más oscura.

«Llegó una mujer con un frasco de alabastro lleno de un perfume muy costoso, hecho de nardo puro. Rompió el frasco y derramó el perfume sobre la cabeza de Jesús» (Marcos 14:3).

«Y la casa se llenó de la fragancia del perfume» (Juan 12:3).

María quería que se supiera que ese acto suyo lo hacía *exclusivamente para él*. Solo para él. Sin pensar en sí misma ni en ninguna otra cosa. Por otro lado, Marta servía, pero *no era exclusivamente para él*. Puede haber sido en su honor, pero lo hacía para otros también. Simón puede haberlo agasajado, pero otros estaban incluidos en el agasajo también. Lo que María hizo fue para él solo. «Y entendiéndolo Jesús, les dijo: ¿Por qué molestan a esta mujer?».

Jesús lo entendió.

Jesús le preguntó a Simón Pedro: «Simón, hijo de Juan, ¿me amas más que éstos?». «Sí, Señor, tú sabes que te quiero», contestó Pedro. «Apacienta mis corderos», le dijo Jesús... «Cuida de mis ovejas» (Juan 21:15–17).

«Lleva a este niño, críamelo y yo te lo pagaré».

¡Hazlo por mí!

«¡Para él! ¡Para él!», clama el hombre verdadero mientras alisa sus tablas, vende sus mercaderías, hace sus sumas o escribe sus cartas. «¡Para él! ¡Para él!», canta la mujer mientras usa su aguja, hace la cama, prepara los alimentos y limpia su casa.

«Todo el día extiende la mano para tocar al Cristo invisible y por la noche, el trabajo terminado se trae a él para recibir su bendición».

«Llegó una mujer con un frasco de alabastro lleno de un perfume muy costoso, hecho de nardo puro. Rompió el frasco y derramó el perfume sobre la cabeza de Jesús» (Marcos 14:3).

La prodigalidad es naturaleza de Dios. ¿Cuántas salidas y puestas de sol hace Dios?

Mi Señor, eres gloriosamente derrochador.
Las puestas de sol se desvanecen en la noche una tras otra.

¿Cuántas flores y aves hay? ¿Cuántas bellezas inefables en todo el mundo, florecimientos espléndidos en el desierto que solo sus ojos pueden ver?

El acto de María fue de una prodigalidad espontánea. María de Betania reveló en su acto de devoción generosa que inconscientemente sus simpatías estaban con Jesucristo. «Esta ha hecho lo que podía». Llegó a hacer lo máximo que un ser humano puede hacer. Era imposible hacer más. Lo único que Cristo elogió en su vida fue ese acto de María, del que dijo: «Dondequiera que se predique este evangelio, en todo el mundo, también se contará lo que esta ha hecho, para memoria de ella»; porque en su acto al ungirlo, nuestro Señor vio una ilustración exacta de lo que él mismo estaba a punto de hacer. Él comparó el acto de María con su propia cruz. Dios hizo pedazos la vida de su propio Hijo para salvar al mundo. *¿Estamos nosotros preparados para derramar nuestra vida por él?* Nuestro Señor se goza sobremanera cuando ve a cualquiera de nosotros haciendo lo que hizo María de Betania. *¿Ha suscitado alguien más en el corazón del Señor lo que suscitó María de Betania?* «Esta ha hecho lo que podía», hasta el máximo límite. *Yo no habré hecho lo que he podido mientras no haya hecho lo mismo.*

—*Oswald Chambers*

¿Se desperdicia alguna vez el precioso ungüento que se derrama a los pies del Maestro? La eternidad nos indicará la respuesta a esta pregunta.

—*Gold Cord* [Cordón de oro]

«¿Para qué este desperdicio?» (Marcos 14:4).

No hay nada que parezca más pródigo que el desperdicio de la naturaleza. Los aguaceros caen y se hunden en el suelo y parece que se pierden. La lluvia cae del cielo y no regresa allá; los ríos fluyen al mar y el océano los absorbe. Todo eso parece desperdicio de un precioso material; y, sin embargo, la ciencia nos ha enseñado que ninguna fuerza se desperdicia jamás, sino que adquiere otra forma, y así sigue su camino con un ministerio diferente, pero con la misma fuerza de antes.

Alguien ha representado en una especie de parábola poética, una pequeña gota de lluvia temblando en el aire y preguntándole al Genio del firmamento si debe caer sobre la tierra o permanecer en la hermosa nube.

«¿Por qué debo perderme y enterrarme en el polvo del suelo? ¿Por qué debo desaparecer en el lodo oscuro, cuando puedo resplandecer como un diamante o brillar como una esmeralda o un rubí en el arco iris?».

«Sí —asiente el Genio—, pero si caes en la tierra aparecerás con una resurrección mejor en el pétalo de la flor, en la fragancia de la rosa, en el racimo que cuelga de la vid».

Y así, finalmente, la tímida gota cristalina derrama una lágrima de lamento, desaparece en el suelo y la tierra sedienta la traga con rapidez; ha desaparecido de la vista, y pareciera que ha dejado de existir. Pero, mire. La raíz de los lirios más allá bebe de su humedad; los conductos de savia de la rosa de Jericó absorben su corriente refrescante; las raicillas de largo alcance de la vid al otro lado han encontrado esa fuente de vida; y en poco tiempo, esa gota de lluvia aparece en el florecimiento níveo del lirio, en el exquisito perfume de la rosa, en el racimo morado de la vid, y cuando se encuentra de nuevo con el Genio del firmamento, le responde con alegre reconocimiento:

«Sí, morí, pero he resucitado y ahora tengo un ministerio superior, una vida más abundante, una mejor resurrección».

—*Dr. A. B. Simpson*

*«Los jefes de los sacerdotes se pusieron a acusarlo de muchas cosas.
—¿No vas a contestar? —le preguntó de nuevo Pilato—. Mira de
cuántas cosas te están acusando. Pero Jesús ni aun con eso contestó
nada, de modo que Pilato se quedó asombrado»* (Marcos 15:3–5).

E l apóstol escribe acerca de este silencio maravilloso del Dios
hombre muchos años después.

*«Quien cuando le maldecían, no respondía con maldición, cuando
padecía, no amenazaba».*

Su silencio fue divino. Un mero ser humano no podía permanecer mudo de esa manera y, siendo inocente y libre de culpa, permitir que lo llevaran «como cordero al matadero»; como una oveja
muda en manos de sus trasquiladores. Ese silencio ante Pilato y
después, el silencio en la cruz en medio de indecible agonía; ese
silencio interrumpido solo siete veces con palabras breves de significado maravilloso; ese silencio de Jesús fue la culminación de
una vida de silencio divino en circunstancias cuando la mayoría
de los hombres deben hablar; una vida de silencio esperando hasta
que cumpliera los treinta años para entonces iniciar su ministerio
público y cual cordero, dirigirse hacia la cruz; una vida de silencio
respecto de la gloria inefable que tenía con su Padre y el sufrimiento indecible que sufrió a manos de los hombres; una vida
de silencio tierno respecto de las bendiciones a otros y la senda
traidora de Judas.

Ese es el modelo para todos los que *seguirían sus pisadas*; el
modelo para el que caminaría como él, porque él caminaba otra
vez entre ellos. «¿Y cómo puede ser eso? Solo viendo el *llamado* y
aceptándolo (1 Pedro 1:15). Y tomando su cruz como *nuestra* cruz,
«habiendo muerto» *en* él y *con* él podemos ahora vivir para Dios;
por tanto, el silencio de Jesús puede conocerse en verdad y estaremos: callados en nuestro humilde servicio a otros, no buscando
ser vistos por los hombres.

—*Callado*

«¡Ha resucitado!» (Marcos 16:6).

Un niñito contemplaba con detenimiento un cuadro en la vidriera de una tienda de arte: la tienda tenía en exhibición un famoso cuadro de la crucifixión. Un caballero se acercó, se detuvo y miró. El niño, observando su interés, dijo: «Ese es Jesús». El hombre no respondió y el niño continuó: «Esos son soldados romanos». Y, después de un momento: «Ellos lo mataron».

«¿Dónde aprendiste eso?», preguntó el hombre.

«En la Escuela Dominical de la misión», fue la respuesta.

El hombre dio la vuelta y se fue con ademán pensativo. No se había alejado mucho cuando escuchó una voz juvenil que lo llamaba: «Oiga, señor», y pronto el niño lo alcanzó. «Oiga, señor», repitió, «quería decirle que él resucitó».

Ese mensaje que el niño casi olvidó es el mismo que ha venido trasmitiéndose a través de los tiempos. Es el mensaje de la Pascua de resurrección, la historia del triunfo eterno de la vida sobre la muerte, la promesa y el compromiso de la inmortalidad del hombre.

¡Para él la tumba no era el destino final!

¡Este es el día de buenas nuevas! ¡Vaya pronto y dé el mensaje! «¡Ha resucitado!». ¡Aleluya! Cristo ha resucitado. El Hades no pudo detenerlo. La corrupción no pudo devorarlo. «Yo soy el que vivo y estuve muerto; mas he aquí que vivo por los siglos de los siglos, amén. Y tengo las llaves de la muerte y del Hades». ¡Bendito sea Dios! Jesús vive para no morir jamás. Vaya pronto a dar las buenas nuevas en todo lugar.

En mi mente uno de los relatos de esa primera mañana de resurrección tiene una secuencia natural que es tanto hermosa como descriptiva. Es la historia de las mujeres que se apresuraron a ir al sepulcro, y dice: *«Vinieron al sepulcro, ya salido el sol».*

La gloria de la mañana de resurrección es el rojo
del sacrificio en el firmamento matinal.

«Porque para Dios no hay nada imposible» (Lucas 1:37).

Los que han tenido el gozo de escalar las montañas suizas en la primavera habrán aprendido a amar su flora, con sus delicadas campanas malva. Hace muchos años apareció un folleto por Lilias Trotter, The Glory of the Impossible [La gloria de lo imposible], con un dibujo de esa pequeña planta encima de la nieve. Nunca hemos olvidado la exquisita aplicación de la lección, al trazar ella el poder de la frágil planta para derretir la nieve y pasar a través de la cubierta helada hacia el sol arriba.

¡A nosotros nos deleita ver que se haga lo imposible y también a Dios!

Los botones perfumados del kiku (crisantemo) se abren aun en la helada.

—*Proverbio japonés*

«Buenas noticias que serán motivo de mucha alegría» (Lucas 2:10).

¡Nuevas de gloria! ¡Todo el firmamento encendido, todo el cielo cantando un nombre imperial! ¡Vislumbres radiantes de un trono, una corona, todo el esplendor concentrado en una pequeña aldea! ¡Noticias de alegría, nuevas de gran gozo! ¡Éxtasis celestial sin aleación! La muerte de la tristeza y el fin del dolor; el gozo, el gozo, el gozo va a reinar eternamente. ¡Nuevas de salvación! Jesús, Salvador, Cristo, portador de amplia misericordia y heraldo inapreciable de libertad de las cadenas del pecado, ven a nuestro corazón. Señor Jesús, ¡entra! ¡Nuevas para todo el mundo, sí, para todos! ¡Para reyes y pastores, para grandes y pequeños, para ricos y pobres, para ignorantes y sabios, para cada uno su bendición desde los cielos generosos! ¡Oh, que tengamos el ojo listo y el oído alerta, para ver la luz del advenimiento y oír su canción! ¡Para todo hombre y mujer, niño y niña, en todo el mundo, noticias de gran alegría!

—*Amos R. Wells*

¿Fue meramente el hijo de José y María el que cruzó el horizonte del mundo hace más de dos mil años? Su propio corazón debe responder:

«¡Mi Señor y mi Dios!».

«Así que Jesús bajó con sus padres a Nazaret y vivió sujeto a ellos» (Lucas 2:51).

U na demostración *extraordinaria* de sumisión. Y «el discípulo no es más que su maestro».

Piénselo. Treinta años en el hogar con sus hermanos y hermanas que no creían en él. Nos fijamos en los tres años que fueron extraordinarios y nos olvidamos por completo de los treinta que pasó en sumisión absoluta.

Si Dios lo está haciendo pasar por un tiempo de sumisión y le parece que está perdiendo su individualidad y todo lo demás, *es porque Jesús lo está haciendo uno con él.*

Permitamos que el doctor A. J. Gossip, el dotado predicador escocés, nos diga cómo una vez en Francia, le aconteció la más grata de las experiencias.

Había estado durante varias semanas en medio de la desolación espantosa y las escenas desagradables del frente de batalla. Después regresaron a descansar a un lugar donde había setos vivos que florecían, había un tenue resplandor verde en los árboles, la hierba y las flores, gloriosas flores en el primer esplendor de la primavera. ¡Parecía el cielo! Entonces vino la orden de regresar a Passchendaele y al frente de batalla.

«La orden nos llegó —dice el doctor Gossip— en una tarde perfecta de sol; y con un corazón amargado y endurecido, doblé por un sendero que tenía un arroyo color café que serpenteaba a su lado y una pradera exuberante con magníficas extensiones de flores moradas y amarillas a ambos lados. La tierra estaba muy hermosa, la vida parecía muy dulce y era difícil regresar al viejo purgatorio y enfrentar la muerte otra vez. Y, con eso, a través de la abertura en el seto apareció un pastorcito apacentando su rebaño de unas dos docenas de ovejas. No las conducía a nuestra manera áspera, con dos perros ladrando: él iba delante y ellas lo seguían; si alguna se rezagaba, la llamaba por su nombre y venía corriendo hacia él. Así continuaron por el sendero, subiendo una pequeña colina hasta la cima y por encima de ella hacia el otro lado, hasta que desaparecieron de mi vista. Me quedé con la mirada fija donde desaparecieron escuchando como en voz audible las palabras, que se habían pronunciado solo para mí:

«Y cuando ha sacado fuera sus propias ovejas, va delante de ellas».

«Nadie que mire atrás después de poner la mano en el arado es apto para el reino de Dios» (Lucas 9:62).

¡Guárdame de volver atrás!

¡El mundo les debe muchísimo a las personas que no se dan por vencidas!

Imagínese si Colón no hubiera navegado. Imagínese si Anne Sullivan, desanimada, hubiera perdido toda esperanza con Helen Keller. Imagínese si Louis Pasteur, al buscar una cura para la rabia, no le hubiera dicho a sus cansados ayudantes: «Sigan. Lo importante es no abandonar el asunto».

Muchas carreras se pierden en el último trecho. Muchos barcos naufragan en los arrecifes cerca del puerto final. Muchas batallas se pierden en el último ataque.

¿Qué esperanza tenemos de terminar la trayectoria que hemos emprendido? ¿Qué esperanza? ¡Ah! *Él es poderoso para guardar.* «Puede también salvar *perpetuamente* a los que por él se acercan a Dios».

Dios no puede ayudarnos hasta que dejemos de huir. Debemos estar dispuestos a detenernos en algún lugar y confiar en él. Él tiene refuerzos que mandar, pero tiene que haber alguien para recibirlos cuando lleguen y *el temor se dará a la fuga.* «No temas» es el primer paso.

«A medianoche va» (Lucas 11:5).

Lo habían mandado a llamar a donde una niña yacía en su lecho de muerte, pero el poderoso Maestro tuvo tiempo para demorarse en el camino hasta que una pobre mujer indefensa recibió sanidad al tocar sus vestiduras. Mientras tanto, la vida había abandonado a la pequeña y la incredulidad humana se apresuraba a mandar de regreso la visita que ahora resultaba demasiado tarde. «Tu hija ha muerto. No molestes más al Maestro». Fue entonces que su amor poderoso y fuerte se elevó al glorioso nivel de poder y victoria. *«No temas»*, responde él tranquilamente; *«cree solamente, y será salva»*.

«Es demasiado tarde —dice Marta—. Lleva cuatro días enterrado». Pero él solo responde: *«¿No te he dicho que si crees, verás la gloria de Dios?»*.

«A medianoche va». Vayamos a él cuando todas las demás puertas se cierren y hasta los cielos parezcan de bronce, porque las puertas de la oración están abiertas siempre. Es solo cuando el sol se oculta y nuestra almohada es una piedra en el desierto que contemplamos la escalera que llega hasta el cielo con nuestro Dios infinito por encima y los ángeles de su providencia ascendiendo y descendiendo para ayudarnos y liberarnos. Él es un amigo en la adversidad. Tiene poder para los momentos más difíciles. Está sentado en su trono con el propósito específico de ayudar en tiempo de necesidad.

No importa si el caso es desesperado y si su situación es tal que no tiene nada y si su hora es tan oscura como la medianoche: *«Acuda a él»*. Vaya a él a medianoche. *Él* se deleita en la hora de la adversidad: porque es el tiempo escogido para su intervención todopoderosa.

«Al rayar el alba Dios le brindará su ayuda» (Salmos 46:5).

«Si su hijo le pide» (Lucas 11:11).

H enry Gibbud trabajaba en una misión en la ciudad de Nueva York. Era un hombre de gran dedicación y maravilloso poder en la oración. En una ocasión había estado trabajando toda la noche en los barrios bajos de la gran ciudad. Cansado y soñoliento al final de su ardua labor, se dirigió en la oscuridad de la madrugada hacia el muelle del transbordador de Brooklyn. Metió la mano en el bolsillo para pagar el pasaje a su casa, pero para su consternación descubrió que no tenía los tres centavos que necesitaba. Su corazón se hundió en profundo desaliento, pero cerró los ojos y comenzó a orar. «Señor, he estado trabajando asiduamente toda la noche sirviéndote a ti, tratando de llevar a tus pies a mujeres y hombres perdidos. Tengo hambre, sueño y deseo ir a casa, pero no tengo ni siquiera tres centavos para mi pasaje. ¿No me ayudarás?».

Al concluir su sencilla oración, abrió los ojos. Algo brillante cayó en el polvo a sus pies. Se inclinó y recogió el objeto que brillaba, era una pieza de cincuenta centavos. Pagó su pasaje y siguió su camino regocijándose.

¿Qué ocasionó el gozo que inundó su corazón? Fue el cumplimiento de la preciosa promesa: *«Si su hijo le pide»*.

¿Ha tomado usted su lugar en la presencia de Dios, no como un extraño, sino como hijo?

«Y si hijos, también herederos».

«Jesús les contó a sus discípulos una parábola para mostrarles que debían orar siempre, sin desanimarse» (Lucas 18:1).

L a palabra «necesidad» es enfática. Implica una obligación tan alta como el cielo. *Jesús* habló de «la necesidad de *orar siempre sin desanimarse»*.

Confieso que no siempre tengo deseos de orar cuando, juzgando por mis sentimientos, no hay nadie escuchándome. Entonces estas palabras me han inquietado para orar:

«Tengo *necesidad* de orar».

«Tengo necesidad de orar *siempre*. No debo *desmayar* en la oración».

La oración es un tipo de trabajo. El agricultor ara su campo a menudo aunque no sienta *deseos* de hacerlo, pero espera con confianza una cosecha a cambio de su labor. Ahora, si la oración es un tipo de trabajo y *nuestra obra no es en vano en el Señor*, ¿no debemos orar sin que importen nuestros sentimientos? Una vez cuando me arrodillé para orar por la mañana sentí una especie de mortandad en mi alma y justo entonces el «acusador de los hermanos» se dedicó a recordarme cosas que hacía tiempo estaban bajo la sangre. Clamé a Dios para que me ayudara y el bendito Consolador me recordó que mi gran Sumo Sacerdote estaba abogando mi caso; que yo debía acercarme con confianza al trono de la gracia. Lo hice, ¡y el enemigo fue derrotado! ¡Qué tiempo de comunión tan bendecido tuve con mi Señor! Si hubiera desmayado en vez de *pelear*, no hubiera podido recibir salario porque no hubiera trabajado incansablemente y con fervor en la oración; no hubiera podido *cosechar* porque no hubiera *sembrado*.

—*El difunto comisionado Brengle*

«Como esta viuda no deja de molestarme, voy a tener que hacerle justicia» (Lucas 18:5).

Debemos tener cuidado de lo que le pedimos a Dios; pero una vez que empezamos a orar por algo, no debemos dejar de orar hasta que lo recibamos, o hasta que Dios nos deje ver de una manera muy clara y definitiva que no es su voluntad concederlo.

—*R. A. Torrey*

Se dice de John Bradford que tenía un talento especial para la oración. Cuando le preguntaron su secreto, dijo: «Cuando sé lo que quiero, siempre me detengo en esa oración hasta que siento que lo he argumentado con Dios y hasta que él y yo hemos llegado a un acuerdo en cuanto a ello. Nunca paso a otra petición hasta que he terminado con la primera».

Con respecto a lo mismo, el señor Spurgeon dijo: «No trate de poner a la vez dos flechas en el arco; las dos fallarán. El que pone en su arma dos cargas no puede esperar tener éxito. Suplique a Dios una vez y prevalezca, y entonces, suplique otra vez. Obtenga la primera respuesta y entonces siga con la segunda. No se conforme con mezclar los colores de sus oraciones hasta que no haya un cuadro que mirar, sino solo una gran embarradura, una mancha de colores muy mal pintados».

Sería mucho mejor saber cuáles son nuestras necesidades reales y entonces concentrar nuestras súplicas anhelantes en esos objetivos específicos, considerándolos pausadamente uno por uno.

«Pregúntame lo que yo quisiera darte».

«Como estaba angustiado... [oró] "Padre, si quieres, no me hagas beber este trago amargo; pero no se cumpla mi voluntad, sino la tuya". Entonces se le apareció un ángel del cielo para fortalecerlo» (Lucas 22:44, 42–43).

Hay un relato acerca de una mujer que había tenido muchas tristezas: sus padres, su esposo, sus hijos, su riqueza, todo había desaparecido. En su gran dolor oraba por la muerte, pero esta no venía. Ya no se dedicaba a ninguna de sus acostumbradas labores para Cristo. Una noche tuvo un sueño: pensó que había ido al cielo. Vio a su esposo y corrió hacia él con ansias gozosas, esperando una alegre bienvenida. Pero, aunque parezca extraño, no resplandeció en su rostro una reacción de gozo, solo sorpresa y desagrado. «¿Cómo llegaste aquí?», le preguntó. «No dijeron que te iban a llamar hoy; yo no te esperaba por mucho tiempo». Con llanto amargo, ella se volteó para buscar a sus padres. Pero en vez del tierno amor que su corazón anhelaba, recibió de ellos el mismo asombro y las mismas preguntas sorprendidas. «Iré a mi Salvador —dijo llorando—, él me dará la bienvenida si nadie más lo hace». Cuando vio a Cristo había un amor infinito en su mirada, pero sus palabras vibraban de tristeza mientras decía: «Hija, hija, ¿quién está haciendo tu labor allá abajo?». Al fin, ella entendió: no tenía todavía el derecho de estar en el cielo; no había terminado su labor; había huido de su deber.

Ese es uno de los peligros de la tristeza: *que en nuestro dolor por los que se han ido, perdemos nuestro interés en los que viven y disminuimos nuestro celo en la labor que se nos ha asignado.* Por grande que sea nuestro luto, no podemos dejar nuestras tareas hasta que el Maestro nos llame a su presencia.

—Dr. J. R. Miller

«Sucedió que, mientras hablaban y discutían, Jesús mismo se acercó y comenzó a caminar con ellos» (Lucas 24:15).

Una noche de primavera… y dos hombres van por el camino a Emaús, entristecidos por la muerte de su Maestro, doblegados bajo su carga, cuando de repente *Otro* los alcanza mientras caminan. Un *Extraño* acomoda su paso al de ellos mientras hablan con intensidad de lo que hay en su corazón, impulsados por un gozo profundo. Cuando llegan a Emaús se resisten a dejarlo ir, así que lo obligan a quedarse y compartir su sencillo alojamiento. Y mientras él parte el pan… *lo reconocen*. Saben que es el Señor.

Ah, que nos *alcance* mientras andamos por la senda de la vida. Qué su luz radiante se derrame a lo largo de nuestro camino de tristeza… ¡Oh!, que venga a reanimar el corazón, a aligerar la pesada carga y que camine con nosotros como lo hizo hace tiempo en el camino a Emaús.

Tome el camino, el camino solitario, con valor y sin temor; listo para el viaje cuando las sombras del crepúsculo desaparezcan. Dios, cuyo amor es omnipresente, ¿no nos abandonará en ese momento? ¿Se olvidará del pacto que ha hecho con los hombres?

—*Patience Strong*

«Fueron, pues, y vieron dónde se hospedaba, y aquel mismo día se quedaron con él» (Juan 1:39).

Me pregunto qué fue lo que te atrajo para seguirlo camino a su hogar. ¿Fueron solo las ansias de ver la calle y la casa donde moraba y permanecer más cerca de él por un día?

… O ¿sentiste una extraña y poderosa atracción que te indujo a dejar atrás tu barca en la bahía; cuando, sin prestar atención al paso de las horas ni preocuparte por lo que otros pudieran decir, hiciste tu morada con él por ese día breve?

¿Quizás sentiste un descontento santo, después de las horas que pasaste en esa presencia hermosa? Lo cierto es que, desde ese momento en adelante, estabas resuelto a pescar hombres; porque te fuiste de su lado y al instante, le trajiste a tu hermano.

¡Ah, Andrés! Nunca pudiste ser el mismo, después del contacto de ese día maravilloso. Nunca jamás pudiste volver a jugar con la llama de la pasión, o albergar orgullo u odio, o alcanzar fama, o darle a la avaricia un lugar permanente.

Más bien pienso que te oyeron decir: «Algo en él hizo que mi orgullo se quemara y apaciguó mi odio transformándolo en el amor del Señor… *Después del contacto sanador de aquel día, tengo que traer a Simón para que pase un día como este»*.

Y desde entonces, cuando los hombres pasan por tu lado se dan cuenta de algún extraño y nuevo encanto, algún milagro misterioso e inexplicable. Entonces, en un susurro lleno de reverencia dicen: *«Andrés ha cambiado mucho desde aquel día»*.

¡Ah! Maravilloso. Transeúnte en el camino oscuro de la vida. ¡Salvador!

Que entiendes en cuanto a lo que dicen los pecadores: *Concédeme venir bajo tu influencia encantadora porque si no, he de quedarme endurecido, sin amor, manchado por el pecado, sin la huella de un día como ese»*.

—*Eleanor Vellacott Wood*

«El que beba del agua que yo le daré, no volverá a tener sed jamás» (Juan 4:14).

Mi corazón te necesita, oh Señor, mi corazón te necesita. Ninguna otra parte de mi ser te necesita tanto como mi corazón. El resto de mi ser se puede llenar con tus dones. Mi hambre la puedo satisfacer con el pan de cada día. Mi sed la puedo saciar con aguas terrenales. El frío se puede quitar con fuegos caseros. Mi cansancio se puede aliviar con descanso externo. Pero ninguna cosa externa puede hacer que mi corazón sea puro. El día más tranquilo no calma mis pasiones. La escena más hermosa no embellece mi alma. La música más sublime no producirá armonía dentro de mí. Las brisas pueden limpiar el aire, pero ninguna brisa puede limpiar mi espíritu. Este mundo no ha provisto para mi corazón. Ha provisto para mis ojos; ha provisto para mis oídos; ha provisto para mi tacto; ha provisto para mi gusto; ha provisto para mi apreciación de la belleza, pero no ha provisto para mi corazón.

Abra sus ojos a los montes. Apresúrese al Calvario, a «la escalada horrible del Calvario» y en el camino visite las laderas del monte de los Olivos, donde crecen los árboles del Getsemaní. Contemple allí la agonía del Señor, donde ya saboreó la tremenda copa que bebió hasta las heces al mediodía siguiente en la cruz. *Ahí* está la respuesta a su necesidad.

Provee para mi corazón, oh Señor. Es la única ave sin alas en toda la creación. *Concédele alas*, oh Señor, *concédele alas*. La tierra no le ha dado alas; su mismo poder para amar a menudo lo ha arrastrado al lodo. Sé tú la fuerza de mi corazón. Sé tú su fortaleza en la tentación, su escudo en el remordimiento, su refugio en la tormenta, su estrella en la noche, su voz en la soledad. Guíalo en su lobreguez; ayúdalo en su exasperación; dirígelo en su duda; sosiégalo en su conflicto; revívelo en su desfallecimiento; inspíralo en su perplejidad; condúcelo a través de su laberinto; levántalo de su ruina.

No puedo gobernar este corazón mío; guárdalo bajo la sombra de las alas tuyas.

—*George Matheson*

«Vengan a mí… y yo los haré descansar».

«Esto lo dijo sólo para ponerlo a prueba, porque él ya sabía lo que iba a hacer» (Juan 6:6).

Es posible que en este mismo momento usted tenga que enfrentarse con una necesidad tremenda y Cristo esté a su lado mirando y preguntándole al respecto. En efecto, él dice: «¿Cómo la vas a suplir?». Él lo está escudriñando, observando con una suave y tierna compasión. ¿Cuántos de nosotros no hemos pasado la prueba? Hemos sacado papel y lápiz, y hemos comenzado a calcular cuánto pan podemos comprar por doscientos peniques; o hemos corrido de aquí para allá buscando amigos fuertes y pudientes para que nos saquen de apuros; o hemos estado completamente abatidos; o hemos murmurado contra él por traernos a semejante situación. ¿No debiéramos haber mirado a Cristo con un rostro resplandeciente, diciendo: *tú tienes un plan, la responsabilidad es tuya y debes decirme qué tengo que hacer yo? He llegado hasta aquí en el camino de la obediencia a tu Espíritu guiador y ahora, ¿qué vas a hacer tú?*

—C. G. Moore

Ellos no entendieron que Dios por su mano les daría libertad (Hechos 7:25). Es así hoy día.

«Dios no nos explica su técnica».

«En tu mano están mis tiempos». Si uno le cita este versículo a los nativos del Congo, lo traducirán a estas palabras encantadoras: *«Todos los porqué, los cuándo, los dónde y los por cuanto de mi vida están en las manos de Dios».*

—Dan Crawford

«Porque he bajado del cielo no para hacer mi voluntad sino la del que me envió» (Juan 6:38).

Dice el doctor R. B. Meyer que una noche oscura sin estrellas, cuando estaba atravesando el canal irlandés, se paró en la cubierta junto al capitán y le preguntó: «¿Cómo reconoce usted el puerto de Holyhead en una noche tan oscura como esta?». El capitán le contestó: «¿Ve usted esas tres luces? Las tres deben estar en línea, una detrás de la otra como una sola, y cuando las vemos tan unidas sabemos la posición exacta de la entrada del puerto».

Cuando queremos conocer la voluntad de Dios hay tres cosas que siempre coinciden: el impulso interno, la Palabra de Dios y las circunstancias. Dios en el corazón, impulsándolo a avanzar; Dios en el Libro, corroborando lo que dice en el corazón; y Dios en las circunstancias, que siempre indican su voluntad. *Nunca comience hasta que estas tres cosas concuerden.*

Deténgase en la encrucijada, listo para caminar o correr, y no tendrá que esperar mucho tiempo.

Cuando no estamos muy seguros si doblar a la izquierda o a la derecha, ¿es una bendición que aparezca una *señal* a la vista? Si no hubiera *señales* vagaríamos extraviados por muchos kilómetros y en la dirección equivocada, si no conocemos el camino.

Dios ha puesto sus señales en el camino desconocido y tortuoso de la vida.

Cuando estamos tropezando a ciegas con el peso de nuestra carga, él guía nuestros pasos, aunque la senda tenga curvas y recodos. De alguna manera él nos guía: por medio del Libro, de una canción, de un amigo… En las horas inciertas y oscuras, no tenemos que tener temor. Cuando estemos en la encrucijada y haya que tomar decisiones, aunque la trayectoria sea desconocida y la luz sea muy tenue, tenga la seguridad de que está por aparecer una *señal en el camino.*

—*Patience Strong*

Guardemos silencio ante Dios y creamos que, aun ahora, los mensajeros se apresuran por el camino con la orden, la instrucción o la ayuda que necesitamos.

«Vida… en abundancia» (Juan 10:10).

Qué contraste hay entre un desierto estéril y un oasis frondoso con sus palmas ondeantes y su verdor glorioso; entre ganados enjutos y hambrientos y las manadas que yacen en pastos verdes y junto a aguas tranquilas; entre la llanura sin vista y la altura de la montaña con su «tierra de distancias lejanas».

Qué diferencia hay entre la aridez de una existencia artificial, irrigada, restringida —una existencia desierta—, y una vida de lluvias copiosas, de vegetación tupida y de cosechas que surgen casi solas, *¡la vida abundante!*

La primera es como el *riachuelo poco profundo* donde nuestro barco toca el fondo a cada momento o golpea alguna roca escondida; la última es donde nuestra quilla profunda nunca toca la tierra y surcamos *¡las ondas más turbulentas del océano!*

Hay algunos creyentes que siempre parecen mantenerse con dificultad. Sus vestiduras espirituales están raídas, todo su porte es el de personas que están en pobreza extrema, viviendo con muy escasos recursos, en situación precaria de necesidad y bancarrota. Ellos escapan «por los pelos» y son «salvos así como por fuego».

Hay otras almas que *«tienen vida en abundancia»*. Su amor «todo lo sufre, todo lo cree, todo lo espera, todo lo soporta», y «nunca deja de ser». Su paciencia tiene «toda longanimidad con gozo». Su paz «sobrepasa todo entendimiento». Su gozo es «inefable y glorioso». Su servicio es tan desinteresado y alegre que el deber es un deleite. En una palabra, esta vida alcanza lo infinito así como lo eterno, navegando en los mares ilimitados e insondables de Dios y de su infinita gracia.

Oh, ¿dónde se encuentra esta vida? ¿Cómo se puede lograr que el lugar desierto produzca *vida abundante*?

¡Tenemos que preguntar nosotros, los que vivimos en el mar de lo infinito: «*Dónde* está el Dios que "no está lejos de cada uno de nosotros", que puede estar en lo profundo de nuestro corazón por la fe y en quien "vivimos, nos movemos y somos"?».

—*Dean Parrar*

«Yo he venido para que tengan vida, y la tengan en abundancia» (Juan 10:10).

¡Qué verdad tan asombrosa! «Yo he venido». Solo otra manera de decir: «*Antes de que Abraham naciera, YO SOY*». Luego todos los demás comenzaron a ser; nuestro Señor existía antes del tiempo, saliendo definitivamente de la eternidad para un propósito definido: «Para que tengan vida». Esta calidad de vida que el Biólogo de la eternidad da, aumenta en *cantidad* para siempre, «*¡en abundancia!*».

La vida abundante que Cristo ofrece la poseen solo los que él llama «mis ovejas». No implica ser bendecido materialmente. Es una plenitud espiritual que depende por completo del ser transformado a la imagen del Señor y de caminar en obediencia a Dios como él caminaba. La primera condición es aceptar la cruz por la cual el mundo le es crucificado al creyente y el creyente al mundo. Pero, cuando esta separación se reconoce, se acepta, y la vida se rinde por completo y se mantiene sumisa a la voluntad del Padre, la venida y la morada del Maestro satisface todos los deseos y todas las necesidades. Solo entonces se entenderá el significado de la promesa de nuestro texto: «Yo he venido para que tengan vida, y la tengan en abundancia».

¿Hemos venido *nosotros* a la fuente de vida? ¿Estamos *nosotros* bebiendo de su plenitud? ¿Estamos *nosotros* viviendo en su amor? ¡Esta es *la vida de nuestro espíritu; la salud de nuestro cuerpo; el secreto de nuestro gozo!*

¡Que podamos buscar esta vida rebosante y llegar a ser «*solo canales a través de los cuales fluye todo su poder maravilloso para que él pueda usarnos cada día y cada hora*»!

—*Rvdo. Evan H. Hopkins*

Venga a la fuente eterna y beba gratuitamente. ¡Nunca se seca!

«Jesús amaba a Marta, a su hermana y a Lázaro» (Juan 11:5).

Jesús no quiere que todos sus amados sean de un mismo molde y color. Él no busca uniformidad. Él no nos va a quitar nuestra individualidad; solo desea glorificarla. Él amaba a *«Marta, a su hermana y a Lázaro»*.

«Jesús amaba a Marta». Marta es nuestro ejemplo bíblico de una mujer práctica; *«Marta servía»*. En esto vemos lo hermoso de su carácter.

«A su hermana». María era contemplativa; *pasaba largas horas en comunión profunda con lo invisible*. Necesitamos las María así como las Marta; almas profundas contemplativas, cuyos espíritus derraman un sosiego fragante sobre las calles agitadas y difíciles. Necesitamos las almas que se sientan a los pies de Jesús y escuchan su Palabra y después interpretan el dulce evangelio a un mundo cansado y agotado.

«Y a Lázaro». ¿Qué sabemos acerca de él? Nada. *Lázaro parece haber sido un hombre común y corriente*. Sin embargo, Jesús lo amaba. ¡Qué gran multitud cae bajo la categoría de los «nadie»! Su nombre figura en los registros de nacimientos y de muertes, y el espacio entre ambos es una gran obscuridad. Gracias a Dios por las personas comunes y corrientes. Ellas convierten nuestra casa en un hogar; hacen la vida sosegada y dulce. Jesús ama al sencillo. He aquí, pues, un gran pensamiento consolador: él nos ama a todos, al brillante y al sencillo, al soñador y al práctico.

«Jesús amaba a Marta, a su hermana y a Lázaro».

—*Rvdo. J. H. Howett, D.D.*

«Cuando oyó que Lázaro estaba enfermo, se quedó dos días más donde se encontraba» (Juan 11:6).

Y así el silencio de Dios fue en sí una respuesta. No dice simplemente que no hubo una respuesta audible al clamor de Betania; se afirma con claridad que la ausencia de una respuesta audible fue en sí la respuesta al clamor: fue cuando el Señor oyó que Lázaro estaba enfermo que por lo tanto se quedó todavía dos días en el mismo lugar donde estaba. Con frecuencia he oído el silencio externo. Cientos de veces he dirigido a Dios aspiraciones cuya única respuesta ha parecido ser el eco de mi propia voz y he clamado en la noche de mi desesperación: «¿Por qué estás tan lejos de mi salvación?». Pero nunca pensé que la aparente lejanía era en sí misma la cercanía de Dios, que el mismo silencio era una respuesta.

Fue una gran respuesta para la familia de Betania. Ellos no habían pedido *mucho*, sino *muy poco*. Habían pedido solo la vida de Lázaro. Iban a obtener la vida de Lázaro y además una revelación de la vida eterna.

Hay algunas oraciones cuya respuesta es el silencio divino *porque todavía no estamos lo suficientemente maduros como para recibir todo lo que hemos pedido;* hay otras oraciones cuya respuesta es el silencio *porque estamos lo suficientemente maduros como para más. No siempre sabemos la fuerza plena de nuestra propia capacidad; tenemos que estar preparados para recibir bendiciones mayores de las que jamás soñamos.* Venimos a la puerta del sepulcro y suplicamos con lágrimas que se nos dé el cuerpo de Jesús; se nos contesta con silencio porque *vamos a obtener algo mejor: un Señor que vive.*

Alma mía, no temas el silencio de Dios; es su voz bajo otra forma. El silencio de Dios vale más que las palabras del hombre. La negativa de Dios es mejor que la afirmación del mundo. ¿Han sido sus oraciones seguidas por una quietud callada? ¡Bueno! ¿No es esa la voz de Dios, una voz que será suficiente hasta que llegue la revelación completa? ¿No se ha movido él de su lugar para ayudarle? Bueno, pero la quietud de él hace que *usted* esté quieto, y él tiene algo mejor para darle que una ayuda.

Espérelo en el silencio y dentro de no mucho tiempo, surgirán las palabras; ¡la muerte será sorbida en victoria! —*George Matheson*

¡Todos los tratos de Dios son lentos!

«Si hubieras estado aquí» (Juan 11:21).

«Si solo mis circunstancias y mi medio ambiente fueran diferentes…».

«Si solo fulano no estuviera tratando de vivir con…».

«Si solo tuviera las oportunidades, las ventajas que tienen otros…».

«Si solo esa dificultad insuperable, esa tristeza, ese problema, pudiera alejarse de mi vida; entonces ¡qué diferentes serían las cosas! Y qué diferente sería yo».

Ah, querido amigo, no eres el único que ha tenido esos pensamientos. Nada menos que el apóstol Pablo rogó al Señor tres veces que quitara la espina de su carne: *y sin embargo, no se la quitó.*

Cierto caballero tenía un jardín que hubiera sido muy hermoso si no hubiese estado deformado por una roca inmensa que se introducía bajo la tierra. Trató de hacerla volar con dinamita, pero en el intento lo único que logró fue hacer añicos las ventanas de la casa. Como era muy obstinado, usó métodos drásticos, uno tras otro para deshacerse de la deformación hasta que, por último, murió de preocupación y esperanzas frustradas.

El heredero, un hombre que *no solo tenía sentido común, sino que lo usaba,* pronto percibió que era inútil esforzarse por mover la roca y por consiguiente, se puso a trabajar para convertirla en un jardín boscoso que cubrió con pinturas al fresco, flores, helechos y parras. Pronto sucedió que los que visitaban el jardín comentaban acerca de su belleza inigualada y el propietario no podía decidir del todo qué le daba mayor felicidad: el aspecto armonioso de su jardín o el éxito de haberse adaptado a aquello que era demasiado profundo como para moverlo.

Así que la piedra antiestética que no se podía quitar resultó ser la ventaja más valiosa en ese jardín *cuando trató con ella alguien que sabía cómo sacar provecho de sus propios defectos.*

—*Seleccionado*

¡A menudo, Dios planta sus flores entre rocas ásperas!

«Yo soy la resurrección y la vida» (Juan 11:25).

El obispo Foster fue uno de los principales jerarcas de la iglesia metodista en su época y fue un hombre muy piadoso. Después de una intensa búsqueda de treinta años, descubrió lo que aquí se relata con la esperanza de que pueda ser una ayuda a otros corazones que buscan la luz como él.

«He examinado todos los libros escritos acerca de la inmortalidad del alma, los he comprado a precios altos, los he estudiado con gran intensidad. He pasado treinta años haciendo eso, esperando que algún día pueda presentar el argumento con más fuerza y hacer una impresión más fuerte en la mente y el corazón del mundo.

»Pero cuando la muerte vino a mi hogar y fulminó a mis seres queridos. Cuando fui y miré sus tumbas, no vi sino oscuridad. Con una angustia que no puedo expresar me fui a la profundidad de los bosques y miré hacia la gran bóveda encima de mí, golpeé mi pecho y clamé a mi Padre hasta que mi corazón estuvo aplastado y quebrantado. En mudo silencio, me tendí con el rostro en tierra para ver si podía escucharlos; pero encontré que estaba oscura y silenciosa; ni un rayo, ni una voz.

»Fui y me senté con los filósofos, pero encontré que no me daban sino cáscaras. Leí sus argumentos que una vez me alegraron, pero ahora quebrantaban mi corazón. No había nada en ellos, ni siquiera lo suficiente para que yo encontrara apoyo para una conjetura. Me sentí desamparado con una desolación absoluta. Me retorcía las manos con una angustia que no puedo describir.

»No pude encontrar alivio hasta que escuché una voz que venía de la lobreguez, desde la oscuridad y el silencio, con música y dulzura celestiales dijo:

"Yo soy Jesús, la resurrección y la vida;
y tus muertos volverán a vivir".

»Y con esa sola idea sobre la cual pude descansar mi esperanza y mi fe, él me ha revelado esa gran doctrina; ha establecido la verdad que eludió la humanidad hasta que vino del cielo y relató la historia de la paternidad de Dios y de la inmortalidad de los hijos espirituales suyos».

«Miren cuánto lo quería» (Juan 11:36).

Él lo amaba, sin embargo, se demoró. Estamos muy prestos a pensar que la respuesta demorada a la oración significa que esta no va a ser contestada. El doctor Stuart Holden ha dicho con verdad: «Muchas veces oramos y tendemos a interpretar el silencio de Dios como una negación a nuestras peticiones; cuando en realidad, él solo aplaza su cumplimiento hasta el tiempo en que nosotros mismos estemos listos para cooperar a plenitud con sus propósitos». La oración registrada en el cielo es oración con la que Dios ha tratado, aunque la visión todavía tarde.

La fe se entrena para su misión suprema bajo la disciplina de la paciencia. El hombre que puede esperar el tiempo de Dios, sabiendo que él corrige su oración con sabiduría y afecto, siempre descubrirá que él nunca se adelanta ni se atrasa ni un minuto cuando viene en ayuda del hombre.

Demorarse en contestar la oración de nuestro corazón anhelante es lo más amoroso que Dios puede hacer. Puede estar esperando que nos acerquemos más a él, nos postremos a sus pies y permanezcamos allí en confiada sumisión *para que la concesión de la respuesta anhelada pueda significar una bendición mucho mayor que si la recibiéramos en cualquier otro lugar que no fuera en el polvo, a sus pies.*

Nada puede detener nuestro buque cuando la marea viene.

El aloe florece solo una vez cada cien años; pero se necesita cada hora de todo ese siglo para producir la textura delicada y la belleza espléndida de la flor.

La fe escuchó el sonido de «una grande lluvia» y, sin embargo, Dios hizo que Elías esperara.

Dios nunca se adelanta ni se atrasa.

«*Nardo puro, que era un perfume muy caro*» (Juan 12:3).

Lo que hace el amor será siempre *fuera de lo común*. Lo que se hizo para el Salvador sin hogar no fue de ninguna manera lo *común*. *Ese* rompimiento del alabastro y *ese* ungimiento pródigo eran *muy fuera de lo común*.

¿Latía con dolor el corazón de María mientras entró callada con su tesoro escondido? ¿Escondió ella intuitivamente su propósito de todos los ojos excepto los de él, que leía su significado incontenible? Quizás ella pensó solo en él, que era su TODO.

Parece que ella obtuvo el nardo puro para *el único propósito de* poder ungir el cuerpo del Señor para su sepultura. Es posible que fuera solo un impulso lo que la hizo decidir ungirlo *de antemano*. Regocijémonos de que ella alegró el corazón del Maestro antes que fuera demasiado tarde.

Una violeta diminuta de ánimo significará más para aquellos con quienes vivimos hoy que hectáreas de orquídeas cuando su pulso haya sido silenciado por la muerte.

Hubo *cuatro mujeres* que salieron más tarde con sus especias, solo para encontrar la tumba vacía.

La oportunidad de ungirlo había pasado.

¡Está pasando hoy! No es en el reino de la gloria que podremos ser partícipes de sus sufrimientos y ayudar a llevar la cruz. *No es sino aquí* que ese servicio puede ser nuestro.

Oh, alma mía, sé extravagante con tu amor hacia Jesús.

No hay fragancia como la de la caja de alabastro, ¡la caja que rompo para él!

«Pero si muere, produce mucho fruto» (Juan 12:24).

L a sabiduría infinita nos toma de la mano y nos hace pasar por una profunda crucifixión interior que incluye nuestra razón altiva, nuestras esperanzas más brillantes, nuestros afectos más estimados, nuestro celo piadoso, nuestra impetuosidad espiritual, nuestra cultura estrecha, nuestro credo y nuestra religiosidad, nuestro éxito, nuestras experiencias y comodidades espirituales.

La crucifixión continúa hasta que estemos muertos y *desligados de toda criatura, de todos los santos, de todo pensamiento, de toda esperanza, de todo plan, de todo tierno anhelo del corazón, de toda preferencia, muertos a todo problema, toda tristeza, toda desilusión, todo elogio, toda culpabilidad, todo éxito o fracaso, toda comodidad o inconveniencia, todo clima y toda nacionalidad;* muertos a todo deseo, excepto a Dios mismo.

Suelte el viejo grano de trigo, si es que desea una cosecha.

«Si el grano de trigo no cae en tierra y muere, se queda solo» (Juan 12:24).

Un campesino acudió una vez a Tauler para confesarle algo; pero en vez del campesino confesarle a Tauler, este le confesó algo al campesino. El gran predicador dijo: «No estoy satisfecho». El campesino replicó: «Tauler tiene que morir antes que pueda estar satisfecho».

Ese gran hombre, a quien miles escuchaban, se aisló en un lugar de quietud y le pidió a Dios que obrara esa muerte en él.

Después de haber estado allí por dos años, salió y reunió a su congregación. Una gran multitud fue a escucharlo, porque había sido un predicador maravilloso. Comenzó a predicar, pero perdió el control y se echó a llorar. El público se dispersó diciendo: «¿Qué le pasa a Tauler? Ya no puede predicar como lo hacía antes. Hoy ha fracasado».

La próxima vez que predicó solo se reunieron unos cuantos, los que habían vislumbrado algo, y les predicó a ellos con un corazón quebrantado; *pero el poder de Dios descendió.* Dios, por el poder del Espíritu, *¡había hecho morir a John Tauler!*

—*Seleccionado*

Amado, ¿está dispuesto a ser *crucificado con Cristo?*

«Y habiendo amado a los suyos... los amó hasta el fin» (Juan 13:1).

Sadhu Sundar Singh pasó por una multitud de personas que estaban apagando un fuego en la jungla al pie del Himalaya. Sin embargo, varios hombres estaban contemplando un árbol cuyas ramas ya estaban ardiendo.

—¿Qué están mirando? —les preguntó.

Ellos le señalaron un nido de avecillas en el árbol. Sobre él, un ave volaba frenéticamente de un lado a otro muy angustiada. Los hombres dijeron:

—Quisiéramos salvar ese árbol, pero el fuego nos impide acercarnos a él.

Unos minutos después el nido se incendió. El Sadhu pensó que el ave madre se alejaría volando. ¡Pero no! Voló hacia abajo, extendió sus alas sobre sus crías y en unos minutos se convirtió en cenizas junto con ellas.

«Ese amor tan maravilloso,
Ese amor tan maravilloso,
Que Dios amara a un pecador como yo,
¡Qué hermoso es un amor como ese!».

¡Que el amor *nuestro* arda hasta el punto del sacrificio!

«*Cualquier… así será glorificado el Padre en el Hijo*» (Juan 14:13).

Este es un privilegio y una posibilidad para todo hombre que puede hablar a Dios «*en su nombre*».

En la misión Lone Star en Ongole, India, unos pocos fieles se habían mantenido en fe y con valor año tras año. Ahora la misión estaba a punto de ser abandonada. Parecía que la obra había fracasado; el dinero escaseó. Ahora la única esperanza era Dios.

El doctor Jowett y su esposa llevaron con ellos aquella famosa anciana hindú, Julia, de casi cien años de edad y ascendieron las colinas alrededor de Ongole para pedir a Dios que salvara la misión de Lone Star y a las almas perdidas de la India. La santa anciana hindú mezclaba sus lágrimas con su relato del momento más importante y más emocionante de su vida: aquel culto memorable al amanecer en el «monte del culto de oración», mientras le contaba la historia al doctor Cortland Myers, una noche en Nellore, India.

«Todos oraron y todos creyeron. Hablaron y oraron otra vez. Lucharon ante el trono celestial enfrentándose al mundo pagano, como Elías en el Carmelo. Al fin, el día amaneció. En el momento en que el sol se levantaba sobre el horizonte, el doctor Jowett se levantó de la oscuridad y le pareció ver una gran luz. Levantó su mano hacia el cielo y volvió su rostro surcado por las lágrimas hacia el gran corazón de amor. Declaró que en su visión vio el campo de cactus debajo transformado en una iglesia y los edificios de una misión.

»*Su fe se asió y se aferró a esa gran realidad*. Reclamó la promesa y desafió a Dios para que contestara *una oración que era enteramente para su propia gloria y la salvación de los hombres*. El dinero vino de inmediato y con toda claridad de la mano de Dios. El hombre, escogido por Dios, *vino de inmediato*. Fue evidente que era la voluntad de Dios que se llamara al doctor Clough para infundirle nueva vida y nuevas esperanzas a la misión casi abandonada.

»Hoy en ese mismo campo de cactus se levanta la iglesia cristiana con la membresía más numerosa que cualquier otra en su tiempo, veinte mil miembros. Si no se hubiera dividido por necesidad, habría ahora cincuenta mil miembros, el milagro más grande del mundo misionero en esa época.

»En ese campo casi abandonado, el doctor Clough bautizó a diez mil personas en un río; dos mil doscientas veintidós en un día.

«Lo que pidan en mi nombre, yo lo haré» (Juan 14:14).

¿Quién es el que aquí ofrece obrar a nuestro favor *si solo se lo pedimos?* ¡Es Dios *mismo!* Es el hacedor más poderoso del universo el que dice: «Yo lo haré, si tú lo pides».

Piense un momento *quién* es el que promete: el Dios que sostiene el mar en el hueco de su mano; el Dios que hace oscilar el globo voluminoso de la tierra en su órbita; el Dios que forma las estrellas y guía los planetas por sus sendas deslumbrantes con absoluta precisión; el Dios, creador de los cielos, conquistador del diablo, resucitador de los muertos. Es este mismo Dios el que dice: «Lo que pidan en mi nombre, yo lo haré».

Sabiduría inigualada, capacidad ilimitada, poder infinito, recursos inagotables: todos son de él.

¿No preferirías tú originar *la obra de mi omnipotencia* con solo pedir —si a esto te he llamado—, que estar ocupado con tu propio hacer?

—*James H. McConkey*

«¡Yo haré maravillas!».

«La paz les dejo; mi paz les doy... No se angustien ni se acobarden»
(Juan 14:27).

E l difunto obispo Moule ha contado cómo en cierta ocasión durante la guerra, al concluir un espectáculo ofrecido para los hombres que iban al frente, un joven oficial se levantó a petición de su coronel para dar las gracias en nombre de los soldados. Lo hizo con palabras agradables y graciosas. Entonces de repente, como si se le hubiera ocurrido en el momento y en un tono diferente, añadió: «Pronto estaremos cruzando a Francia y a las trincheras y, desde luego, es muy posible que a la muerte. ¿Puede algún amigo aquí decirnos cómo morir?». Hubo un silencio largo y tenso. Entonces vino la respuesta. Una de las cantantes se dirigió en silencio al frente del escenario y comenzó a cantar la gran aria de *Elías*: «Descansa en el Señor». Al terminar la canción, casi no hubo quien no llorara.

He aquí, más que cualquier otra cosa, lo que cada uno de nosotros necesita en la batalla de la vida: *un corazón que ha llegado a descansar en Dios, una voluntad rendida por completo*. Este es el gran secreto. *Es lo único que nos sacará adelante de manera honorable.*

—*James Stewart*

«Para que dé más fruto» (Juan 15:2).

Hace dos años sembré un rosal en la esquina de mi jardín. Iba a producir rosas amarillas. Y debía producirlas en abundancia. Sin embargo, durante estos dos años, no ha florecido ni una sola vez.

Le pregunté al florista al que le compré el arbusto por qué estaba tan desprovisto de flores. Lo había cultivado con cuidado; lo había regado a menudo; había fertilizado la tierra lo mejor posible. Y había crecido bien.

«Esa es la razón exacta —me dijo el florista—. Esa clase de rosa necesita la peor tierra del jardín. El terreno arenoso sería lo mejor y ni un poquito de fertilizante. Quítele la tierra fértil y ponga tierra pedregosa en su lugar. Pode el arbusto vigorosamente. Entonces florecerá».

Lo hice y el arbusto floreció, vistiendo el amarillo más hermoso que la naturaleza conoce. Entonces hice una reflexión moral: esa rosa amarilla es como muchas vidas. Las dificultades desarrollan belleza en su alma; prosperan en medio de los problemas; las pruebas hacen florecer lo mejor que hay en ellas; la holgura, la comodidad y el aplauso solo las dejan estériles.

—*Pastora Joyce*

«Toda rama que en mí no da fruto, la corta; pero toda rama que da fruto la poda para que dé más fruto todavía» (Juan 15:2).

«Solo hay que cortar un poco más». Qué extrañas me parecieron las palabras; y entonces oí el hacha del jardinero mientras cortaba los arbustos de lila. Estaban muy cerca de las ventanas y no dejaban entrar la luz del sol ni el aire; aun más, obstruían la vista. Observamos el proceso y mientras los arbustos caían uno tras otro, alguien comentó: «Solo hay que cortar un poco más y ya está. Estos arbustos de lila en realidad interrumpen la vista de las Montañas Blancas».

Me agradó que el jardinero cortara los arbustos ese día porque su ausencia sacó a relucir mucho, como pude ver por las exclamaciones que siguieron: «¡Qué precioso es ese arbolito! ¡No lo había visto antes!». «¡Qué hermosa es esa planta de hoja perenne! ¡Nunca me había fijado en ella hasta ahora!». ¿No hemos escuchado exclamaciones similares después que Dios ha ejecutado cortes y separaciones severas en nuestra vida? No es cierto que hemos dicho: «¡Nunca amé a Dios tanto como desde que se llevó a mi pequeño!». «¡Nunca vi la belleza de esta o aquella escritura hasta ahora!».

¡Ah, él sabe! Solo confíe en él. Un día lo veremos todo con claridad.

Dame el valor para someterme a la cirugía de tu Espíritu. Dame la valentía para separarme de lo que más quiero, si es que me aleja de ti. ¡Te lo pido en el nombre de Cristo!

«Yo los escogí a ustedes» (Juan 15:16).

A Myron Niesley, un tenor de California, se le llama el cantante de radio «mejor pagado» porque recibe cinco libras esterlinas por cantar *una nota, la nota final y más aguda de un tema musical que los demás del coro no pueden emitir con tanta perfección.*

Dios tiene *solo una persona para venir en el momento oportuno;* un lugar que nadie puede llenar *excepto una persona y en un momento.*

Pregúntele a Dios si usted está en el lugar que él tiene para usted.

> «Nuestra vida no es sino una pequeña posesión prestada para hacer una labor poderosa.
> Nos unimos al cielo y a las estrellas cuando ella se emplea para hacer la voluntad de Dios».

Es posible frustrar el plan de Dios para nuestra vida.

«Hasta ahora no han pedido nada en mi nombre. Pidan y recibirán, para que su alegría sea completa» (Juan 16:24).

Alejandro Magno tenía en su corte un filósofo famoso, pero pobre. Este adepto a la ciencia, una vez, estaba en circunstancias particularmente apremiantes. ¿A quién iba a pedir ayuda sino a su patrón, el conquistador del mundo? Su petición fue concedida con prontitud. Alejandro le autorizó para recibir de su tesoro lo que quisiera. Enseguida pidió en nombre de su soberano diez mil libras. El tesorero, sorprendido ante una petición tan grande, rehusó obedecer, por lo que visitó al rey y le presentó el asunto, añadiendo además lo irrazonable que pensaba que era la petición y muy exorbitante la suma. Alejandro escuchó con paciencia, pero tan pronto como oyó la protesta, replicó: «Que se pague el dinero de inmediato. Me agrada muchísimo la manera de pensar de este filósofo; me ha hecho un honor singular: por la magnitud de su petición demuestra la elevada idea que ha concebido, tanto de mi riqueza superior, como de mi magnificencia real».

Los santos no han alcanzado todavía el límite de las posibilidades de la oración. Todo lo que se ha obtenido y logrado *apenas ha tocado el borde de la vestidura de un Dios que escucha la oración.* Honramos las riquezas, tanto de su poder como de su amor, *solo* con grandes peticiones.

—*Dr. A. T. Pierson*

«Pero ¡anímense!» (Juan 16:33).

Jesús dijo: «Tendrán aflicción», no dificultades, sino aflicción. Pero la «tribulación produce paciencia».

Las muelas del molino se usan para moler el maíz hasta hacerlo polvo y tipifica lo sagrado de la disciplina de la vida.

> *«No tomes como prenda su molino de mano ni su piedra de moler, porque sería lo mismo que arrebatarle su propia subsistencia»* (Deuteronomio 24:6).

Usted ha estado muy cómodo en el granero; entonces Dios lo saca y lo pone bajo la muela del molino y lo primero que sucede es la pulverización y la separación de la cual habló nuestro Señor: «Dichosos serán ustedes cuando por mi causa la gente los insulte... y levante contra ustedes toda clase de calumnias». *Cualquier parecido con la otra multitud se tritura para siempre.*

¡No interfiera cuando Dios haga pasar a sus santos por la experiencia del molino! Tendemos a querer intervenir en la disciplina de otro santo.

¡No interrumpa la producción del pan que va a alimentar al mundo!

En el oriente, las mujeres cantan mientras muelen el grano entre las muelas del molino. *«El sonido de las muelas de molino es música a los oídos de Dios».* No es música para el mundano, pero el santo entiende que su Padre tiene un propósito en todo.

Las personas de mal carácter, las circunstancias difíciles, la pobreza, los malentendidos y las desavenencias intencionales son todas muelas de molino. ¿Tuvo Jesús algunas de estas cosas en su vida? ¡Más de la cuenta! ¡Durante tres años hubo un malvado entre los suyos! Fue continuamente frustrado y malinterpretado por los fariseos. *¿Y es el discípulo mayor que su Maestro?*

Cuando vengan esas experiencias, *recuerde que Dios tiene sus ojos sobre cada detalle.*

Pero tengamos cuidado. No sea que *el más mínimo rastro de autocompasión impida que Dios nos acerque siquiera a las muelas del molino.*

—Oswald Chambers

«Cargando su... cruz» (Juan 19:17).

Cuando levantaron los dos maderos de los hombros sangrantes del Señor y los pusieron sobre los del cireneo robusto, Simón llegó a ser lo que nunca nadie había sido ni será en toda la historia de la pasión del Señor; ¡por un breve momento se convirtió en el *sustituto de Jesús!* Simón fue a Jerusalén esa mañana desde el hogar donde había sido huésped, inconsciente de la tragedia ocurrida allí durante la noche, y pronto fue atrapado en el gentío que acompañaba a Jesús al Calvario. A través de la masa viviente, densa y agitada, ese aldeano corpulento forzó su cuerpo con insistencia hasta llegar al borde de la procesión. Desde esa posición estratégica podía divisar a Jesús, podía ver el cansancio reflejado en su rostro. ¿Fue un mero accidente que Simón haya sido atrapado en el centro de la tragedia? El guarda miró a su alrededor y vio a Simón, su prominencia y su tamaño, y quizás una expresión inconsciente de creciente compasión reflejada en su rostro, y antes que Simón supiera qué había sucedido, lo arrastraron de entre la multitud, la cruz estaba sobre sus hombros y *estaba caminando hacia el Calvario al lado de Jesús.*

Y nadie fue tan favorecido como ese cireneo, porque *viajaban juntos* dentro de una pared de hierro: ningún hombre podía interrumpir o molestar, ni sacerdote ni laico; estaban tan juntos que *la cruz parecía estar sobre los dos.* Sin duda, Jesús le habló a Simón como le habló a muy pocos durante su ministerio, puesto que nadie que le ofreciera a Jesús el más mínimo servicio dejaba de ser recompensado de inmediato; y ese hombre lo había socorrido en su adversidad más espantosa. Lo que Jesús le dijo a *su sustituto,* Simón nunca lo contó. Pero una cosa es cierta: en medio de la tragedia camino del Calvario, *Simón conoció a Jesús.* Y con cuánta bondad debe haber hablado Jesús al que *cargó su cruz* mientras avanzaban juntos bajo una sola cruz, bajo una desgracia común. *Estando a solas con el Redentor se reúnen tesoros preciosos.*

Al Simón regresar a casa esa noche, nada quedó de la gran tragedia, a excepción de... unas pocas gotas de sangre sobre el suelo; pero, mientras tanto, *Jesús había logrado la liberación del mundo y Simón, el cireneo, había llevado la cruz del Señor. ¡Qué privilegio!*

Tomado del gentío para llevar la cruz de otro, ¡la vía dolorosa con Jesús!

—*John Watson, D. D.*

«Sopló sobre ellos y les dijo: "Reciban el Espíritu Santo"»
(Juan 20:22).

Tuve la oportunidad de predicar en una escuela pequeña a unos tres kilómetros de la primera iglesia que pastoreé. La reunión tuvo lugar en la tarde. Después del culto de la mañana en la iglesia llovía torrencialmente. Parecía inútil viajar tres kilómetros bajo semejante tormenta, porque ¿quién se aventuraría a venir con ese tiempo? Pero una joven había venido a buscarme en su coche y con renuencia, me fui con ella.

Había siete hombres presentes; la joven regresó a su casa para escapar de la lluvia. Mi primera impresión fue que casi no valía la pena predicar un sermón a un público tan pequeño, pero me arrepentí y les di lo mejor que tenía. El rocío del cielo estaba sobre nosotros: estábamos conscientes de la presencia de Dios y dos de los siete hombres, que no eran creyentes, expresaron su deseo de ser salvos.

Un anciano agricultor se levantó y dijo: «Mi joven hermano, Dios está obrando en medio nuestro. ¿No predicará usted esta noche? Las nubes están despejándose y nosotros saldremos y les diremos a las personas que hay reunión». Consentí, aunque más bien complicaba mis planes para el día siguiente. Esa noche, alrededor de veinticinco personas asistieron y hubo seis o siete interesados y dos o tres decisiones por Cristo.

Los cultos continuaron todos los días durante dos semanas. Hubo más de setenta conversiones y, un domingo por la mañana, bauticé a cuarenta nuevos miembros de mi iglesia. Yo no podía explicarlo; nadie parecía estar esperando un avivamiento ni haber estado orando por eso. Parecía ser la soberanía de Dios al dar el *soplo de su Espíritu* sin exigir que nadie lo pidiera en oración.

El último día de los cultos se resolvió el misterio. Al concluir el servicio, una mujer maternal de canas, vestida con sencillez, me tomó la mano y me dijo: «Este es mi hogar, aunque paso la mayor parte de mi tiempo enseñando en la escuela a cien kilómetros de aquí. Cuando mi sobrina me escribió que usted iba a predicar a las tres de la tarde y a las siete y media de la noche, despedí a mis alumnos media hora más temprano de lo normal para poder pasar en oración cada minuto que usted estuviera predicando. Y, señor, *he venido a ver lo que Dios ha estado haciendo. Los que usted bautizó esta mañana son todos mis vecinos y amigos, y entre ellos están mi hermano, mi sobrino y mi sobrina».*

Ni mi predicación ni mi oración trajeron el avivamiento. Fue la querida hermana a cien kilómetros, cuyas oraciones trajeron *el soplo del Espíritu* de Dios sobre las almas muertas de esa comunidad.

Que no pase un día sin elevar a Dios una oración para que traiga el soplo de su Espíritu sobre los huesos espirituales secos de su comunidad.

«Dichosos los que no han visto y sin embargo creen» (Juan 20:29).

Existen aquellos que no reciben visiones, ni momentos sobre el monte impregnados de una gloria que nunca se ha visto en la tierra ni en el mar. Que ninguno de estos envidie a los hombres de visión. Puede ser que la visión sea dada para fortalecer una fe que de otra manera sería débil. Es a los que pueden vivir una vida que otros llaman común y corriente —y sin embargo confiar—, que el Maestro llama «dichosos».

Tenga cuidado de no vivir de impulsos repentinos. Viva y actúe sobre principios confirmados. El destello del relámpago del verano es algo insignificante comparado con el brillo permanente de la luna o las estrellas.

«La noche más oscura tiene estrellas».

Cuando venga el decaimiento a su ánimo, abra su Nuevo Testamento. Lea con imaginación: póngase de pie en la costa en Capernaúm; visite el hogar en Betania; siéntese junto al pozo de Jacob y en el aposento alto; mire a los ojos de Jesús; escuche su voz; dé un paseo alrededor del Calvario; recuerde la corona de espinas; entonces dígase a sí mismo (porque es cierto): *«Todo esto fue por mí. El Hijo de Dios me amó a mí y se dio por mí».* «Y vea si la pasión de la alabanza no desaloja el decaimiento de su ánimo».

La alabanza y el servicio son grandes sanadores. Cuando la vida le hiera, esté adolorido y sea difícil ser valiente, *alabe a Dios.* Cante algo y usted mismo reanimará su propio corazón con su canción.

Usted debe aprender a nadar y a mantener su cabeza sobre el agua. Aun cuando el sentimiento de su presencia no esté con usted para sostener su barbilla.

—*Garden of Spices* [Jardín de especias]

No dependa de *condiciones o sentimientos.* Usted no puede vivir siempre en el trópico.

«Pedro subió a la azotea a orar» (Hechos 10:9).

E s probable que haya subido a la azotea para pedir *más revelación*. ¿Cuál será el próximo paso en el cumplimiento de su misión en la vida? ¿Estará cerca algún nuevo desarrollo del patrón divino del cual debiera estar consciente para sí mismo? ¿Y para los demás?

Mientras oraba, los cielos se abrieron y Dios le dio una visión verdadera de su voluntad. Entonces, estando él muy perplejo en cuanto al significado de la visión, tocaron a la puerta y se oyeron en el silencio del mediodía las voces de los hombres que lo llamaban. Junto con la certidumbre que le daba el Espíritu de que no había necesidad de temer ni vacilar, todo indicaba que la hora del destino había sonado; que una nueva época se inauguraba; y que él iba a dirigir a la iglesia hacia la revolución más grande que había conocido desde la ascensión de su Señor.

¡Qué lección para nuestro corazón perplejo y ansioso! Se nos hace difícil esperar el tiempo de nuestro Señor; como aves aprisionadas golpeamos nuestro pecho contra las rejas de la jaula. Aunque oramos, no confiamos. Se nos hace difícil obedecer la amonestación de nuestro Señor de poner nuestra ansiedad, nuestro camino y ponernos nosotros mismos completamente en las manos de Dios.

«Ya no vivo yo sino que Cristo vive en mí» (Gálatas 2:20)... *«Lleno del Espíritu Santo»* (Hechos 11:24).

Por mucho tiempo el pabilo de mi lámpara había sido útil a mi propósito, sirviendo en silencio mientras leía a su lado. Me sentí avergonzado por nunca antes haber notado su servicio discreto. Le dije al pabilo:

—Por el servicio de muchos meses te doy las gracias.

—¿Qué he hecho yo por ti?

—¿No has iluminado las páginas al yo leer?

—En realidad, no; yo no tengo luz que dar, y como prueba, sácame de mi baño de aceite para que veas lo rápido que me apago. Muy pronto me volverás la espalda como un pedazo de estopa humeante. No soy yo el que ardo, sino *el aceite con el cual mi textura está saturada*. Esto es lo que te ilumina. Yo solo soy un mediador entre el aceite del depósito y el fuego en mi extremo. Este extremo ennegrecido se deteriora poco a poco, pero la luz arde siempre.

—¿No temes cansarte? ¡Mira cuántos centímetros de pabilo quedan! ¿Podrás dar luz hasta que cada centímetro de este se queme lentamente y se termine?

—No tengo miedo mientras la provisión de aceite no se acabe, si solo alguna mano bondadosa quita de vez en cuando el extremo quemado... exponiendo a la llama un extremo nuevo. Esta es mi doble necesidad: *aceite y que me despabilen*. Dame estas dos cosas, ¡y alumbraré hasta el final!

Dios ha llamado a sus hijos a brillar como «luces en el mundo». Cuidémonos de no esconder nuestra luz, ya sea que seamos velas caseras, faroles o los rayos de un faro, no sea que los hombres tropiecen y mueran.

Discrepa de la enseñanza del pabilo tratar de acumular una reserva de gracia en un sacramento, una convención o una noche de oración. El pabilo no tiene tales almacenes; pero siempre se le suple.

Usted puede parecer del todo inútil e inadecuado; pero una fuente viva de aceite está preparada para suplirle suministros inagotables: *No es con ejército, ni con fuerza, sino con su Espíritu.* ¡Hora tras hora, el aceite sube por el pabilo hacia la llama!

¡USTED NO PUEDE AGOTAR LOS RECURSOS DE DIOS!

No nos acobardemos cuando se usen las despabiladeras; ellas solo quitan los restos quemados. Él piensa tanto en su obra que usa despabiladeras de *oro*. Y la mano que sujeta las despabiladeras lleva *la huella de los clavos del Calvario*.

—*Rvdo. R. B. Meyer*

«De repente apareció un ángel del Señor y una luz resplandeció en la celda. Despertó a Pedro con unas palmadas en el costado y le dijo: "¡Date prisa, levántate!"» (Hechos 12:7).

Si tememos al Señor podemos anticipar sus intervenciones oportunas cuando nuestro caso esté en su momento peor. Las tormentas no nos aíslan de los ángeles, ni les estorba la oscuridad. Los serafines no consideran una humillación visitar al miembro más pobre de la familia celestial. Si las visitas de los ángeles son pocas y distantes en los tiempos normales, son frecuentes en nuestras noches de tempestad y turbación. Querido lector, ¿es esta una hora de angustia para usted? Entonces pida ayuda especial. Jesús es el Ángel del pacto y si busca su presencia con intensidad, no le será negada. Lo que esa presencia trae es ánimo al corazón.

—*Charles H. Spurgeon*

«Sabía Jesús que el Padre había puesto todas las cosas bajo su dominio, y que había salido de Dios y a él volvía; así que se levantó de la mesa, se quitó el manto y se ató una toalla a la cintura. Luego echó agua en un recipiente y comenzó a lavarles los pies a sus discípulos y a secárselos con la toalla que llevaba a la cintura» (Juan 13:3–5).

Que no me siente en un trono alto, ni gobierne a la perfección estando solo; que no me sienta a la izquierda o a la derecha en la gloria y el poder del reino, ni sea grande; y, sobre todo, que no mantenga a otros en servil esclavitud, que no señoree sobre los demás con un alto cetro y una bandera desplegada; ni con autoridad, ni con orgullo, ni dominio vano, ni vasta supremacía; que no desee nada, ni me comporte así, en resumen, que no sea yo servido. Sino que sirva. Que con humildad cene con el pan y la copa del herido, allá donde corren las aguas de la tristeza, sumergido por completo en la corriente del infortunio; que camine en fraternidad, que camine lejos, allá donde están los tristes; que conozca la amargura y el pecado, que del pobre y del desdichado sea compañero y hermano; y que así sea ayudador, el último y el menor siervo en el reino, esclavo en la fiesta; que así obedezca y así me humille, y así, mi Salvador, que sirva. Sí, porque yo nunca estoy solo: esta es tu gloria, Señor, y este es tu mismo trono. Siervo infinito, que pueda yo ser esclavo, vasallo y trabajador contigo.
—*Amos R. Wells*

Quiero ser un alma humilde elogiada en el cielo.
—*John Shober Kimber*

«En eso llegaron [a Listra]... unos judíos que hicieron cambiar de parecer a la multitud. Apedrearon a Pablo y lo arrastraron fuera de la ciudad, creyendo que estaba muerto. Pero cuando lo rodearon los discípulos, él se levantó y volvió a entrar en la ciudad. Al día siguiente, partió para Derbe en compañía de Bernabé. Después de anunciar las buenas nuevas en aquella ciudad... regresaron a Listra, a Iconio y a Antioquía» (Hechos 14:19–21).

Los momentos más sublimes se encuentran muy cerca de las situaciones más dolorosas.

¿Estamos nosotros familiarizados con el camino que nos lleva de regreso al apedreamiento?

«Después de que Pablo tuvo la visión, en seguida nos preparamos para partir hacia Macedonia, convencidos de que Dios nos había llamado a anunciar el evangelio a los macedonios» (Hechos 16:10).

Hay cierta sencillez en la manera en que Dios lleva a cabo sus planes, pero también una habilidad que supera cualquier dificultad, una fidelidad inquebrantable hacia el hijo que confía en él, y una constancia de que se mantiene firme en su propósito. Por medio de un compañero de prisión y luego mediante un sueño, él saca a José de la prisión y lo eleva al cargo de primer ministro. El tiempo que pasó en la prisión impide que el primer ministro se enorgullezca.

Es seguro confiar en los métodos de Dios y guiarse por su reloj.

—*The Bent Knee Time* [Tiempo de doblar rodilla],
por S. D. Gordon

«Él iba a hacer esa parte del viaje por tierra» (Hechos 20:13).

¿Por qué prefería Pablo ir *por tierra*? Y, ¿cómo podemos explicar su deseo de ir solo?

Hay momentos en la vida de todo hombre cuando no desea camaradas con él en el camino. Una parte preciosa de nuestro credo es: «Creo en la comunión de los santos» pero, después de todo, no es en esa comunión que tenemos la más íntima relación con Dios en Cristo. Es en secreto que aprendemos el secreto del Señor.

Fue en la soledad pavorosa de Betel y en el amanecer gris del vado de Jaboc que a Jacob se le concedieron las visiones de Dios.

Fue cuando estaba solo en el silencio del desierto que Moisés vio la zarza ardiendo y recibió la comisión divina.

Fue cuando Josué caminó sin compañía bajo las estrellas alrededor del muro de Jericó que el capitán de los ejércitos del Señor apareció frente a él.

Fue cuando Isaías estaba solo en el templo que un carbón encendido tocó sus labios,

Fue cuando María estaba sola que el ángel le trajo el mensaje del Señor.

Fue cuando Eliseo estaba arando su surco solitario que el manto del profeta cayó sobre él.

Noé construyó y viajó solo. Sus vecinos se rieron de lo extraño que era y perecieron.

Abraham peregrinó y adoró solo; los sodomitas se rieron del sencillo pastor, siguieron a su manera y los consumieron las llamas. *Daniel* comió y oró solo.

Jesús vivió y murió solo.

Ah, es bueno «que queramos ir por tierra» algunas veces; cuando aun nuestros seres más queridos van por otro camino. *Porque cuando estamos solos tenemos más posibilidad de que se nos acerque uno que hace arder nuestro corazón mientras habla con nosotros por el camino.*

«Me encantan las solitarias horas creativas con Dios».
—Madame Guyon

«*No fui desobediente*» (Hechos 26:19).

¿Adónde, oh, Cristo? La *visión no lo dijo; ni Pablo preguntó, pero emprendió el camino*. Si Pablo hubiera preguntado y si el Señor le hubiese dicho; si Pablo hubiera sabido el largo y duro camino que le esperaba; si con la visión celestial Pablo hubiese visto la pobreza severa con semblante de frío y hambre, las prisiones fétidas y negras con sus cadenas y potros, los fieros ladrones ocultos en medio de las rocas revueltas, la violencia del populacho, las piedras hiriéndolo, los ojos adoloridos, la fiebre ardiendo en sus huesos, los peligros en los desfiladeros fieros y empinados de las montañas, los peligros de tempestad en la profundidad furiosa, la soledad lóbrega, la maldición de las mentiras, los ojos sospechosos del fanatismo enfurecido, el enemigo amargado, el amigo debilucho y desatinado, la espada que blandía César al final: ¿hubiera Pablo retrocedido con quejidos temblorosos y se hubiera establecido en Tarso, si lo hubiese sabido? ¡No! ¡Y mil veces un resonante no! *Pablo se regocijaba en ir a donde Jesús iba*. Donde Jesús estaba, las prisiones eran palacios; con Jesús cerca, no necesitaba otra ayuda; el amor de Jesús lo mantenía alegre y animado, valiente ante los reyes y salvo en cualquier tormenta. *¿Adónde, oh, Cristo? La visión no lo dijo. A Pablo no le importaba. Él emprendió el camino.*

—*Amos R. Wells*

Un gran deber dominaba la vida del Hijo del hombre. Ese *deber* dominará la nuestra si seguimos en sus pisadas. El Hijo del hombre *debe*, y por tanto, sus seguidores debemos.

El Espíritu de Dios no viene con una voz de trueno (puede venir así a la larga), sino como un tierno céfiro; sin embargo, solo puede describirse como un impulso imperativo: ¡*esto hay que hacerlo*!

«Luz de los que están en la oscuridad» (Romanos 2:19).

«Fuimos alumbrados para que alumbremos a otros. Si pudiera escoger, me gustaría arder con constancia, sin desperdiciarme goteando y, mientras hago eso, comunicar así el fuego de Dios a tantas velas apagadas como sea posible y arder con constancia hasta que la candela se haga visible; entonces encender en el último resplandor vacilante, veinte, treinta o cien velas a la vez, para que cuando expire, ellas puedan comenzar a arder y esparcir luz que brille hasta que Jesús venga».

«Por eso la promesa viene por la fe, a fin de que por la gracia quede garantizada» (Romanos 4:16).

El gran maestro devocional del siglo pasado, el doctor Andrew Murray, dijo: *«Cuando usted obtiene una promesa de Dios, vale tanto como su cumplimiento.* Una promesa lo lleva a un contacto directo con Dios. Hónrelo confiando en la promesa y obedeciéndolo». ¿Comprendemos esa verdad a menudo? ¿No estamos con frecuencia *tratando* de creer, en vez de darnos cuenta de que estas promesas nos ponen en contacto con Dios? *«La promesa de Dios es tan real como su presencia».* Creer y aceptar la promesa de Dios no es enfrascarse en cierta clase de gimnasia mental en la que usamos nuestra imaginación para comenzar un proceso de autosugestión o producimos una fe especulativa con la cual argumentamos con nosotros mismos en un esfuerzo por creer a Dios. Es absoluta confianza en, y dependencia de, Dios a través de su Palabra.

Cuando digo una fe sencilla en una promesa sencilla, no quiero decir *un mero asentimiento* de que Dios es fiel y que esa promesa en el libro de *Dios pudiera* cumplirse en mí, sino *un riesgo osado, saludable, constante* de mi alma, cuerpo y espíritu basado en la verdad de la promesa en un acto de apropiación.

—Fletcher

«La fe que cerrará la boca de los leones tiene que ser más que una esperanza piadosa de que no nos van a morder».

«Abraham creyó y esperó» (Romanos 4:18).

Cuando Dios va a hacer algo *maravilloso*, comienza con una dificultad. Si va a ser *muy maravilloso*, comienza con una imposibilidad.

—*Rvdo. Charles Inwood*

Oh, Dios de lo imposible,
cuando no podamos ver la esperanza,
concédenos la fe que todavía cree
que todo es posible para ti.

—*J. H. S.*

«Porque sabemos que el sufrimiento produce perseverancia; la perseverancia, entereza de carácter; la entereza de carácter, esperanza. Y esta esperanza no nos defrauda» (Romanos 5:3–5).

Se cuenta que un día el gran artista Thmer invitó a Charles Kingsley a su estudio a ver un cuadro de una tormenta en el mar. Kingsley quedó extasiado de admiración. «¿Cómo lo hiciste, Thmer?», exclamó. Thmer respondió: «Yo quería pintar una tormenta en el mar; así que me fui a la costa de Holanda y contraté a un pescador para que me llevara en su bote durante la próxima tormenta. La tormenta se estaba formando y yo bajé al bote y mandé que me amarrara a su mástil. Después, hizo que el bote avanzara a fin de enfrentarse a lo peor de la tormenta. La tormenta estaba tan furiosa que deseé estar en el fondo del bote para que el viento soplara por encima de mí. Pero no podía: estaba amarrado al mástil. *No solo vi y sentí esa tormenta, sino que el viento sopló sobre mí hasta que llegué a ser parte de la tormenta. Entonces regresé y pinté el cuadro»*.

Su experiencia es una parábola de la vida: a veces nubes y a veces sol; a veces placer, a veces dolor. *La vida es una gran mezcla de felicidad y tormentas trágicas. El que se enriquece al vivirla es aquel que se atreve a aceptarlo todo, a enfrentarlo todo y a permitir que acople con todo su poder, misterio y tragedia en lo más recóndito del alma. Una victoria que se gana así en esta vida se convertirá entonces en una posesión eterna.*

—Charles Lewis Slattery

«Sepultados con él en su muerte, a fin de que, así como Cristo resucitó por el poder del Padre, también nosotros llevemos una vida nueva» (Romanos 6:4).

Nadie entra en la experiencia de una santificación completa sin pasar por un «funeral blanco», es decir, el entierro de la vida vieja. Si nunca ha habido esta crisis de muerte, la santificación no es más que una visión. Tiene que haber un «funeral blanco», la muerte que tiene solo una resurrección, una resurrección a la vida de Jesús. Nada puede perturbar esta vida; es una con Dios y tiene un solo propósito: ser testigo de él.

¿He llegado en realidad a mis últimos días? He llegado a ellos en mis emociones, pero ¿he llegado a ellos *en realidad?* Uno no puede ir a su funeral estando emocionado, ni morir emocionado. La muerte significa dejar de ser. ¿Estoy de acuerdo con Dios en que debo dejar de esforzarme en mis propias fuerzas como he hecho hasta ahora? Rodeamos el cementerio y todo el tiempo rehusamos ir a la muerte. No hay que esforzarse por ir a la muerte, sino morir, «bautizados en su muerte».

¿He tenido yo un «funeral blanco» o estoy jugando un juego sagrado con mi alma? ¿Hay un momento designado en mi vida como el último día, un instante que recuerdo con escarmiento y un agradecimiento extraordinario? Sí, fue entonces que hice un acuerdo con Dios. Pues «la voluntad de Dios es que sean santificados». Cuando usted se dé cuenta de cuál es la voluntad de Dios, entrará en la santificación con muchísima naturalidad. ¿Está usted dispuesto a pasar por el «funeral blanco» ahora?

¿Está de acuerdo con él en que este sea su último día en la tierra? Ese momento depende de usted.

—*En pos de lo supremo, por Oswald Chambers*

«Presentando los miembros de su cuerpo como instrumentos»
(Romanos 6:13).

Dios no puede hacer nada con nosotros si *no nos rendimos.*
Recuerdo una excursión al palacio de Génova. Entramos en una habitación que parecía estar vacía; paredes, pisos y mesas desnudas nos recibieron. Enseguida atravesamos la habitación y el guía nos llevó a la pared del otro extremo. Allí divisamos un nicho en la pared. En el nicho había un estuche de vidrio. En el estuche había un magnífico violín en perfecto estado de preservación: el violín favorito de Paganini, el exquisito y antiguo Cremona en el que —con más deleite— manifestaba su maravillosa habilidad. Miramos con atención el magnífico instrumento, con sus matices cálidos, sus curvas sinuosas y su diseño perfecto. Y entonces tratamos de imaginar las maravillosas melodías que el toque del gran maestro produciría si estuviera allí en la cámara silenciosa del palacio. No, no podía ser. No sería posible que lo hiciera. Porque *estaba guardado bajo llave.* El maestro no tendría ninguna oportunidad de tocarlo.

No es cuánto tenga usted, sino *cuánto* de usted tiene Dios.

Presente sus miembros a Dios como instrumentos. Presentar quiere decir «colocar cerca de la mano de alguien». *Rendido, accesible, utilizable,* eso le da a Dios una oportunidad.

Hágalo como una verdadera transacción.

La voluntad rendida a Dios encuentra la vida planificada por Dios.
Dele una oportunidad a Dios.

«A fin de pertenecer al que fue levantado de entre los muertos» (Romanos 7:4).

El momento más feliz en la vida de la novia tiene que ser cuando pierde su propio nombre y su dependencia de sí misma en el altar del matrimonio tomando el nombre de su esposo en vez del de ella y uniendo su vida con la de él. Y el momento más feliz de nuestra vida tiene que ser aquel cuando, renunciando a nuestro derecho de propiedad, llegamos a ser la novia de otro, del Señor Jesucristo.

En el matrimonio, por supuesto, las riquezas del esposo se colocan a la disposición de la esposa. Muchos recordarán la historia del conde de Burleigh que Tennyson ha inmortalizado. Bajo el disfraz de un pintor de paisajes, el conde se ganó el corazón de una sencilla doncella aldeana. Imaginando que iban hacia la casita de campo en la que él había dicho que iban a pasar su feliz vida de casados, pasaron, una tras otra, por hermosas residencias, hasta que…

Así que por la unión del corazón y de la vida de ambos, la sencilla doncella aldeana llegó a ser la señora de Burleigh y *toda* la riqueza de su esposo pasó a ser de *ella*.

¿Quién podrá contar la riqueza que heredan los que están verdaderamente unidos con Jesús?

«La incomparable riqueza de su gracia».
«Las incalculables riquezas de Cristo».

—*Efesios 2:7; 3:8*

«De hecho, considero que en nada se comparan los sufrimientos actuales con la gloria que habrá de revelarse en nosotros» (Romanos 8:18).

Para desarrollar el carácter, el hombre imperfecto necesita el estímulo y la disciplina de un ambiente en *desarrollo*, todavía no perfeccionado, un mundo de luchas y resistencia: obstáculos que vencer, batallas que ganar, problemas desconcertantes que resolver. Él necesita, no un mundo suave de holgura que lo arrulle hasta dormirlo, sino un ambiente cambiante de acción y reacción: frío y calor, verano e invierno, sol y sombra, luz y oscuridad, placer y dolor, prosperidad y adversidad.

Como dice el doctor Hillis: «El que pide que se le quite el sufrimiento, *quitaría el invierno de las estaciones, la gloria de la noche del ciclo de veinticuatro horas, las nubes y los temporales del verano; sacaría las arrugas del rostro de Lincoln; despojaría a Sócrates de su dignidad y majestad; haría de San Pablo un mero sentimiento estético; robaría la dulzura de la maternidad; robaría al Varón de dolores su santidad».

Cuando la niñita le dijo a su maestro de música que le dolían los dedos al practicar el piano, el maestro respondió: *«Sé que duele, pero también los fortalece»*. Entonces la niña encerró la filosofía de las edades en su respuesta: «Maestro, *parece que todo lo que fortalece, duele»*.

Dios nunca desperdicia el dolor de sus hijos.

Dios confía la tristeza a quienes ama mucho y les prepara algún enriquecimiento precioso que viene únicamente a través del canal del sufrimiento.

Hay cosas que ni siquiera Dios mismo puede hacer por nosotros, a menos que nos permita sufrir. *Él no puede obtener el resultado del proceso sin el proceso mismo.*

Si usted figura entre «los que aman a Dios», *todas las cosas son suyas*. Las estrellas en su trayectoria luchan por usted. Todos los vientos que soplan no hacen sino hinchar sus velas.

Dios no prueba a las almas inútiles.

«Pero el Espíritu mismo intercede por nosotros» (Romanos 8:26).

El ideal más alto de la oración es que el Espíritu Santo ore por medio de nosotros. Él está en nosotros *para inspirar nuestros deseos y anhelos, para vivificar nuestra mente y nuestro corazón y para darnos oraciones que él quiere expresar por medio de nosotros.* Mucho se ha dicho acerca de «orar hasta recibir»; y cuando significa orar hasta que creamos a Dios, es una proposición muy útil y muy bíblica. Sin embargo, si enfocamos este tema de la oración desde el punto de vista divino, se puede decir que toda oración efectiva es solo la que el Espíritu Santo *eleva por medio de nosotros.*

En su oración *por medio de nosotros,* él vivifica y usa nuestra voluntad, nuestro intelecto y nuestro afecto. Obra de una manera tan natural que pareciera que la oración se originara y se llevara a cabo por nosotros mismos, pero *es él quien ora* porque nos hemos rendido a él voluntariamente con una fe completa en su obra.

Aunque su oración es tan natural como sería la nuestra, sin embargo, cuando él ora hay siempre la conciencia de un poder y una profundidad inexpresables. Esos son los deseos amorosos e infinitos de Dios que luchan por encontrar expresión a través de canales humanos y finitos. Además, seremos inspirados a orar por propósitos y personas que de otra manera se hubieran descuidado *y ese espíritu de oración vendrá sobre nosotros según haya la necesidad y en algunas ocasiones puede hasta parecer que viene en el lugar y el momento menos probable.*

¡Qué ilimitadas son las posibilidades de oración cuando tenemos un ayudador tan poderoso y amoroso! *¡Qué seguros podemos estar de la respuesta cuando él inspira la oración a través de nosotros!* ¡Qué comunión más maravillosa nos da esta clase de oración!

La única manera que podemos darnos cuenta de su ideal para nuestra vida de oración es permaneciendo en él y confiando cada momento en que él *ora por medio de nosotros con sus propias y poderosas intercesiones.*

—*C. H. P.*

«Ahora bien, sabemos que Dios dispone todas las cosas para el bien de quienes lo aman, los que han sido llamados de acuerdo con su propósito» (Romanos 8:28).

Él estaba tejiendo.

—¡Qué extraña es esa alfombra que está haciendo! —dijo el visitante.

—Solo inclínese y mire por debajo —fue la respuesta.

El hombre se inclinó. *El plan estaba del otro lado* y en ese momento se hizo la luz en su mente.

El gran Tejedor está ocupado con su plan. No sea impaciente; basta saber que usted es parte del plan y que *él nunca se equivoca.* Espere la luz de los años venideros y la ojeada al otro lado. *¡Siga esperando!*

Se puede decir de muchas de las alfombras hermosas que se confeccionan en la India, que el tejido se hace al sonido de la música. Los diseños se transmiten de una generación a otra y las instrucciones para su confección están en manuscritos que se parecen mucho a una partitura musical. En realidad, es más que un parecido accidental, porque cada alfombra tiene una especie de melodía propia. Los miles de hilos se estiran sobre un marco grande de madera y detrás de él, en un banco largo, se sientan los trabajadores. El maestro tejedor lee las instrucciones para cada puntada en una extraña tonada, en la cual cada color tiene su nota particular.

El relato nos hace pensar en el tejido de nuestra propia vida. Todos somos tejedores y día tras día trabajamos con los hilos, a veces oscuros, a veces brillantes, que formarán parte de la alfombra. Pero bienaventurados los que están seguros de que sí hay un patrón; que escuchan y confían en la Voz que dirige y así tejen los hilos cambiantes al sonido de la música.

—*W. J. Hart*

«Ahora bien, sabemos que Dios dispone todas las cosas para el bien de quienes lo aman, los que han sido llamados de acuerdo con su propósito» (Romanos 8:28).

El poeta Cowper era víctima de ataques de depresión. Un día llamó un taxi y le dijo al chofer que lo llevara al puente de Londres. Pronto una densa neblina descendió sobre la ciudad. El chofer estuvo dando vueltas durante dos horas y entonces reconoció que estaba perdido. Cowper le preguntó si creía que pudiera encontrar el camino de regreso. Al chofer le pareció que sí y en una hora lo llevó a la puerta de su casa. Cuando Cowper le preguntó cuánto era el costo, el chofer sintió que no debía cobrarle nada puesto que no lo había llevado a su destino. Cowper insistió diciendo: «No importa, usted me ha salvado la vida. Iba a lanzarme del puente».

Los planes en la capilla salieron mal; la tormenta de nieve encerró al ministro. Los planes del muchacho bajo la galería salieron mal; la tormenta de nieve impidió que fuera a la iglesia de su elección. *Esos dos inconvenientes juntos obraron un tremendo bien, porque de esos planes y programas desbaratados surgió un evento que ha enriquecido a la humanidad de una manera incalculable: la conversión de Spurgeon.*

Un anciano chino llamado Sai tenía un solo hijo y un solo caballo. Una vez el caballo se escapó y Sai estaba muy preocupado. Un solo caballo y está perdido. Alguien dijo: *«No sufras, espera un poco»*. El caballo regresó. Poco después, el hijo salió al campo montado en el caballo. Al regresar a la casa, se cayó del animal y se rompió una pierna. ¡Qué tristeza tenía entonces el pobre Sai! No podía comer, no podía dormir; no podía ni siquiera atender bien las necesidades de su hijo. ¡Un solo hijo y lisiado! Pero alguien dijo: *«¡Más paciencia, Sai!»*. Poco después del accidente, empezó una guerra, todos los hombres jóvenes fueron a la guerra; ninguno de ellos regresó. *Solo el hijo de Sai, el lisiado, quedó en casa y vivió por largo tiempo para gozo de su padre.*

—*Leyenda china*

«En todo esto somos más que vencedores (Romanos 8:37).

Este es uno de los capítulos más grandes de la Biblia. Si la duda se apodera de usted, léalo. Si sus tristezas lo han dominado, este capítulo tiene un mensaje para usted. Si está débil, le dará fuerza. Si está desalentado, la lógica ineludible de este pasaje le restaurará la esperanza. Léalo a menudo; familiarícese con sus verdades, su proceso de razonamiento, su conclusión. Créalo. Vívalo. *Aquí no solo hay una victoria prometida, ¡sino más que victoria!*

¿Cómo podemos ser «más que vencedores»? Los indios americanos creían que cada enemigo que mataban con su hacha de guerra enviaba nuevas fuerzas al brazo del guerrero. Las tentaciones que se enfrentan victoriosamente aumentan la fuerza y el adiestramiento espirituales. Es posible no solo vencer al enemigo, sino capturarlo y hacerlo pelear en nuestras filas. Dios quiere que todos sus hijos *conviertan las nubes de tormenta en bendiciones.*

«El ministerio de las espinas ha sido con frecuencia mayor que el ministerio de los tronos». Aprópiese de esta verdad.

Enfrente hoy las fuerzas de las tinieblas sin miedo.

«Sin embargo, en todo esto somos más que vencedores por medio de aquel que nos amó» (Romanos 8:37).

El mejor acero es sometido al calor extremo y luego al frío extremo. En una cuchillería, usted notará que las hojas de los cuchillos se calientan y se baten y entonces se calientan otra vez y se lanzan en el agua más helada para darles la figura y el temple correcto. También observará un montón de hojas desechadas porque no soportaron el proceso templador. Cuando las pusieron sobre la piedra de afilar aparecieron pequeños defectos en algunas que hasta el momento habían parecido perfectas.

Las almas son calentadas en el horno de la aflicción, lanzadas en las frías aguas de la tribulación y molidas entre las piedras de la adversidad y el desastre. Algunas salen listas para el servicio más alto; otras no sirven sino para los usos más bajos. ¿Será usted contado entre las fuerzas que están trabajando para la salvación del mundo? *Permanezca quieto en las manos de Dios hasta que él le temple.*

—¡Detente, ahora! —le dice la hoja de cuchillo al cuchillero—. He estado en el fuego bastante. ¿Es que quieres quemarme la vida?

Pero va de nuevo al horno ardiente y ahora es calentada al rojo vivo.

—Deja de martillar. Ya me han golpeado bastante.

Pero el mazo cae de nuevo sobre ella.

—Sácame de esta agua fría. Un momento en el horno de fuego y al siguiente en agua helada. Suficiente para matar a cualquiera.

Pero se mete al agua.

—No me pongas en la piedra de afilar. Vas a desgastarme la vida.

Pero la obligan a besar la piedra hasta que el cuchillero esté satisfecho. ¡Mire ahora! Se puede doblar; sin embargo, se endereza de un salto como una flecha. Es tan brillante y pulida como la plata, dura como un diamante y cortará igual que una hoja de Damasco. *Ha sido formada, templada y pulida; vale algo.*

Permanezca quieto y *deje que Dios le temple y lo pula, entonces usted también valdrá algo. Permita que lo preparen para ser útil. Él le dará un puesto de santo renombre, si le permite que lo prepare para ello.*

Permanezca quieto en el horno de fuego mientras el Espíritu Santo moldea y pule su alma.

—*Rvdo. R. V. Lawrence* 289

«¿Acaso le dirá la olla de barro al que la modeló: "¿Por qué me hiciste así?"» (Romanos 9:20).

U n pedazo de madera una vez se quejaba con amargura porque lo estaban cortando y llenando con hendiduras y huecos; pero el que sujetaba la madera y la cortaba con su cuchillo sin ningún remordimiento, no escuchó la dolida queja. Estaba haciendo una flauta de la madera y era demasiado sabio para desistir porque se lo rogaran. Él le dijo: «Oh, insensato pedazo de madera, sin estas hendiduras y huecos serías solo un mero palo para siempre, un pedazo de ébano negro sin poder para hacer música o ser de ninguna utilidad. Estas hendiduras que yo estoy haciendo, que parecen estar destruyéndote, te convertirán en una flauta y tu dulce música entonces encantará a las almas de los hombres. Al cortarte te estoy fabricando, porque entonces serás preciosa y valiosa y una bendición en el mundo».

David nunca hubiera podido cantar sus canciones más dulces si no hubiera experimentado aflicción y dolor. Sus aflicciones hicieron de su vida un instrumento en el cual Dios podía crear la música de su amor para encantar y aliviar los corazones de los hombres.

«No somos sino órganos mudos hasta que el Maestro toca
    las teclas;
en realidad, vasos de barro en los cuales Dios derrama el
    vino;
somos arpas, arpas silenciosas que han colgado de los
    sauces,
mudas hasta que las cuerdas de nuestro corazón cobran
    fuerza y
rompen el silencio con el pulso divino».

*Hasta que la vida no se haya quebrantado, no está lista
para el uso del Maestro.*

«Por lo tanto, hermanos, tomando en cuenta la misericordia de Dios, les ruego que cada uno de ustedes, en adoración espiritual, ofrezca su cuerpo como sacrificio vivo, santo y agradable a Dios» (Romanos 12:1).

Alguien ha dicho con mucho acierto: «No había timón en el arca de Noé». Ni siquiera era necesario. Noé obedeció a Dios y ahora estaba encerrado con él; era Dios el que conducía su arca; él simplemente era un mensajero de Dios. El hombre que pudo soportar lo que él sufrió por más de un siglo, mientras predicaba la Palabra en medio de un pueblo hostil, no tenía temor en cuanto a dónde iba. El cumplimiento de la profecía con respecto al diluvio debe haber confirmado una fe que ya era fuerte.

Es una experiencia placentera cuando en realidad creemos que Dios está conduciendo nuestra pequeña barca a través del mar tempestuoso de la vida. *Solo el abandono supremo y absoluto a la voluntad de Dios dará al alma descanso perfecto.* Eso es lo que ensancha al alma. Fénelon dijo: «Si existe algo que es capaz de establecer al alma en un lugar espacioso es *la entrega absoluta a Dios.* Difunde en el alma una "paz... como un río; tu justicia, como las olas del mar"» (Isaías 48:18). Si hay algo que puede calmar al alma, disipar sus escrúpulos y desvanecer sus temores, endulzar sus sufrimientos con la unción del amor, impartir fuerza a todas sus acciones y transmitir el gozo del Espíritu Santo a su semblante y a sus palabras, es el reposo sencillo, como el de un niño, en los brazos de Dios.

Dios pudo darle a Abraham porque estaba abierto. Dios solo puede darle a una mano abierta. Esa mano estaba bien abierta. Esa puerta estaba abierta de par en par. Dios tenía libertad de acción y la usó. Él *podía* hacerlo y lo hizo. Él siempre lo hace. Que esta sea nuestra regla: «Dale todo lo que él te pida; y toma todo lo que te dé». Y tu copa rebosará de gozo.

—*Dr. S. D. Gordon*

*Tenga cuidado con cualquier vacilación en cuanto
a entregarse completamente a Dios.*

«En adoración espiritual» (Romanos 12:1).

¿Por qué somos salvos? Somos salvos para ser *sacrificados*. Hay una lección sorprendente en el hecho de que Dios salvó a ciertos animales limpios y a ciertas aves limpias durante el diluvio. Bajo la dirección de Dios, Noé trajo estos, así como a otras bestias y aves que no eran limpias, al área de la salvación. Esas criaturas limpias fueron favorecidas por encima de las que perecieron en el diluvio. Debe haber sido una experiencia maravillosa salir del arca a tierra firme otra vez. Pero, ¿qué pasó entonces?

«Noé construyó un altar al Señor, y sobre ese altar ofreció como holocausto animales puros y aves puras» (Génesis 8:20).

De manera que parece *que algunas de esas criaturas se salvaron para ser sacrificadas después que su salvación se consumó.* Si eso nos sorprende, ¿nos hemos dado cuenta de que los que creemos en Cristo somos salvos exactamente para ese propósito?

«Por lo tanto, hermanos, tomando en cuenta la misericordia de Dios, les ruego que cada uno de ustedes, en adoración espiritual, ofrezca su cuerpo como sacrificio vivo, santo y agradable a Dios» (Romanos 12:1).

Esto es *agradable a Dios y es nuestro culto racional.*

El sacrificio que hizo Noé con los animales limpios trajo gran bendición a la tierra, como nos muestra la continuación del relato; y el «sacrificio vivo» de los hijos de Dios trae gran bendición a la humanidad.

Demos gracias a Dios de corazón porque somos salvos para ser sacrificados.

—*Sunday School Times*

¡Todo lo que tengo, lo traigo a ti!

«Ofrezca su cuerpo como sacrificio vivo» (Romanos 12:1).

Préstame tu cuerpo, dice nuestro Señor. Por unos pocos años, en el cuerpo que fue preparado para mí, me deleité en hacer la voluntad de mi Padre. A través de ese cuerpo me puse en contacto con los hijos de los hombres: enfermos, cansados, llenos de pecado, cargados. Esos pies me llevaron a los hogares donde la tristeza y la muerte habían entrado; esas manos tocaron cuerpos leprosos, miembros paralizados, ojos ciegos; esos labios hablaron del remedio de mi Padre para el pecado, de su amor por un mundo pródigo. En ese cuerpo llevé el pecado del mundo sobre la cruz, y a través del sacrificio de ese cuerpo una vez por todas, mis seguidores son santificados.

Pero todavía necesito un cuerpo; *¿me prestarás el tuyo? Millones de corazones están anhelantes,* con un hambre indescriptible *de mí.* En costas distantes hay hombres, mujeres y niños sumidos en la oscuridad y en la sombra de muerte, hombres que nunca han oído de mi amor. *¿Me prestarás tu cuerpo* para que yo pueda cruzar el océano y decirles que la luz tras la cual andan a tientas al fin los ha alcanzado; que el pan del cual tienen hambre está ahora a su misma puerta?

Quiero un corazón que yo pueda llenar de compasión divina; y labios, purificados de toda inmundicia, con qué contar la historia que trae esperanza a los desesperanzados, libertad a los encadenados, sanidad a los enfermos y vida a los muertos. *¿Me prestarás el tuyo?*

«Fiel es Dios» (1 Corintios 1:9).

Dios se pone a nuestro alcance a través de sus promesas, y cuando nosotros podemos decirle: «Tú dijiste» él no puede dar una respuesta negativa; tiene que hacer lo que ha dicho. Al orar, asegúrese de *basarse en una promesa*; eso le dará suficiente pie firme como para abrir las puertas del cielo y tomarlo por la fuerza. Una vez que usted consiga asirse de una promesa, tendrá una eficacia con Dios que lo capacitará para confiar que su petición será concedida. Dios no puede retractarse de lo que ha prometido.

—R. B. Meyer

Así como Dios no puede negarse a sí mismo, tampoco puede defraudar la fe.

«Un amigo me da un cheque que dice: "Páguese a la orden de C. H. Spurgeon la suma de diez libras". Su nombre vale y también su banco, pero yo no obtengo nada de su bondad hasta que firme mi propio nombre al dorso del cheque. Es un acto muy sencillo, pero no se puede prescindir de la firma. Hay muchos nombres más nobles que el mío, pero no puedo usar ninguno de ellos en lugar del mío. Si escribo el nombre de la reina, de nada me serviría… tengo que poner mi propio nombre.

»De igual manera, cada uno tiene que aceptar, adoptar y endosar personalmente la promesa de Dios usando su propia fe o no obtendrá ningún beneficio de ella. Si uno fuera a escribir frases como el poeta Milton en honor al banco o superar los versos de Thennyson, elogiando su generoso benefactor, de nada valdría. Lo que se exige sencillamente es el nombre escrito por uno mismo y no se aceptará nada en su lugar. Tenemos que *creer la promesa*, cada uno por sí mismo, y declarar que sabemos que es verdadera, o no nos traerá bendición».

—*Charles H. Spurgeon*

«Dios... escogió lo débil del mundo para avergonzar a los poderosos» (1 Corintios 1:27).

No debemos sentimos apocados por estar conscientes de que somos pobres instrumentos. Lo más importante es *la maestría del que usa los instrumentos.*

En cierta ocasión, estando delante de un gran público, Paganini rompió las cuerdas de su violín una tras otra. Los hombres habían venido a escuchar su sonata más destacada, «Napoleón». Se pusieron a silbar cuando parecía que él destruía toda esperanza de continuar su ejecución. Entonces el artista levantó su violín y dijo: «Una cuerda... y Paganini», y con esa sola cuerda manifestó por primera vez toda su grandeza.

Sería en realidad un violín de muy mala calidad si Paganini no pudiera extraerle música, un lápiz muy malo si Rafael no pudiera crear con él una obra maestra; y *el poder del Espíritu del menos dotado puede obrar cosas gloriosas.*

Se dice que Gainsborough, el artista, anhelaba también ser músico. Compró toda clase de instrumentos musicales y trató de tocarlos. En cierta ocasión escuchó a un gran violinista extraer música cautivadora de su instrumento. Gainsborough quedó encantado y transportado de admiración. Compró el violín que el maestro había tocado tan maravillosamente. Pensaba que si tenía el hermoso instrumento, él también podría tocarlo. Pero pronto se dio cuenta de que la música no estaba en el violín, sino en el maestro que lo tocaba.

¿Está desalentado porque no tiene ninguna fuerza ni habilidad que pueda llamar suya? ¿Está abatido porque no tiene recursos? Piense, entonces, lo que eso puede significar: *una voz, un talento y Dios.* Que me ponga por completo al servicio de Dios, sin importar lo que yo sea; *no es grandeza lo que se requiere, sino ser apto para el uso del Maestro.*

Solo permita que él tenga carta blanca.

«Me propuse más bien, estando entre ustedes, no saber de cosa algu-
na, excepto de Jesucristo, y de éste crucificado» (1 Corintios 2:2).

«Porque nadie puede poner un fundamento diferente del que ya está
puesto, que es Jesucristo» (1 Corintios 3:11).

«En la cruz de Cristo me glorío,
la cual triunfa sobre todos los estragos del tiempo».

Martín Lutero predicaba la doctrina de la sangre expiatoria a una Europa inerte y Europa se levantó de los muertos.

En medio de todas sus defensas de la soberanía divina, *Calvino* nunca ignoró ni subestimó la expiación.

Cowper cantó de ella en medio de los nenúfares dulces.

Spurgeon proclamó esta gloriosa doctrina de Cristo crucificado en los oídos de nobles y campesinos con una voz como el sonido de muchas aguas.

Juan Bunyan hizo de la cruz el punto de partida hacia la ciudad celestial. Todos los sermones de Moody giraban alrededor del tema fundamental del Calvario.

Después de conquistar casi toda Europa, *Napoleón* puso su dedo en el punto rojo del mapa que representaba a las Islas Británicas y dijo: «Si no fuera por ese punto rojo, ¡yo conquistaría al mundo!».

Así dice Satanás acerca del lugar llamado Calvario, donde Jesucristo derramó su sangre.

—*Dr. T. L. Cuyler*

¡El Calvario lo cubre todo!

«Ustedes son el campo de cultivo de Dios» (1 Corintios 3:9).

L abrar y escarificar —como parte del cultivo— son procesos dolorosos. Es seguro que el Labrador divino está obrando en el mundo como nunca antes. Él labra *por su Espíritu, por su Palabra y por su providencia. Por dolorosos que sean, los procesos de cultivo son fundamentales.*

Si la tierra pudiera hablar diría: «Hoy sentí el arado duro; sabía lo que venía; cuando la punta del arado me golpeó por primera vez estaba llena de dolor, de angustia y quería gritar de dolor porque la punta estaba afilada y la introducían con gran energía; pero ahora pienso en el beneficio: *eso significa que aparecerá la hoja, la espiga, el grano en la espiga, la cosecha dorada y la celebración del fin de la cosecha».*

Cuando el arado de la providencia de Dios penetra por primera vez en la vida de un hombre, no hay que asombrarse si este lanza unas cuantas exclamaciones, es decir, si se deja llevar por el dolor de una hora. Pero el hombre puede volver en sí antes del anochecer y decir: «Continúa arando, Señor. Quiero que *labres por completo mi vida para que puedas sembrar en ella y que en cada rincón pueda haber granos dorados o flores hermosas.* Pobre de mí que me lamenté cuando al principio sentí la reja del arado. Tú conoces mi condición; te acuerdas que soy polvo. Pero ahora, rememorando y atando cabos, entiendo tu intención; *así que, sigue adelante, Labrador eterno».*

Él no usa el arado y el escarificador sin intención. Donde Dios labra, su intención es sembrar. *Su arado es la prueba de que está a favor de usted y no en su contra.*

«Yo estoy preocupado por ustedes, y los voy a proteger. Ustedes, los montes, volverán a ser sembrados y cultivados» (Ezequiel 36:9).

No olvidemos que el Labrador nunca está tan cerca de la tierra como cuando la está labrando, en el momento exacto en que somos tentados a pensar que nos ha abandonado.

«Se cultivará la tierra desolada… Entonces se dirá: Esta tierra, que antes yacía desolada, es ahora un jardín de Edén» (Ezequiel 36:34, 35), y de esta manera seremos una alabanza para él.

«¿Acaso no saben que su cuerpo es templo del Espíritu Santo, quien está en ustedes y al que han recibido de parte de Dios? Ustedes no son sus propios dueños; fueron comprados por un precio. Por tanto, honren con su cuerpo a Dios» (1 Corintios 6:19, 20).

El creyente que en verdad obedece estos dos versículos ha resuelto algunos de los problemas más profundos de la vida. Los que reconocen que Dios es el dueño absoluto de nuestro cuerpo no tienen más dudas acerca de dónde deben ir o qué deben hacer. *La consagración simplemente consiste en dejar que Dios tome aquello por lo cual ha pagado o, en otras palabras, devolver una propiedad robada.*

«Fueron comprados por un precio». Fue un precio infinito el que Dios pagó.

Fue más que plata y oro: fue la sangre preciosa de su Hijo unigénito (1 Pedro 1:18). Dios destaca el costo tremendo de la redención como un ruego al corazón de los redimidos. El precio que ha pagado es la medida de cuánto nos valora. Él no entrega *una vida que le es tan querida a cambio de un alma que no vale nada para él.* Él ha sacrificado el oro de su corazón: el mismo Jesucristo. Si fuéramos al monte del Calvario y consideráramos lo que le costó al cielo comprar nuestra salvación, ya no retendríamos lo que le pertenece a Dios por derecho: *el servicio completo de nuestro espíritu, alma y cuerpo.* Sin embargo, cuántos se satisfacen con decir: «Jesús es mío mío», pero nunca continúan diciendo: «Yo soy de él». *El que acepta esta posición más elevada está obligado a ser cuidadoso con lo que le pertenece a otro.*

Cuando el pensamiento de que le pertenecemos llegue a ser predominante, entonces reconoceremos a la vez que al ser de él, somos templos del Espíritu Santo. Conscientes de que pertenecemos a Dios y atentos al divino huésped, el Espíritu Santo, es lo más natural que *glorifiquemos a Dios en nuestro cuerpo y en nuestro espíritu, los cuales son de Dios.* Glorificarle de esta manera es simplemente exhibir el poder y el carácter de Dios a través de lo que es de él.

«El gozo más grande del creyente se encuentra en dejar que Dios posea lo que le pertenece».

«*No guarda rencor*» (1 Corintios 13:5).

¡Olvídelo!
    ¡Ah, cuántas almas al borde de la ansiedad y el desasosiego, con esta simple frase, han vuelto a la calma y a la felicidad!

Algún proceder nos ha herido por su falta de tacto; *olvídelo*; nadie pensará más en eso.

Una frase áspera o injusta nos irrita; *olvídela*; el que la haya expresado se complacerá al verla olvidada.

Un escándalo doloroso está a punto de separarnos de un viejo amigo; *olvídelo* y de esa manera conserve su amor y paz mental.

Una mirada sospechosa está a punto de enfriar nuestro afecto; *olvídela*, nuestra mirada confiada restaurará la confianza.

Imagínese. Nosotros nos esforzamos tanto en quitar los espinos de nuestra senda por temor a que nos puedan herir, pero nos complacemos en recolectar y traspasar nuestro corazón con espinas que encontramos en nuestro intercambio diario con otros. ¡Qué inmaduros e irrazonables somos!

—*Gold Dust* [Polvo de oro]

Las desgarraduras hechas por el tiempo pronto se arreglarán si le permite a Dios hacer lo que él quiera.

«La más excelente de ellas es el amor» (1 Corintios 13:13).

—¡Yo lo dominaré! —dijo el hacha. Y sus golpes cayeron pesadamente sobre el hierro. Y con cada golpe, su filo se fue gastando hasta que dejó de golpear.

—¡Déjamelo a mí! —dijo la sierra.

Y se movió hacia atrás y hacia adelante sobre la superficie con sus dientes intransigentes, hasta que estos se gastaron, se rompieron y ella cayó a un lado.

—¡Ja, ja! —dijo el martillo—. ¡Yo sabía que ustedes no tendrían éxito! ¡Les mostraré cómo se hace!

Pero al primer golpe fiero, su cabeza voló por el aire y el hierro permaneció como antes.

—¿Puedo probar? —dijo la llama, pequeña y callada.

Todos despreciaron a la llama, pero ella se enroscó suavemente alrededor del hierro, lo abrazó y no lo soltó hasta que se había derretido bajo su influencia irresistible.

De veras es muy duro el corazón que puede resistir el amor.

«Ahora, pues, permanecen estas tres virtudes: la fe, la esperanza y el amor. Pero la más excelente de ellas es el amor».

«Porque se me ha presentado una gran oportunidad para un trabajo eficaz, a pesar de que hay muchos en mi contra» (1 Corintios 16:9).

Otra expedición de ingleses está tratando de conquistar el monte Everest, la cumbre más alta del mundo.

Frío intenso, vientos furiosos, una atmósfera enrarecida, ventiscas cegadoras, avalanchas de nieve y rocas que lo entierran a uno; todos esos peligros se interponen entre los hombres valientes y la cumbre de esa montaña imponente.

La última expedición fue la que más se acercó al éxito. A un poco más de seiscientos metros de la cumbre, la mayoría de los hombres que integraban el equipo armaron sus tiendas. Desde esa base dos hombres, Mallory e Irvine, equipados con tanques de oxígeno, intentaron lanzarse hasta la cima. Esperaban llegar hasta ella y regresar en dieciséis horas. Nunca regresaron. El registro oficial de la expedición solo dice de ellos: «Cuando los vieron por última vez, *se encaminaban hacia la cima*».

El reino de Dios será traído por creyentes que cuando los vieron por última vez, *se encaminaban hacia la cima;* creyentes que, como Pablo, pueden aceptar el desafío de los «muchos adversarios» que vigilan la puerta abierta, aun cuando pasen a la historia como quienes fueron derrotados.

«Estábamos tan agobiados bajo tanta presión» (2 Corintios 1:8).

—Tienen una fragancia deliciosa —dijo el sendero de gravilla al cantero de flores de camomila bajo la ventana.

—Nos han pisoteado —replicaron las camomilas.

—¿Es eso lo que produce la fragancia? —preguntó el sendero de gravilla—. Cuando caminan sobre mí no produce dulzura.

—Nuestra naturaleza es diferente —respondieron las camomilas—. Los senderos de gravilla se endurecen más cuando caminan sobre ellos; pero el efecto en nosotras es que, si nos presionan y aplastan cuando estamos cubiertas de rocío, producimos el dulce aroma en el que te deleitas ahora.

—Muy agradable —replicó el sendero de gravilla.

Las pruebas vienen tanto para el creyente como para el hombre mundano.

Uno se amarga y se endurece al pasar por tal experiencia, mientras que el otro se vuelve suave y más como Cristo. Eso es porque su naturaleza es diferente.

«Nos sentíamos como sentenciados a muerte. Pero eso sucedió para que no confiáramos en nosotros mismos» (2 Corintios 1:9).

Estas son palabras muy serias para todos los siervos de Cristo; pero tenemos que ser sus siervos en *realidad* para poder entender bien su profunda importancia. Si estamos satisfechos con vivir una vida de indolencia y holgura, una vida egoísta y placentera, es imposible que entendamos estas palabras o que, en verdad, entremos en ninguno de esos ejercicios intensos del alma que los siervos leales y los testigos fieles de Cristo son llamados a atravesar en todas las edades.

Descubrimos, casi sin excepción, que todos los que han sido muy usados por Dios en público han atravesado aguas profundas en secreto. Pablo podía decir a los corintios: *«Así que la muerte actúa en nosotros, y en ustedes la vida».* La muerte actuaba en el pobre vaso terrenal; pero los manantiales de vida, de gracia celestial y de poder espiritual fluían hacia los que recibían su ministerio.

Cuánto se ha alejado la iglesia profesante de la divina realidad del ministerio. ¿Dónde están los Pablo, los Gedeón y los Josué? ¿Dónde están los profundos exámenes de conciencia y los intensos ejercicios del alma que caracterizaban a los siervos de Cristo en otros tiempos? Somos engreídos, mundanales, superficiales, vanos, altaneros y desenfrenados. *¿Deben sorprendernos los resultados tan pobres?*

¿Cómo podemos esperar ver la vida actuando en los demás, cuando sabemos tan poco acerca de la muerte actuando en nosotros?

Que el Espíritu eterno nos inquiete a todos. Que él produzca en nosotros una apreciación más aguda de lo que es ser *siervos del Señor Jesucristo leales, decididos y consagrados.*

Escriba la sentencia de muerte de su propio yo para que el poder de la vida resucitada en Cristo pueda resplandecer.

«Todas las promesas que ha hecho Dios son "sí" en Cristo. Así que por medio de Cristo respondemos "amén"» (2 Corintios 1:20).

A veces los creyentes pasan bastante tiempo en problemas, sin darse cuenta de las riquezas que están acumuladas para ellos en una promesa conocida.

Cuando Cristiano y Esperanza se apartaron de la senda, pisaron terreno prohibido y encontraron que por causa de su descuido, el gigante Desesperación los había encerrado en el Castillo de la Duda, estuvieron allí varios días hasta que una noche comenzaron a orar. Pero, un poco antes que se hiciera de día, Buen Cristiano, medio asombrado, rompió en una exclamación apasionada:

«¡Qué insensato soy!», dijo, «yaciendo de esta manera en este calabozo horrible cuando puedo caminar en libertad. Tengo una llave en mi pecho que se llama PROMESA, que estoy persuadido que abrirá cualquier cerradura del Castillo de la Duda».

Entonces dijo Esperanza:

«Esas son buenas noticias, querido hermano; sácala de tu pecho y prueba».

Entonces Cristiano la sacó de su pecho y comenzó a probar con la puerta del calabozo, cuyos cerrojos cedieron, y la puerta se abrió con facilidad; entonces Cristiano y Esperanza salieron.

—*El progreso del peregrino, de Bunyan*

¡Pruebe todas sus llaves! Nunca se desespere, Dios no cierra con llave ninguno de los almacenes donde guarda su tesoro para impedir que entremos.

«Pero Dios escogió lo insensato del mundo… a fin de que en su presencia nadie pueda jactarse» (1 Corintios 1:27–29).

Solo un toque de bocina de cuerno de carnero y un grito, y Dios hizo que los muros de la orgullosa Jericó se derrumbaran hasta sus cimientos, ¡y la llave de todo Canaán estaba en la mano de Israel! (Josué 6).

Solo dos mujeres: una, Débora, infundió valor al corazón apocado de los hombres de Israel; la otra, Jael, con un martillo y un clavo derribó al amo de Israel, de esa manera terminaron veinte años de opresión poderosa (Jueces 4 y 5).

Solo una aguijada de bueyes, pero por ella perecieron seiscientos filisteos e Israel recibió liberación de la mano del Dios de Samgar (Jueces 3:31).

Solo un toque de trompeta, la rotura de un cántaro encendido, un grito: pero con estos y Gedeón, Dios libró a Israel del yugo de los madianitas que había durado siete años (Jueces 6, 7, 8).

Solo la quijada de un asno; sin embargo, una multitud de filisteos cayó porque Dios fortaleció el brazo que la manejaba (Jueces 15).

Solo una honda y una piedra enviada con precisión certera y dirigida por Dios todopoderoso y ese día los hombres poderosos de Israel fueron avergonzados: ¡el gigante filisteo pereció y la honra de Dios se vindicó! (1 Samuel 17).

Solo unos cuantos hombres y mujeres incultos, pero de corazón consagrado y dispuesto; sin embargo, por el poder de Dios facilitarían a los hombres la posesión de la salvación eterna, la cual transformaría a sus poseedores a la imagen misma del Hijo, y a la larga, los llevaría a la gloria eterna.

Si usted está entre los viles, insensatos y débiles de este mundo, *¡entonces el mismo poder, del mismo Señor, para el mismo propósito, será suyo!*

—W. T.

Bajo el control de Dios, los instrumentos ordinarios se vuelven extraordinarios.

«*Para que también su vida se manifieste en nuestro cuerpo mortal*»
(2 Corintios 4:11).

Nosotros podemos tener dos vidas. En primer lugar, nuestra propia vida, la que heredamos de nuestros padres, y la que nos dio el Creador. Nuestra vida tiene cierto valor, pero qué pronto falla y siente las fuerzas de la enfermedad, del deterioro y de la muerte que se aproxima.

Pero podemos tener otra vida, o más bien, la vida de otro, *la vida de Jesús*. ¡Cuánto más valiosa y transcendente es esta vida! No tiene debilidades ni deterioro ni limitación. Jesús tiene una vida física tan real como la nuestra e infinitamente más grande; él es un *hombre* real con un cuerpo glorificado y un espíritu humano. Y esa vida nos pertenece tanto como la preciosa sangre que derramó y la gracia espiritual que concede. Él ha resucitado y ascendido como nuestra Cabeza viviente y siempre nos está diciendo: «Porque yo vivo, también ustedes vivirán».

¿Por qué hemos de limitarlo a lo que llamamos el reino espiritual? Su cuerpo resucitado tiene toda la vitalidad y la fortaleza que nuestro cuerpo mortal jamás pueda necesitar. Un día él nos levantará de los muertos en virtud de esa vida resucitada. Por qué hemos de pensar que es *una cosa extraña* que la fe pueda ahora *recibir su herencia por adelantado,* es decir, *reclamar por anticipado* parte de su redención física, un pequeño puñado de la tierra de ese país mejor, así como una semilla que va a producir un fruto más glorioso.

Esta fue la experiencia de Pablo. ¿Por qué no puede ser la *nuestra?* Hubo un día en Listra cuando bajo una lluvia de piedras, la vida de Pablo iba decayendo y lo dejaron por muerto fuera de las puertas de la ciudad. Entonces fue cuando *también la vida de Jesús* se impuso y en completa calma, levantándose en la fuerza de su Maestro, regresó caminando a través de las calles cuyas piedras estaban manchadas con su propia sangre, y con toda tranquilidad siguió su camino predicando el evangelio como si nada hubiera sucedido.

El secreto de esta vida es vivir tan cerca de Jesús que respiremos su propio aliento y estemos en contacto con su vida y su amor. Vivamos entonces por medio de él. La sanidad está en su cuerpo viviente. *La recibimos* mientras permanecemos en él. La *conservamos* solo permaneciendo en él.   —*Dr. A. B. Simpson*

Hay posibilidades milagrosas para el que depende de Dios.

«No nos desanimamos» (2 Corintios 4:16).

U n día un naturalista observó en su jardín una mariposa excepcionalmente grande y hermosa que revoloteaba como si estuviera en gran angustia; parecía estar atrapada de tal manera que no podía liberarse a sí misma. El naturalista, queriendo liberar a la preciosa mariposa, la tomó por las alas y la soltó. Voló solo unos cuantos metros y cayó al suelo muerta.

El naturalista levantó a la pobre mariposa, la llevó a su laboratorio y la puso bajo la lupa para descubrir la causa de su muerte. Allí encontró la sangre vital fluyendo de las pequeñas arterias de sus alas. La naturaleza las había atado a su crisálida y le estaba permitiendo revolotear para que sus alas pudieran fortalecerse. Se trataba del proceso para el desarrollo muscular que la naturaleza le había dado a la mariposa para que pudiera tener un recorrido extraordinario entre las flores y por los jardines. *Si solo hubiera revoloteado lo suficiente, la mariposa hubiera estado lista para el vasto recorrido; pero la liberación terminó con el hermoso sueño.*

Así sucede con los hijos de Dios: *cómo anhela el Padre que ellos recorran vastos terrenos de experiencia y verdad. Él nos permite estar atados a cierto tipo de lucha. Nosotros nos desatamos para quedar libres.* Clamamos en nuestra angustia y a veces pensamos que él es cruel porque no nos libera. Nos permite revolotear y seguir revoloteando. A veces parece que la prueba es su programa.

Solo la oración nos mantendrá firmes mientras estamos en la lucha; para que nos mantengamos fieles y aprendamos, oh, esas lecciones maravillosas.

Usted está atado a una cruz. Yo le ruego que no luche. Mientras más amor lleve con la cruz, *más ligera se vuelve.*

«Vivimos por fe, no por vista» (2 Corintios 5:7).

L a fe es tomar las promesas de Dios en serio. La fe no es una creencia sin evidencia. Es una creencia que se basa en la mejor de las evidencias: la Palabra del que «no miente» (Tito 1:2). La fe es tan racional que no pide ninguna otra evidencia que esta evidencia todosuficiente. Pedir otra que no sea la Palabra del que no miente, no es racionalismo, sino irracionalismo total.

—*Dr. A. R. Torrey*

Cuando podemos *ver*, no es *fe sino razonamiento*.

¡Mire la fe del marinero experto! Suelta el cable, se aleja de la tierra. Por días, semanas y hasta meses, no ve ni vela ni costa; sin embargo, continúa día y noche sin temor, hasta que una mañana se encuentra justo a la entrada del puerto deseado, hacia el cual ha estado navegando.

¿Cómo ha sabido atravesar las profundidades para llegar a su destino? Ha confiado en su compás, su almanaque náutico, su telescopio y en los cuerpos celestiales; y obedeciendo su guía, sin ver tierra, ha navegado con tanta precisión que no ha cambiado ni un punto para entrar al puerto.

Es algo maravilloso ese darse a la vela o navegar al vapor sin ver tierra. Espiritualmente es una bendición dejar del todo las costas de la vista y del sentimiento; decir «Adiós» a los sentimientos internos, a las providencias animadoras, a las señales y a otras cosas por el estilo. Es glorioso estar afuera en el océano del amor divino, creyendo en Dios y navegando directamente hacia el cielo, por la dirección de la Palabra de Dios.

—*Charles H. Spurgeon*

«En Cristo, Dios estaba reconciliando al mundo consigo mismo»
(2 Corintios 5:19).

Hay en los anales un relato de cómo una tribu de indios norteamericanos en la zona del río Niágara ofrecían cada año una joven virgen como sacrificio al espíritu del poderoso río.

Se llamaba *la novia de las cataratas.*

Un año, la suerte cayó sobre una hermosa joven que era la única hija de un viejo cacique. Le llevaron la noticia mientras estaba sentado en su tienda; pero cuando la escuchó, el anciano siguió fumando su pipa y no dijo nada de lo que sentía.

En el día fijado para el sacrificio, una canoa blanca llena de frutas maduras y adornada con flores preciosas estaba lista esperando para recibir a «la novia».

A la hora señalada, ella tomó su lugar en la frágil barquilla, la cual empujaban hasta el medio de la corriente, desde donde sería llevada vertiginosamente a las poderosas cataratas.

Entonces, para asombro de la multitud que se había reunido para observar el sacrificio, una segunda canoa se precipitó desde la margen del río, un poco más abajo en la corriente. En ella estaba sentado el viejo cacique. Con rápidos golpes remó hasta la canoa en la que estaba su amada hija. Al alcanzarla, la sujetó con fuerza y la sostuvo con firmeza. Los ojos de ambos se encontraron en una última mirada de amor; y entonces, muy juntos, padre e hija fueron arrastrados por la corriente vertiginosa hasta caer por la estruendosa catarata, pereciendo uno al lado del otro.

En su muerte no se dividieron. El padre *llegó a la muerte con su hija.*

«En Cristo, Dios estaba reconciliando al mundo consigo mismo». Él no tenía que hacerlo. Nadie lo obligó. La única fuerza detrás de ese sacrificio fue la de su amor que buscaba a su mundo perdido.

—*Seleccionado*

«Como moribundos, pero aún con vida» (2 Corintios 6:9).

El señor George Müller le contestó lo siguiente a alguien que le preguntó el secreto del servicio: «Hubo un día en que yo morí, morí completamente a George Müller —y mientras hablaba se doblaba cada vez más hasta que casi tocaba el suelo—, morí a sus opiniones, preferencias, gustos y a su voluntad; morí al mundo, a su aprobación o censura; morí a la aprobación o al reproche hasta de mis hermanos y amigos. Desde entonces he *procurado con diligencia presentarme aprobado solo a Dios*».

Miren ese espléndido roble. ¿Dónde nació? En una tumba. La bellota fue enterrada y en esa tumba echó e hizo subir sus retoños. ¿Y estuvo en la tumba solo por un día? No; todos los días durante cien años ha estado ahí y, en ese lugar de muerte, ha encontrado su vida. *«La creación de mil bosques está en una bellota».*

¿Cómo volarán mis hojas cantando en el viento si mis raíces no se ven en la oscuridad?

*«En medio de las pruebas más difíciles, su desbordante alegría y su
extrema pobreza abundaron en rica generosidad»* (2 Corintios 8:2).

E l gozo no es efusividad; el gozo no es jovialidad. El gozo es
perfecta conformidad con la voluntad de Dios, porque el alma
se deleita en Dios mismo. «El hacer tu voluntad, Dios mío, me ha
agradado», dijo Jesús, aunque la copa era la cruz y una agonía que
ningún hombre había conocido. *Le costó la sangre.* Oh, acepte la
paternidad de Dios en su bendito Hijo, el Salvador, y por medio
del Espíritu Santo, regocíjese en la voluntad de Dios y en nada
más. Incline su cabeza y su corazón delante de Dios y permita que
su voluntad, la bendita voluntad de Dios, sea hecha.

—*Prebendary Webb-Peploe*

Uno de los hombres más felices que ha vivido —San Francisco
de Asís— fue uno de los más pobres.

«Que aunque era rico, por causa de ustedes se hizo pobre»
(2 Corintios 8:9).

¡El hombre más pobre que jamás anduvo por los caminos polvorientos de la tierra! ¡Nacido en pobreza, criado en obscuridad, *sin embargo, enriqueció a toda la humanidad!*

Durante veinte años trabajó como carpintero en aquella aldea que inspiraba el desprecio de los hombres: «¡De Nazaret!… ¿Acaso de allí puede salir algo bueno?».

Hasta donde sabemos, él nunca poseyó nada que valiera ni un centavo. En el desierto sin comida, en el pozo de Jacob sin agua, en la ciudad repleta sin hogar, de esa manera *él vivió y amó y murió.*

«Las zorras encuentran descanso,
Y las aves tienen sus nidos
En la sombra del árbol del bosque,

»Pero tu cama fue el polvo,
Oh, Hijo de Dios,
En el desierto de Galilea».

Predicó sin costo e hizo milagros sin dinero. Su parroquia fue el mundo. Buscó su desayuno en una higuera que echaba solo hojas. Comió el grano mientras caminaba por los campos de maíz. ¿*Sin dinero* dije? ¡Él envió a Pedro al mar a atrapar un pez para que pudieran tener dinero para el impuesto! No tenía pesquerías ni campos de maíz, ¡sin embargo, podía poner una mesa para cinco mil y le sobraban pan y pescado! No caminó sobre hermosas alfombras, ¡sin embargo, las aguas lo sostuvieron!

Tan pobre era que tuvo que llevar su propia cruz a través de la ciudad, hasta que cayó desmayado. Su valor fue treinta piezas de plata, el precio de un esclavo, el estimado más bajo de la vida humana. Pero, en la opinión de Dios, ¡ningún precio más bajo que su *infinita agonía* podía haber hecho posible nuestra redención! Cuando murió, pocos hombres hicieron luto por él; pero un crespón negro fue colgado sobre el sol. ¡Su crucifixión fue el crimen de los *crímenes!*

¡NO FUE MERA SANGRE HUMANA LA QUE SE DERRAMÓ EN EL MONTE DEL CALVARIO!

«Las armas con que luchamos no son del mundo, sino que tienen el poder divino para derribar fortalezas. Destruimos argumentos y toda altivez que se levanta contra el conocimiento de Dios, y llevamos cautivo todo pensamiento para que se someta a Cristo. Y estamos dispuestos a castigar cualquier acto de desobediencia una vez que yo pueda contar con la completa obediencia de ustedes» (2 Corintios 10:4–6).

No estamos aquí para ser vencidos, sino para levantarnos invictos después de cada golpe decisivo, y para *reír con la risa de la fe,* no del temor.

«Llevamos cautivo todo pensamiento» (2 Corintios 10:5).

«M e rodearon como abejas», dice el salmista.

Cada segundo recibimos el ardor de algún dardo de fuego, alguna imaginación, algún recuerdo, alguna aprensión, algún temor, alguna preocupación, y Dios permite que nos ataquen para que podamos destruirlos a ellos y armarnos nosotros de tal manera que no puedan hacernos daño nunca más. La única manera de estar armados es resistirlos a ellos y a la fuente de donde proceden.

Hay un mundo de verdad aquí que la mayoría de los creyentes han pasado por alto. Le dan su espíritu y su corazón al Señor, pero se quedan con su mente. Nuestro intelecto debe ser santificado, crucificándolo y reemplazándolo con *la mente de Cristo.*

El único remedio para los malos pensamientos es dejar de pensar por completo nuestros propios pensamientos; espiritualmente hablando, que seamos decapitados y, por consiguiente, liberados de la mente natural, así como del corazón natural. Así que Dios nos hará aprender la difícil tarea de dejar de pensar. No solo trataremos de pensar bien, *sino que detendremos nuestros pensamientos y esperaremos a que él nos dé su mente.*

Tal vez le parezca una aniquilación, pero usted llegará a eso si es que quiere entrar en la vida más profunda, más dulce y más fuerte, hasta el punto de *tener temor de pensar si Dios no piensa primero por usted.*

¿Le ha entregado a Dios sus pensamientos? ¿Ha aprendido el significado del clamor de David: «Aborrezco [los pensamientos], pero amo tu ley»?

—A. B. Simpson

«Descuidar los pensamientos es tan peligroso como jugar con explosivos».

Cierre esa puerta con llave.

«Para evitar que me volviera presumido… una espina me fue clavada en el cuerpo» (2 Corintios 12:7).

H ay flores a todo lo largo del camino de la vida, pero también está repleto de espinas. «Cuando las espinas de la vida nos hayan herido hasta que sangremos», ¿adónde miraremos si no al cielo? ¿A quién iremos si no a él, el Cristo que sana? Él fue coronado con espinas. Solo él puede transformar nuestras espinas duras, lacerantes, en experiencias triunfantes de gracia y gloria.

—*B. McCall Barbour*

¿Es su senda espinosa y áspera? ¡Siga adelante! Descubrirá que dondequiera que ponga su pie sobre una espina, otro pie ya ha pasado por ahí y le ha quitado la punta.

—*The Morning Message* [El mensaje matutino]

«La fe que actúa» (Gálatas 5:6).

«La fe sin obras está muerta» (Santiago 2:26).

Dios no nos dio la fe para que juguemos con ella. Es una espada, pero no para presentarla en un día de gala, ni para usarla en ocasiones de gran ceremonia, ni para exhibirla en una plaza de armas. Es una espada destinada a cortar, herir y matar; y el que se ciñe con ella debe esperar que entre el cielo y la tierra se va a experimentar lo que significa batallar. *La fe es una sólida embarcación que navega en alta mar y no está hecha para mantenerse en el muelle ni para perecer porque se pudra la madera.* Al que Dios le ha dado fe es como si alguien le diera a un amigo un farol porque sabe que su camino al hogar va a estar oscuro. *El mero don de la fe es un indicio de que usted la va a desear; que en ciertos momentos y lugares, le hará falta de manera especial; y que, en todo tiempo y en todo lugar, la va a necesitar de veras.*

¡La fe debe comenzar a usar sus recursos!

Use la fe que Dios ya le ha dado. Usted tiene fe o no podría ser creyente. Use su poca fe y aumentará con el uso. Siembre unos cuantos granos de fe y encontrará que crecen y se multiplican. George Müller contaba que cuando comenzó su ministerio era tan difícil creer que conseguiría una libra esterlina como creer en mil. Cuarenta años más tarde se sentía como los tesalonicenses a quienes Pablo escribió: «La fe de ustedes va creciendo».

¡No se sienta satisfecho con la oración y el deseo, actúe!

«Amabilidad» (Gálatas 5:22).

Un día en una subasta, un hombre compró un jarrón de barro barato por unos centavos. Puso dentro un rico perfume, esencia de rosas. Por largo tiempo estuvo el perfume en el jarrón y cuando quedó vacío, se había empapado tanto con el dulce perfume que la fragancia permaneció. Un día el jarrón se cayó y se hizo trizas, pero cada pedazo mantuvo la fragancia de la esencia de rosas.

Todos nosotros somos arcilla común, puro barro, pero si guardamos el amor de Cristo en nuestro corazón endulzará todo nuestro ser y seremos tan amorosos como él. Así fue que el discípulo amado aprendió la lección y creció al punto que tuvo esa gran ternura. Él se recostaba en el pecho de Cristo y la amabilidad de Cristo llenó toda su vida.

¡Líbrame de endurecerme!

«Deben restaurarlo con una actitud humilde… porque [usted] también puede ser tentado» (Gálatas 6:1).

De Uganda nos viene un cuento que tiene una lección mayor que la de muchos sermones. Cuando en cierta aldea los cristianos se dieron cuenta de las muchas tentaciones y pruebas que los asechaban, decidieron que cada uno escogería un lugar particular en la selva para orar. Iban con tanta frecuencia a su lugar que toda la hierba desaparecía del sendero.

A veces los creyentes notaban que alguno se descarriaba al dejar de ir a orar. Entonces se le acercaban dulcemente y le decían: «Hermano, discúlpanos, pero hemos notado que en tu sendero está creciendo la hierba». Entonces el descarriado se arrepentía diciendo: «¡Ay! Cuánto me entristece saber que hay hierba en mi sendero. Pero ya no será así. Iré a orar tan a menudo que pronto toda desaparecerá».

—*Adaptado del poema «Hierba en el sendero de oración»*

¡Tenga un lugar de cita con Dios!
¡Y mantenga la senda que conduce a ella abierta!

«Nadie me cause más problemas, porque yo llevo en el cuerpo las cicatrices de Jesús» (Gálatas 6:17).

¿Llevamos nosotros las marcas de algunas heridas? ¿Hemos buscado las zonas protegidas mientras otros enfrentan golpe a golpe el ataque del maligno? ¿El hacer concesiones nos habrá robado nuestros trofeos de guerra? *¿No terminaremos de una vez con todo esto?* Algún día lo veremos a él cara a cara; veremos las huellas de los clavos en sus manos. ¿Estaremos avergonzados en su presencia porque no llevamos cicatrices de la batalla?

—*Daily Communion* [Comunión diaria]

Toda nuestra senda no pasa a través de Beula [tierra desolada].

Garibaldi, el gran reformador italiano de una generación pasada, en un discurso apasionado instó a miles de jóvenes de Italia a pelear por la libertad de su patria. Un joven tímido se le acercó preguntándole: «Señor, si yo peleo, ¿cuál será mi recompensa?». Tan rápida como el brillo de un relámpago vino la respuesta inconmovible: «Heridas, cicatrices, contusiones y quizás la muerte. Pero recuerda que por medio de tus heridas, Italia será libre».

¿No está usted dispuesto a soportar cicatrices para liberar a las almas?

¡El camino más escabroso va directo a la cumbre del monte!

«Conozcan ese amor que sobrepasa nuestro conocimiento, para que sean llenos de la plenitud de Dios» (Efesios 3:19).

Nosotros no vemos en realidad el océano. El hacerlo está fuera de nuestro alcance. De donde estamos vislumbramos un poco de agua azul, como si Dios hubiera pintado un cuadro y lo hubiera enmarcado con montes y árboles. Pero hacia el sur y hacia el norte, en riberas escondidas en la distancia, se extienden aguas que nunca hemos visto. Hay plácidas bahías al pie de rocas iluminadas por el sol, y extensas mareas que se mecen con ritmo calmado sobre arenas suavemente inclinadas. Hay ensenadas que ondean bajo las lunas del trópico y corrientes cálidas que llevan la promesa de la primavera a los arrecifes congelados del Ártico. Más allá de esa curva azul que limita nuestra vista, se extiende una llanura abierta de aguas que fluyen hacia lugares donde nunca hemos estado, dejando las hileras de islas llenas de palmas de las cuales no sabemos nada. ¡Y esto no es sino la superficie! Debajo se extienden kilómetros de profundidades insondables, que encierran misterios más allá de los pensamientos de los hombres.

El amor inmensurable de Dios es como el océano. A través de las ventanas de la vida terrenal captamos un destello. Desde los valles de problemas, lo vislumbramos cerca de la costa. Sobre las arenas de la esperanza, lo vemos, ola tras ola. Desde los promontorios de la fe, vemos una marea más amplia que se extiende hasta la línea que divide la eternidad y el tiempo. Nuestros días más felices son islas colocadas en sus ilimitadas anchuras. Sin embargo, así como el océano, ¡nunca lo hemos visto *todo!* Ni siquiera la eternidad puede revelar su grandeza a los maravillados ejércitos del cielo, ni todo el universo puede agotar las fuentes de donde fluye.

«Bondadosos» (Efesios 4:32).

E s mucho más fácil convencer a un alma humana de su impureza natural que de su dureza natural y su completa falta de bondad celestial y divina. La esencia misma del evangelio es la bondad y la dulzura de espíritu, impartidas por Dios. Aun entre personas sumamente religiosas, lo más difícil de encontrar es un espíritu bondadoso constante que lo impregna todo.

La bondad espiritual no es la misma de la mente y los modales que nacen de la cultura elevada, la educación y el saber alternar en sociedad, aunque estas son muy valiosas en la vida. No, *es una obra sobrenatural en todo el ser espiritual. Es una exquisita fuente interior de la dulzura y la bondad de Dios mismo, que fluye en el espíritu hasta tal grado que inunda por completo el alma, rebosando hasta tocar todas las facultades mentales y saturando con sus dulces aguas los modales, las expresiones, las palabras y los tonos de la voz; ablandando la voluntad, suavizando el juicio, derritiendo los afectos, refinando los modales y moldeando todo el ser a la imagen de aquel que es infinitamente manso y humilde de corazón.*

La bondad de espíritu no puede pedirse prestada; no podemos vestirla en ocasiones especiales; por encima de todo es sobrenatural y debe fluir sin cesar de los manantiales internos de la vida.

La profunda bondad de espíritu es lo más esencial y profundo de la vida de Cristo. Lo que la gravedad específica es al planeta, lo que la belleza es al arco iris, lo que el perfume es a la rosa, lo que la médula es al hueso, lo que el compás es a la poesía, lo que el pulso es al corazón, lo que la armonía es a la música, lo que el calor es al cuerpo humano, todo eso y mucho más es la bondad de espíritu a la religión. Es posible ser muy religioso, firme y perseverante en todos los deberes cristianos; es posible aun ser santificado, ser defensor valiente y predicador de la santidad, ser ortodoxo e intachable en la vida externa y muy celoso en cuanto a buenas obras y, sin embargo, carecer en gran manera de bondad de espíritu, ese amor que todo lo suaviza, todo lo derrite, que es la esencia misma del cielo y que sin cesar fluye de la voz y de los ojos del bendito Jesús.

«Entiendan cuál es la voluntad del Señor» (Efesios 5:17).

Puede parecer algo terrible para el alma rendirse por completo y sin reservas a la voluntad de Cristo. «¿Qué es lo que va a pasar? ¿Qué acerca del mañana? ¿No pondrá él sobre mí una carga muy pesada si me rindo, si tomo el yugo?». Ah, usted no ha conocido al Maestro; usted no ha contemplado su rostro; usted no se ha dado cuenta del infinito amor que le tiene. ¡Desde luego, la voluntad de Dios para usted significa su felicidad plena! La voluntad de Cristo y su felicidad más profunda son términos sinónimos. ¿Cómo puede dudar que su Señor haya planificado lo mejor para usted?

El almirante que sale con su flota bajo órdenes selladas no sabe lo que está en el paquete; pero ¿va preparado para hacer la voluntad del gobierno de su país? Y aunque a usted le parezca que toma de Cristo el paquete sellado de su voluntad y no sabe *qué hay en él*, sin embargo, sabiendo *quién es aquel* que ha *planificado su futuro*, puede salir con confianza, sin tener que entender todo lo que significa, mientras se apropia de sus promesas. *El valor de cualquier promesa depende* del que promete; y así es con su voluntad. ¿La voluntad *de quién* es? ¿El *yugo de quién* es? «*Mi yugo*», dice el tierno, amante Jesús; «Carguen con mi yugo». Cargar su yugo es aceptar con alegría su voluntad para nosotros, no solo en el momento presente, sino por todo el futuro que él ha trazado.

Rinda su voluntad a Dios. Él nunca se aprovechará de usted.

—*Rvdo. Evan H. Hopkins*

«Sean llenos del Espíritu» (Efesios 5:18).

El general Gordon lamentaba que nadie le dijera cuando fue joven que había un Espíritu Santo que podía poseer y que lo podía poseer a él. Ese conocimiento le hubiera ahorrado debilidades, tristezas y pérdidas. Pero cuando más tarde vino la soledad, Gordon conoció el fortalecimiento interior del Espíritu. Un poder que no provenía de él vino a ayudarlo. Fue «fortalecido con todo poder».

Esta es la apreciación del apóstol acerca de la magnitud del Espíritu. No hay nada que podamos necesitar en cualquier tiempo de presión, ya sea de deber o de peligro, de tentación o de ansiedad, para el cual el Aliado divino no sea el recurso del alma para enfrentar y soportar la tensión.

El apóstol *insta a que le demos el máximo espacio al Espíritu; que el hombre posea el don divino en su capacidad máxima.* Parece sugerir que hay grados de posesión; hay medidas que hacemos nosotros, limitaciones que imponemos y, en su tono entusiasta, el apóstol insta a *que le demos el espacio máximo para que tengamos la plenitud del Espíritu.* No se conforme con ir a buscar pequeñas cantidades; no limite su porción. El don del Espíritu no está racionado. No se confine a grados pequeños y miserables del Espíritu. «Sean llenos del Espíritu». Aquí no puede haber exceso, ni tiene que haber ninguna restricción.

—*The Life of a Christian* [La vida de un creyente],
por John Macbeth, M. A.

«Mi gloria mantendrá en mí su lozanía» (Job 29:20).

E ra cuando la honra de Job se renovaba en él que su arco se fortalecía en su mano. ¡Renovación y honra! Y sin embargo, la música brillante de estas palabras se reduce a una melodía en tono menor con el pequeño detalle de que dice *«se renovaba»*, y no *se renueva*.

«Todas mis fuentes están en ti».

Si nuestra honra ha de renovarse en nosotros, ¡todo depende de *cuál es* la honra en nosotros! Hay solo una fuente inagotable: ¡*Cristo mismo!* Él es *«en ustedes*, la esperanza de gloria», si usted lo ha recibido; y él es su gloria. Entonces usted puede cantar: «Mi honra *se renueva* en mí».

¡Jesucristo es siempre nuevo!

Y también el aceite con el cual nos unge. *«Seré* ungido con *aceite fresco».* ¡Aceite fresco de gozo! ¡Aceite fresco de consagración! Aceite fresco vertido sobre el sacrificio mientras ofrecemos a Dios continuamente el *«fruto de los labios»* que confiesan su nombre».

—*«Drought»* [Sequía], *por Betty Bruechert*

¿Un camino desierto? Cuando el creyente tiene siempre a su disposición

¡Manantiales frescos! ¡Aceite fresco! ¡Gloria fresca!

«Que el amor de ustedes abunde cada vez» (Filipenses 1:9).

L a tradición dice que cuando llevaron a San Juan por última vez a la iglesia, levantó sus manos débiles hacia la congregación que le escuchaba y dijo:

> *«Hijitos, amaos unos a otros».*

Las palabras todavía resuenan por todo el mundo.

Más precioso e importante que la fe es el amor celestial. Sin él, la fe finalmente languidece. Muchos de los obreros de Dios más poderosos después de un tiempo pierden su poder *porque pierden el espíritu de amor.* Esta es la gracia suprema del carácter cristiano. *Tiene mil tonalidades y su gloria consiste en sus rasgos más exquisitos.* Cada nueva experiencia de la vida no es más que una escuela para aprender alguna lección acerca del amor. No tratemos de expulsar a nuestros maestros. *Démosle la bienvenida* y así aprendamos la lección, para que pronto puedan marcharse y dejar que hagamos nuevos progresos.

Si se pueden mover montañas por la fe, ¿habrá menos poder en el amor?

Los brazos inmensos de ambos lados del puente Forth habían terminado de construirse; se habían hecho con lentitud y constancia; todo lo que se necesitaba ahora en el centro del arco poderoso era el remachado final.

El día señalado hacía muchísimo frío, lo cual contrae los metales. A pesar de los fuegos que se encendieron debajo del hierro para expandirlo cuatro o cinco centímetros como se requería, la unión no se pudo realizar y el programa del día fue un fracaso.

Pero al día siguiente el sol salió refulgente. Bajo su agradable calor, el hierro se expandió, los huecos se encontraron y los remachadores solo tuvieron que poner los tornillos en su lugar.

¡El amor desata todo lo demás con sus cuerdas!

«¡El amor nunca deja de ser!».

«Lo que me ha pasado ha contribuido al avance del evangelio» (Filipenses 1:12).

No podemos esperar aprender mucho acerca de la vida con confianza sin pasar por lugares difíciles. Cuando lleguen, no digamos como Jacob:

«¡Todo esto me perjudica!» (Génesis 42:36). Más bien escalemos nuestros montes de dificultad y digamos: «Estas son las oportunidades de la fe».

Las crisis revelan el carácter: *cuando somos sometidos a la prueba revelamos con exactitud los rasgos ocultos de nuestro carácter.*

«Y aunque mi vida fuera derramada sobre el sacrificio y servicio que proceden de su fe, me alegro y comparto con todos ustedes mi alegría. Así también ustedes, alégrense y compartan su alegría conmigo». (Filipenses 2:17, 18).

El símbolo principal de nuestra fe cristiana no es un sillón ni una cama de plumas: es una cruz. Si vamos a ser sus discípulos, estemos preparados para vivir en medio de peligros, para tomar la cruz y llevarla hasta lo más encarnizado de la oposición.

Dios tiene perfecta libertad de sacrificarnos, si así lo decide.

Cuando la pelea parezca fiera y tenga la tentación de sentirse cansado y desconsolado, recuerde que por el bien de la causa de él, su líder espera que usted muestre al mundo un rostro feliz, ¡que se goce y se alegre!

«Sin embargo, todo aquello que para mí era ganancia, ahora lo considero pérdida por causa de Cristo» (Filipenses 3:7).

S i Dios le ha llamado en realidad a ser como Cristo, tal vez le conduzca a una vida de crucifixión y humillación y le exija una obediencia tal que no le permita imitar a otros creyentes y, en muchos sentidos, parecerle que él permite que otros creyentes hagan cosas que no le permite hacer a usted.

Otros creyentes, que parecen muy religiosos y útiles, pueden promoverse a sí mismos, usar la influencia y tramar confabulaciones para llevar a cabo sus planes, pero *usted no puede hacerlo;* y si lo intenta se encontrará con un fracaso y una reprensión del Señor tales que harán de usted un penitente adolorido.

Otros pueden gloriarse de sí mismos, de su obra, de su éxito, de sus escritos, pero *el Espíritu Santo no le permitirá a usted hacer tal cosa,* y si lo hace, él le conducirá a una profunda mortificación que lo hará despreciarse a sí mismo y a todas sus buenas obras.

A otros se les permitirá tener éxito en cuanto a ganar dinero… pero es probable que *Dios le mantenga a usted pobre,* porque quiere que tenga algo mucho mejor que el oro, y es la impotente dependencia de él para que pueda tener el privilegio de suplir sus necesidades día tras día, con un tesoro invisible.

El Señor permitirá que otros reciban honra en público *y lo mantendrá a usted escondido en el anonimato* porque quiere producir un fruto fragante escogido para su gloria venidera.

Él permitirá que otros sean grandes, *pero le mantendrá a usted pequeño.*

Permitirá que otros hagan una obra grande para él y que se lo reconozcan, *pero a usted lo hará trabajar y esforzarse, sin dejarle saber lo mucho que está haciendo.*

El Espíritu Santo tendrá una vigilancia estricta sobre usted… reprendiéndole por palabras pequeñas y sentimientos pequeños o por desperdiciar el tiempo.

Dios es un soberano infinito: *él tiene el derecho de hacer con los suyos como le plazca.*

Que quede establecido para siempre, entonces, *que usted tiene que trotar directamente con el Señor Jesús, que él ha de tener el privilegio* *de atar su lengua, encadenar sus manos y cerrar sus ojo*s de una manera que no exige a otros.

Entonces, *usted ha descubierto el vestíbulo del cielo.*

«Otros pueden. ¡Usted no!».

«Lo he perdido todo… a fin de ganar a Cristo» (Filipenses 3:8).

> *En cada vida extraordinaria ha habido*
> *una abnegación extraordinaria.* ˙

Abraham comenzó desprendiéndose, saliendo, y a lo largo del camino lo que hizo fue renunciar, primero a su hogar, a su padre y a su pasado; después a su herencia, para cedérsela a Lot, su sobrino egoísta; y, finalmente, al propio hijo de la promesa sobre el altar de Moria. Pero llegó a ser el padre de los fieles, cuya herencia era como la arena del mar y las estrellas del cielo.

> Escuche a David diciendo: *«No voy a ofrecer al Señor mi Dios holocaustos que nada me cuesten»* (2 Samuel 24:24). David pagó el precio completo. Y leemos: *«El trono de David permanecerá firme para siempre en presencia del Señor»* (1 Reyes 2:45).

Ana entregó su hijo y este llegó a ser el profeta de la restauración del antiguo Israel.

Pablo no solo sufrió la pérdida de todas las cosas, sino que las contó como basura para poder ganar a Cristo. Y estuvo delante de personas sencillas y en palacios de reyes.

Así es siempre: *el verdadero sacrificio que llega al punto de una total entrega de sí mismo, nos trae la revelación de Dios en su plenitud.* Dios en Cristo Jesús no puede darnos a conocer su personalidad y su amor en toda su plenitud hasta que hayamos rendido a él incondicionalmente y para siempre, no solo todo lo que tenemos, sino todo lo que somos. *Entonces Dios ya no solo no puede contenerse, sino que prodiga sobre nosotros, en Cristo, tal revelación de sí mismo que no puede expresarse en palabras.*

> *Solo el sacrificio supremo.*

Dios tuvo que sacrificarse a sí mismo en Cristo para de esa manera revelarse a nosotros. Pero su sacrificio solo no es suficiente: hasta que nosotros mismos no nos hayamos sacrificado para él, la revelación no es posible ni completa. Pero ¡qué revelación! ¡Qué *gloria nos da Dios al darnos la vida que implica tener a Cristo como nuestra vida misma!* Cómo cambia todo para nosotros después de esto: nuestro ser va *del hambre a la abundancia espléndida.*

—*Messages for the Morning Watch*

«Es más, todo lo considero pérdida por razón del incomparable valor de conocer a Cristo Jesús, mi Señor» (Filipenses 3:8).

El ruiseñor sueco, Jennie Lind, obtuvo grandes éxitos como cantante de ópera y ganó mucho dinero. Sin embargo, dejó el teatro cuando mejor estaba cantando y nunca regresó. Debe haber extrañado el dinero, la fama y el aplauso de miles, pero se contentó con llevar su vida en privado.

Una vez una amiga inglesa la encontró sentada en los escalones de una caseta movible en la arena de la playa con una Biblia sobre su rodilla, contemplando la gloria de una puesta de sol. Hablaron y durante la conversación surgió la pregunta inevitable:

—Oh señora Goldschmidt, ¿cómo es posible que usted haya abandonado el teatro en la mera cumbre de su éxito?

—Cuando todos los días —fue la tranquila respuesta— me hacía pensar cada vez menos en esto (poniendo su dedo en la Biblia) y nada en lo absoluto en aquello (señalando la puesta de sol), ¿qué más podía haber hecho?

¡Líbrame de ambicionar la grandeza del mundo!
¡Me costará la corona de la vida!

«Sigo adelante... olvidando lo que queda atrás» (Filipenses 3:12, 13).

C ave una tumba en lo más profundo de su ser. Permita que sea como un lugar olvidado donde no llegue ningún camino; y así, en silencio eterno, entierre las injusticias que haya sufrido. Su corazón se sentirá como si le hubieran quitado un peso de encima y una paz divina vendrá a morar en usted.

—*Charles Wagner*

Ser malentendido aun por los que amamos es la cruz y la amargura de la vida. Es el secreto de esa sonrisa triste y melancólica en los labios de grandes hombres a quienes tan pocos entienden. Es lo que más a menudo debe haber estrujado el corazón del Hijo del Hombre.

—*Amiel*

«El poder para ayudar a otros depende de consentir en tener una vida pisoteada».

«No se inquieten por nada» (Filipenses 4:6).

«Recuerdo una experiencia en mi propia vida cristiana —escribió James H. McConkey—. Mi padre estaba muriendo de una enfermedad causada por la preocupación. Habían llamado a un gran médico de la ciudad. Estuvo encerrado con mi padre por mucho tiempo. Entonces salió de la habitación del enfermo sacudiendo la cabeza con seriedad. No había esperanza. La carrera terrenal de mi padre había llegado a su fin. Mi querida madre le pidió al médico que me llevara a un lado y me aconsejara; porque yo mismo me estaba quebrantando físicamente, y por el mismo enemigo temido que derriba a tantos creyentes: el afán o la inquietud.

»El amable médico me llevó a otra habitación y nos sentamos para conversar con franqueza. Muy inquisitivo y con toda la habilidad de un experto logró sacar de mí el hecho humillante de que yo era víctima de la preocupación y sufría sus temidas consecuencias. En unas pocas frases incisivas y penetrantes, sin tratar de encubrir nada, me dijo que yo había caído víctima del mismo hábito que había sido la ruina de mi padre, y que a menos que lo venciera no habría esperanza para mí, como no había ninguna para mi padre.

»Me fui al piso de arriba. Me tiré de rodillas en mi dormitorio. Clamé muy angustiado: "¡Oh, Cristo! Él dice que tengo que vencer la preocupación y solo tú sabes cuánto he *tratado* de hacerlo. He peleado; he luchado; he derramado lágrimas amargas. Y *he fracasado*. Oh, Señor Jesús, a menos que tú asumas la responsabilidad por mí ahora mismo, mi vida ha llegado a su fin".

»En ese mismo momento, sintiéndome completamente impotente, me lancé a los pies de Cristo. De alguna manera, donde antes había estado luchando, ahora me encontré confiando como nunca lo había hecho. Desde ese instante en adelante, Jesucristo comenzó a darme la belleza de la victoria en vez de las cenizas de la derrota».

«Y la paz de Dios, que sobrepasa todo entendimiento, cuidará sus corazones y sus pensamientos en Cristo Jesús» (Filipenses 4:7).

Me dicen que hay profundidades en el océano que ninguna tempestad puede perturbar, más allá del alcance de las tormentas que barren y agitan la superficie del mar. Y hay alturas en el cielo azul a las cuales ninguna nube puede ascender, donde ninguna tempestad puede jamás rugir, donde el sol brilla perennemente; donde no existe nada que pueda perturbar la profunda serenidad. *Aun en el centro del ciclón hay paz.*

«Cada uno de estos es un símbolo del alma que Jesús visita, a la que él habla, cuyos temores él disipa, cuyas lámparas de esperanza él despabila».

Durante la prueba de un submarino, este permaneció sumergido por muchas horas. Cuando regresó al puerto, le preguntaron al comandante:

—Pues, ¿cómo los afectó la tormenta anoche?

El comandante lo miró sorprendido y dijo:

—¿Tormenta? ¡Ni siquiera nos enteramos de que hubo una!

«¿Pero quién puede condenarlo si él decide
guardar silencio? (Job 34:29).

«Voy completando en mí mismo lo que falta de las aflicciones de Cristo» (Colosenses 1:24).

El comentario es este: *todo servicio para el Maestro debe estar lleno del espíritu de sacrificio del Maestro.* Si Pablo va a ayudar en la redención de Roma, él mismo debe personificar la muerte del Calvario. Si va a ser un ministro de vida, debe «morir diariamente». El espíritu del Calvario debe volver a encarnarse en Éfeso, en Atenas, en Roma… la sucesión del sacrificio debe mantenerse por todas las edades y *nosotros* tenemos que *completar lo que falta de las aflicciones de Cristo».*

He aquí, entonces, un principio: *el evangelio de un corazón quebrantado exige el ministerio de corazones sangrantes. Tan pronto como dejamos de sangrar, dejamos de bendecir. Cuando nuestra compasión deja de sentir dolor, ya no podemos ser los siervos de la Pasión.* No se cómo cualquier servicio cristiano puede ser fructífero si el siervo no está, ante todo, bautizado en el espíritu de una compasión que sufre. *No podemos sanar las necesidades que no sentimos. Los corazones sin lágrimas nunca pueden ser los heraldos de la Pasión. Debemos sangrar si es que vamos a ser ministros de la sangre salvadora.* Por medio de nuestra propia compasión que sufre, debemos «completar lo que falta de las aflicciones de Cristo».

Cuando se enfrentó con los leones en la arena, Ignacio dijo: *«Soy un grano de Dios. Que los dientes de los leones me muelan si es que de esta manera puedo llegar a ser pan para alimentar al pueblo de Dios».* ¿Fue desperdiciada la vida de esos mártires? ¿Desechada? ¿Se desperdicia una vida que es maíz de siembra para producir pan para el mundo?

La manera de no hacer *nada* de nuestra vida es ser muy cuidadosos con ella.

La manera de hacer de nuestra vida un *éxito eterno* es hacer con ella lo que Cristo hizo con la suya.

Esté atento a las oportunidades para *«completar lo que falta de las aflicciones de Cristo».* ¿Cuántos de nosotros podemos mostrarle a él las heridas que lo adoran?

—*Seed Thought Calendar*
[Calendario de semilla de pensamientos]

«Cristo en ustedes, la esperanza de gloria» (Colosenses 1:27).

Lo más grande que cualquiera de nosotros puede hacer no es vivir para Cristo, sino vivir como Cristo. ¿Qué es una vida santa? La vida de Cristo. No es ser creyentes, sino ser de Cristo. No es tratar de hacer o ser alguien grande, sino simplemente tenerlo a él y permitirle vivir su propia vida en nosotros. Morando en él y él en nosotros, permitiéndole reflejar sus propias gracias, su propia fe, su propia consagración, su propio amor, su propia paciencia, su propia ternura, sus propias obras en nosotros, mientras nosotros «anunciamos las virtudes de aquel que nos llamó de las tinieblas a su luz admirable». *Esta es*, a la vez, *la vida más sublime y más sencilla que es posible vivir.* Es un nivel más alto que la perfección humana y, sin embargo, es posible para un pobre hombre pecador e imperfecto realizarlo a través del Cristo perfecto que viene a vivir dentro de nosotros.

Dios nos ayuda a vivir así y de esa manera hacer real a los que están a nuestro alrededor la sencillez, la belleza, la gloria y el poder de la vida de Cristo.

«No puedo decir —afirmó el humilde pastor de ovejas a su esposa— qué sermón fue el que me condujo a una vida de victoria. No puedo ni siquiera explicar la creencia o el catecismo, pero sé que algo me ha cambiado por completo. El verano pasado Juan y yo lavábamos las ovejas en aquella corriente. No puedo decirte dónde iba el agua, pero te puedo mostrar la limpia blanca lana de las ovejas. Y así, tal vez olvidé la doctrina, pero tengo su fruto bendito en mi corazón y en mi vida».

Dos de nosotros estábamos charlando con Sadhu Sundar Singh en mi oficina una mañana. El Sadhu acababa de llegar de Londres. Sabíamos poco de él y mi amigo estaba ansioso por descubrir si conocía la doctrina de ese «perfecto amor» del cual habla San Juan.

—¿Entiende él? —preguntó mi amigo, volviéndose a mí. El Sadhu sonrió y dijo con tranquilidad:

—Cuando lanzo una piedra a un árbol frutal, este no me devuelve piedras, sino que me da *fruta.* ¿Es eso? —entonces continuó preguntando—: ¿No debiéramos nosotros, los que amamos al Señor Jesús, ser como el sándalo, que imparte su fragancia al hacha que la corta?

—Seleccionado

«Cristo en ustedes» (Colosenses 1:27).

Es un gran secreto que les cuento hoy, aun más, que les puedo dar, si lo reciben de él, no de mí; un secreto que ha sido para mí, ¡oh, tan maravilloso! Hace muchos años vine a él cargado de culpabilidad y temor; tomé ese secreto sencillo y se llevó mi temor y mi pecado. Los años pasaron y encontré que el pecado me vencía y que las tentaciones eran demasiado fuertes para mí. Vine a él por segunda vez y me susurró: «Cristo en ti». Y he tenido victoria, descanso y dulce bendición desde entonces… Recuerdo con gratitud inexpresable la noche solitaria y triste cuando, equivocado en muchas cosas e imperfecto en todas y sin saber si me sorprendería la muerte en el sentido más literal antes del amanecer, hice la primera consagración completa de mi corazón y, al haber una rendición incondicional, pude decir por primera vez:

«Todo a Cristo yo me rindo,
Con el fin de serle fiel.
Para siempre quiero amarle
Y agradarle solo a él».

Creo que mi corazón jamás ha conocido un gozo tan vivo como cuando, al siguiente domingo por la mañana, pronuncié estas líneas y las canté con todo mi corazón. Y, si a Dios le ha agradado usarme en una medida mayor, ha sido por causa de ese momento. Y todavía lo será, en la medida que ese momento sea el fundamento de una vida consagrada, crucificada y dedicada a Cristo. Esta experiencia de Cristo nuestro Santificador señala una crisis definitiva y clara en la historia de un alma. No crecemos hacia ella, sino que cruzamos una línea definitiva, tan clara como cuando los ejércitos de Josué cruzaron el Jordán, entraron en la tierra prometida y levantaron un gran montón de piedras, para que nunca olvidaran esa hora de crisis.

—*Dr. A. B. Simpson*

*«Desarmó a los poderes y a las potestades, y por medio de
Cristo los humilló en público al exhibirlos en su desfile triunfal»*
(Colosenses 2:15).

Aquí se representa a Satanás como un enemigo conquistado y
hasta como un antagonista degradado y desarmado. Ha sido
«desarmado». Nos hace recordar la figura del espantapájaros en
el campo de un agricultor donde los pájaros muertos se colgaban
como advertencia para otros depredadores. Él no puede dañarnos,
aunque puede alarmarnos. Está derrotado antes que empiece la
batalla. Entramos al combate con el prestigio de los victoriosos.
Mantengamos esa alta posición al enfrentarnos a nuestro adversario. Tratémoslo como un enemigo vencido. No le demos honra
con nuestras dudas y temores. No es nuestro valor o nuestra victoria. Es nuestra confianza en Cristo, el Victorioso, la que triunfa.

«Ésta es la victoria que vence al mundo: nuestra fe». Nuestro
triunfo ya fue ganado por nuestro líder, pero tenemos que identi-
ficarnos con su victoria. No nos atrevamos nunca a dudar.

Dice el doctor Weymouth: «Resistan en el día de la batalla y
habiendo peleado hasta el fin, permanezcan victoriosos en el campo de batalla». «Victoriosos en el campo de batalla»; me emociona
esta palabra inspiradora. Después de cada tentación, la tentación
que viene a la luz del sol o la que viene en la oscuridad; después de
cada pelea, somos victoriosos en el campo de batalla, la bandera
del Señor ondeando, y el enemigo y todas sus huestes en absoluta
derrota, en completa y espantosa retirada.

—Dr. Jowett

Describiendo la fuerza de las olas que golpean el faro de Eddys-
tone, un escritor dice: «Sin ni siquiera un estremecimiento, el faro
soporta esos ataques terribles. Pero se inclina hacia ellos como
para rendir homenaje al poder de sus adversarios».

Enfrentemos las tormentas de la vida con la firmeza y la flexi-
bilidad con que el faro vence la furiosa tempestad.

«Atado a la roca de los siglos, no seré movido».

«Así como el Señor los perdonó, perdonen también ustedes»
(Colosenses 3:13).

U na costumbre que existe en la espesura del monte africa-
no que no tiene equivalente en esta parte del mundo es «la
semana del perdón». Establecida en la temporada seca, cuando el
clima mismo está sonriente, esta es una semana cuando todos los
hombres y todas las mujeres se comprometen a perdonar todas
las ofensas, reales o imaginarias, de cualquier vecino, que haya
causado incomprensión, frialdad o altercado entre las dos partes.

Desde luego, es parte de nuestra religión que un hombre debe
perdonar a su hermano. Pero entre los recién convertidos y aun
entre los creyentes maduros, este gran principio, como tal vez sea
natural, tiende a olvidarse o pasarse por alto en el calor y la carga
del trabajo. *«La semana del perdón»* hace que todos lo recuerden a
la fuerza. La semana termina con un festival de gozo y regocijo
entre los nativos creyentes.

*¿Sería demasiado sugerir que en esta parte del mundo que se supone
más civilizada pudiera ser instituida una semana similar?*

¡Que los rencores desaparezcan como nubecillas en el
   amanecer!
Cuando Dios perdona, ¡olvida!

«Procurar vivir en paz con todos» (1 Tesalonicenses 4:11).

Amados, esa es la necesidad más profunda de nuestro espíritu. Es de esa manera que aprendemos a conocer a Dios. Es de esa manera que recibimos refrigerio y nutrición espirituales. Es de esa manera que somos alimentados y nutridos. Es de esa manera que recibimos el pan de vida. Es de esa manera que nuestro mismo cuerpo recibe sanidad y nuestro espíritu bebe de la vida de nuestro Señor resucitado y avanzamos hacia los conflictos y deberes de la vida como la flor que ha absorbido, durante la noche sombría, las gotas frescas y cristalinas del rocío. Pero así como el rocío nunca cae en una noche de tormenta, el rocío de su gracia nunca viene al alma inquieta.

En esta vida no podemos sentirnos fuertes y renovados si siempre andamos en un tren expreso con diez minutos para almorzar. Debemos tener horas tranquilas, lugares secretos con el Altísimo, tiempos de espera en el Señor para renovar nuestras fuerzas y aprender a elevarnos con alas como águilas, y después regresar a correr sin cansarnos y a caminar sin desmayarnos.

Lo mejor de esa tranquilidad es que le da a Dios la oportunidad de obrar. El que entra en su reposo, también ha reposado de sus obras, como Dios de las suyas; y cuando detenemos nuestros pensamientos, los pensamientos de Dios vienen a nosotros; cuando nos aquietamos de la actividad incesante, Dios produce en nosotros el querer como el hacer, por su buena voluntad, y nosotros solo tenemos que ocuparnos en él.

Amados, recibamos su tranquilidad.

—*Rvdo. A. B. Simpson*

«Oren sin cesar» (1 Tesalonicenses 5:17).

¿**E**s una hipocresía orar cuando no sentimos deseos de hacerlo? Quizás no haya un obstáculo más sutil para la oración que nuestros *estados de ánimo*. Casi todo el mundo tiene que enfrentar esa dificultad de vez en cuando. Aun los profetas de Dios no estaban del todo libres de ello. Habacuc se sintió muy frustrado por mucho tiempo. ¿Qué haremos cuando nos invadan esos estados de ánimo? ¿Esperar hasta que *sintamos el deseo* de orar? Es fácil persuadirnos a nosotros mismos de que es hipocresía orar cuando no tenemos deseos; pero no argumentamos de esa manera con respecto a otras cosas de la vida. Si usted estuviera en una habitación que ha estado cerrada herméticamente por algún tiempo, tarde o temprano se sentiría decaído, tanto quizás que no querría hacer el esfuerzo de abrir las ventanas, sobre todo si son difíciles de abrir. Pero su debilidad y apatía serán una prueba de que usted está comenzando a necesitar urgentemente aire fresco, sin el cual muy pronto se enfermaría.

Si el alma *persevera* en una vida de oración, vendrán tiempos en que *esas épocas de sequedad pasarán y el alma saldrá de ahí a lugares húmedos*. No permita que nada le desaliente. Si el suelo está seco, *siga cultivándolo*. Se dice que en tiempo de sequía escarificar el maíz es igual a un aguacero.

Cuando estamos apáticos en cuanto a la oración *es justamente el momento en que más necesitamos orar*. La única manera en que podemos vencer la apatía en cualquier asunto es dedicándonos más, no menos, a la tarea. Orar cuando uno no tiene el deseo de hacerlo *no es hipocresía*, es fidelidad al deber más grande de la vida. Solo *dígale al Padre* que usted no siente deseos de orar; pídale que le muestre lo que le hace sentir así. *Él nos ayudará a vencer nuestros estados de ánimo*, y nos dará valor para perseverar a pesar de ellos.

«Cuando no puede orar como debiera, ore como pueda».

Si no siento deseos de orar, ese es el momento en que necesito orar más que nunca. Es posible que en los momentos en que el alma salta y se regocija al tener comunión con Dios, sea menos peligroso abstenerse de la oración que en los momentos en que se arrastra con pesadez en la devoción.

—*Charles H. Spurgeon*

«Consérvate puro» (1 Timoteo 5:22).

¿Conoce el juez el relato de la piel inmaculada que forra sus vestiduras de Estado? ¿Está consciente la dama de sociedad del sacrificio que hace posible la preciosa capa de armiño que cae con tanta elegancia alrededor de sus hombros? ¿Saben ellos que el pequeño animal cuya piel llevan ahora, mientras recorría los bosques de Asia, estaba tan orgulloso como ellos, sí, orgulloso en extremo, de su hermoso abrigo blanco como la nieve? Y no nos sorprende, ¡porque es la piel más hermosa que se pueda encontrar en todos los mercados del mundo!

Tal orgullo tiene el pequeño carnívoro de su abrigo inmaculado, que no permite que nada lo ensucie en el grado más mínimo. Los cazadores conocen bien este hecho y se aprovechan de manera muy antideportiva de ese conocimiento. No le ponen trampas. ¡Claro que no! Al contrario, buscan su hogar, el tronco de un árbol o la grieta en una roca, y entonces, que se diga para su vergüenza perenne, untan de suciedad la entrada y el interior. Cuando se sueltan los perros y comienza la persecución, como es natural, el animalito corre a su único lugar de refugio. Al llegar, antes que entrar en semejante inmundicia, se vuelve para enfrentar a los perros que aúllan.

¡Mejor teñirse de sangre que ensuciar su abrigo blanco!

No es sino un *abrigo* blanco, pequeño armiño, ¡pero cómo *nos* condena tu acción! *«Hechos a la imagen y semejanza de Dios», con una mente y un espíritu inmortal;* y sin embargo, ¡cuán a menudo, para obtener algo que deseamos, sacrificamos nuestro carácter en los altares del placer mundano, de la avaricia, del egoísmo!

Todo está perdido cuando se pierde la pureza, la pureza que ha sido llamada el alma del carácter. Consérvese puro: cada pensamiento, cada palabra, cada acción, hasta los motivos detrás de la acción, todo; puro como el armiño.

«*Sé en quién he creído*» (2 Timoteo 1:12).

A Dios le agrada en extremo que tengamos en *él la confianza máxima, que confiemos en él por completo*. Esa es la característica más sublime de un creyente verdadero, el fundamento de todo carácter.

¿Hay algo que más le agrade que cuando las personas confían en usted; que un niñito mire a su rostro y extienda su mano para ponerla en la suya y venga a usted con toda confianza? En la misma medida en que Dios es superior a nosotros, le agrada que confiemos en él.

Hay una mano extendida hacia usted; una mano con una herida en la palma. Extienda la mano de su fe para tomarla y aférrese a ella, porque «sin fe es imposible agradar a Dios».

—*Henry van Dyke*

Extienda su mano hacia arriba lo más que pueda y Dios extenderá la suya hacia abajo el resto de la distancia.

—*Obispo Vincent*

«Fortalécete por la gracia que tenemos en Cristo Jesús... Comparte nuestros sufrimientos, como buen soldado de Cristo Jesús» (2 Timoteo 2:1, 3).

El puesto de honor en la guerra se llama así porque viene acompañado de dificultades y peligros, los cuales muy pocos son capaces de enfrentar; sin embargo, los generales casi siempre asignan esas misiones difíciles a favoritos y amigos, quienes por su parte las aceptan con ansias, como señal de privilegio e indicio de confianza.

Entonces, ¿no debiéramos nosotros considerarlo un honor y un privilegio cuando el Capitán de nuestra salvación nos asigna un puesto difícil, ya que él puede inspirar a sus soldados como ningún comandante terrenal puede hacerlo, con la sabiduría, el valor y la fortaleza adecuados a su situación?

Escuche a Ignacio gritando mientras los dientes de los leones desgarran su carne: «Ahora es que comienzo a ser creyente».

La medalla de honor del creyente aquí siempre ha sido la cruz.

Ninguna iglesia o movimiento puede sobrevivir a menos que esté listo para ser crucificado.

—*Obispo de Winchester*

Si yo no hubiera visto que el Señor vigila el barco, hace tiempo que hubiera abandonado el timón. ¡Pero lo veo a él! A través de la tormenta fortaleciendo el aparejo, manejando los palos, extendiendo las velas, aun más, gobernando a los mismos vientos. ¿No sería yo un cobarde si abandonara mi puesto? Que él gobierne, que nos lleve adelante, que se apresure o se demore, ¡nada temeremos!

—*Martín Lutero*

«Si resistimos, también reinaremos con él» (2 Timoteo 2:12).

Hay un solo lugar donde podemos recibir *no una respuesta, pero sí paz* cuando preguntamos: «¿Por qué?». Todas las preguntas que nos atormentan encuentran respuesta bajo esos viejos olivares grises. Una hora al pie de la cruz afirma el alma como ninguna otra cosa. A un amor que ama así se le puede confiar esta pregunta.

Cada Getsemaní tiene a su lado las serenas y dulces alturas del monte de los Olivos y desde su cumbre, la resurrección hasta los cielos de los cielos.

No hemos entendido la historia humana si no hemos visto que de las sombras del sufrimiento han brotado la gran literatura, los grandes cuadros, las grandes filosofías, las grandes civilizaciones. Todas ellas han brotado a la luz de las sombras del sufrimiento y la resistencia.

«Donde nace un gran pensamiento», dijo uno que lo sabía por amarga experiencia, «hay siempre un Getsemaní».

En Escocia hay un campo de batalla en el cual los escoceses y sus enemigos sajones se enfrentaron en conflicto mortal. Un monumento señala el lugar y nos dice la tradición que en varios lugares crece una pequeña flor azul. Se llama *la «flor de Culloden»*. El bautismo de sangre, asegura la tradición, produjo la fertilización de esa flor.

Las más escogidas son siempre las «flores de Culloden». Ellas solo brotan de la tierra donde se ha derramado la sangre vital de un corazón valiente.

—*Charles Kingsley*

«Vaso noble, santificado, útil para el Señor y preparado para toda obra buena» (2 Timoteo 2:21).

Martin Wells Knapp estaba en una ocasión atravesando una prueba fuerte y en sus devociones privadas le pidió a Dios que se la quitara. Mientras esperaba delante del Señor, surgió delante de él la visión de un pedazo de mármol en bruto y un escultor que lo pulía y lo labraba. Al observar cómo el aire se llenaba del polvo y de las astillas, notó que una hermosa imagen comenzaba a aparecer en el mármol. El Señor le habló y le dijo: «Hijo, tú eres ese bloque de mármol. Yo tengo una imagen en mi mente y deseo producirla en tu carácter, y lo haré si soportas el esmerilado; pero me detendré ahora si así lo deseas». El señor Knapp rompió a llorar y dijo: *«Señor continúa labrándome y puliéndome».*

La vida es una cantera de la cual tenemos que moldear, labrar y completar un carácter.

—*Goethe*

«He terminado la carrera» (2 Timoteo 4:7).

Hay una carrera preparada para cada creyente desde el momento de su nuevo nacimiento, que facilita el pleno crecimiento de la nueva vida dentro de él. Además hace que Dios pueda utilizar al máximo su vida, al usar cada facultad para su servicio. Descubrir esa *carrera* y llevarla a cabo es el deber de cada persona. Otros no pueden jugar en esa carrera; solo Dios sabe por qué. Dios puede dar a conocer y guiar al creyente a esa carrera hoy así como lo hizo con Jeremías y los otros profetas, con Pablo, Timoteo y los otros apóstoles.

—J. P. L.

Permita que Dios lleve a cabo sus planes para usted sin ansiedad ni interferencia.

«Por completo» (Hebreos 7:25).

John B. Gough, el conferenciante que más hablaba de la templanza, recibió de su piadosa madre un versículo que en realidad llegó a ser como un tesoro enterrado, porque permaneció escondido dentro de su corazón durante siete largos años de desenfreno. Ese versículo fue:

«Por eso también puede salvar por completo
a los que por medio de él se acercan a Dios».

Sus pecados se alzaban como montañas delante de él; parecían indelebles; el pasado no podía deshacerse. Pero conoció a Jesucristo y descubrió que su sangre valía hasta para él. «He sufrido —exclamaba— y he salido del fuego abrasado y chamuscado con las marcas sobre mi persona y con el recuerdo de su quemadura dentro de mi alma». Él comparaba su vida a un montón de nieve que se había ensuciado mucho; ningún poder sobre la tierra podía restaurarlo a su anterior blancura y pureza. «Las cicatrices permanecen. Las cicatrices permanecen», solía decir con amargo remordimiento.

Jesús puede salvar por completo. Dice un escritor: «Dios pinta en muchos colores, pero nunca pinta con tanta belleza como cuando lo hace en blanco». El carmesí de la puesta de sol; el azul celeste del océano; el verde de los valles; el escarlata de las amapolas; el plateado de las gotas de rocío; el oro de la aulaga: todos ellos son exquisitos, tan perfectamente hermosos, que en realidad no podemos imaginar un cielo atractivo sin ellos. Pero sentimos que en el alma de John B. Gough, el arte divino tiene su manifestación suprema.

«Por eso también puede salvar por completo» (Hebreos 7:25).

¡Qué magnífica expectativa! ¿No lo deja boquiabierto?

Tal vez sí, pero de todas maneras es verdadera, gloriosa y eternamente verdadera, porque está escrita en la Palabra de Dios. *Aférrese a ese hecho; aférrese de todo su corazón; arriésguese por él; inviértalo todo por él; susúrreselo a sí mismo con los dientes apretados cuando esté en el fragor de la pelea; grítelo a los cielos cuando vea al enemigo a punto de huir; triunfe a través de él; regocíjese en él.*

Tener fe en esta sola promesa puede transfigurar su vida entera y elevarlo a las alturas de la victoria y la gloria que una vez parecieron tan lejanas y remotas, como las nieves distantes en la cumbre brillante de una montaña le parecen al viajero cuando, a través de la bruma de la luz solar, levanta sus ojos para contemplar algo en el cielo azul.

Recuerde que *la vida de santificación y poder espiritual nunca puede obtenerse a bajo costo. Para concedérnosla, el Señor Jesús pagó el precio del Calvario.* Para recibirla tenemos que estar dispuestos a pagar por lo menos el precio de la obediencia a sus condiciones. Recuerde también que *es la única vida que vale la pena vivir.* —Reader Harris

Cuesta tener una visión, pero cuesta demasiado recordar solo el precio.

«Porque fiel es el que hizo la promesa» (Hebreos 10:23).

M uy a menudo es difícil ver cómo ciertas promesas de Dios se hacen realidad. *No tenemos nada que ver con eso en lo absoluto. Dios no nos deja tocar sus promesas tan ciertamente como no nos deja tocar sus estrellas. Si no nos permite inmiscuirnos en sus planetas, no nos pedirá que tengamos nada que ver con el resultado y la realización de sus promesas. Él pide que su cumplimiento se lo dejemos a él; y después desafiará nuestra propia vida como el testigo, la respuesta y la confirmación de todo lo que es misericordioso y todo lo que es cierto en el cumplimiento de sus promesas.*

—*Dr. Joseph Parker*

«El que mueve las estrellas es el que pronuncia todas las promesas».

Confíe en los inescrutables caminos de Dios y recuerde que «estos forman parte de sus caminos».

«*Fiel es el que hizo la promesa*» (Hebreos 10:23).

El poder de Dios cumplirá las promesas de Dios. Las promesas para el alma, las promesas para el cuerpo, las promesas para los demás, las promesas para nuestro trabajo, las promesas para nuestros negocios, las promesas para el tiempo y para la eternidad: ¡todas son nuestras! No es su debilidad la que puede derrotar la promesa de Dios, ni su fuerza la que puede cumplirla; el que habló la Palabra, él mismo la cumplirá. *No le corresponde a usted ni a mí cumplir las promesas de Dios: esa es su gracia.*

Se nos ha entregado el cheque firmado. ¡Qué insensato es que tengamos temor de presentarlo! *¡Ni un solo cheque ha sido jamás rechazado!* «*Fiel* es el que hizo la promesa».

Yo recibo. ¡Él lleva a cabo!

Tal vez oremos mucho acerca de una promesa y, sin embargo, nunca la obtengamos. *Pedir* no es *tomar*. *Suplicar* no es *reclamar*. Recuerde que *lo que usted toma* es todo *lo que obtendrá*.

«Por la fe Moisés… prefirió ser maltratado» (Hebreos 11:24, 25).

La fe descansa sobre la promesa; a los ojos de la fe… la promesa *equivale al cumplimiento*; y si solo tenemos fe, podemos atrevernos a considerar que ya tenemos el cumplimiento. Importa poco que no tengamos todavía lo prometido; seguramente lo tendremos porque Dios ha comprometido su palabra y podemos disfrutarlo por anticipado. Si Moisés hubiera actuado basado solo en lo que veía, nunca hubiera salido del palacio de Faraón. Pero su fe le reveló cosas escondidas para sus contemporáneos, las cuales lo condujeron a actuar de una manera que era incomprensible.

Un golpe asestado en el momento correcto vale mil golpes asestados con ansiedad prematura. No te corresponde a ti, alma mía, conocer los tiempos y las sazones que el Padre puso en su sola potestad; espera solo en Dios; permite que tus expectativas vengan de él.

Fue una sorpresa brusca cuando al tratar de arreglar una diferencia entre dos hebreos lo rechazaron retándolo así: «¿Quién te ha puesto a ti por príncipe y juez sobre nosotros?». *«Moisés suponía que sus hermanos reconocerían que Dios iba a liberarlos por medio de él, pero ellos no lo comprendieron así»* (Hechos 7:25, énfasis añadido). Pues evidentemente el tiempo de Dios no había llegado; ni podía llegar hasta que el ardor de su espíritu no se hubiera evaporado en el aire del desierto y hubiera aprendido la más difícil de todas las lecciones: que *nadie será fuerte por su propia fuerza.*

La fe es posible solo cuando estamos en el plan de Dios y dependemos de la promesa de Dios. Es inútil orar para que la fe aumente mientras no hayamos cumplido con las condiciones de la fe. Es inútil perder tiempo en lamentos y lágrimas por los fracasos que se deben a nuestra incredulidad. *«¿Por qué te postras así sobre tu rostro?».* La fe es tan natural para el alma, cuando ha reunido ciertas condiciones, como la flor para la planta.

Cerciórese de su lugar en el plan de Dios y establézcase en él. Aliméntese de las promesas de Dios. Cuando cada una de esas condiciones se cumple, la fe viene por sí misma; y no hay absolutamente nada que sea imposible. En ese momento, el alma que cree será como el riel por el cual Dios se acerca a los hombres en amor, gracia y verdad.

¡Ah, que tenga yo gracia para esperar y velar con Dios!
—*Rvdo. R. B. Meyer*

«Dios nos había preparado algo mejor» (Hebreos 11:40).

Nuestro Padre celestial nunca les quita a sus hijos ninguna cosa terrenal, a menos que intente darles *algo mejor*.

—*George Müller*

A veces viene un momento de calma.
Cuando la tristeza se torna en bendición, el dolor en
    bálsamo,
un poder que obra a pesar de mi voluntad
aun me insta a seguir adelante y me guía hacia arriba.
Entonces mi corazón logra hacer esto:
darte gracias por las cosas que me han sido quitadas.

—*Thomas Wentworth Higginson*

«Se mantuvo firme como si estuviera viendo al Invisible»
(Hebreos 11:27).

La vida de Moisés fue una en la que tuvo mucho que soportar. Soportó el destierro del ambiente, las comodidades del palacio y la corte más brillante que existía para ese entonces; soportó la pérdida del privilegio y la renuncia a las perspectivas espléndidas; soportó la huida de Egipto y la ira del rey, soportó el exilio solitario en Madián, donde estuvo enterrado vivo por años; soportó la larga y difícil caminata a través del desierto a la cabeza de un pueblo esclavo, que buscaba consolidar como nación; soportó los malos modales y las provocaciones incontables de una generación rebelde y perversa; soportó la muerte solitaria en Nebo, ¡y la tumba sin nombre que los ángeles le cavaron allí! Y he aquí que se nos revela el secreto de su maravillosa fortaleza:

«Se mantuvo firme como si estuviera viendo al Invisible».

Él percibía la presencia de Dios. Vivía en la conciencia de «Tú, Dios, me ves». Miraba hacia arriba y tenía un aprecio habitual por lo celestial y lo eterno. En las cámaras superiores de su alma había una ventana abierta hacia el cielo y desde ahí había una vista de las cosas invisibles. Como lo dice un viejo autor: «Él tenía puestos sus ojos en uno más grande que Faraón, y eso lo guardó». Sí, y eso guardará a cualquiera de nosotros: vivir con la conciencia de que Dios nos observa caminar por fe y no por vista.

«No hay nada —dice un gran predicador de la actualidad— que capacite más a un hombre para continuar con las cosas que son terrestres y materiales, como darle prioridad todos los días a esa parte de su naturaleza que mora con lo invisible».

—S. Law Wilson

«Quien por el gozo que le esperaba, soportó la cruz, menospreciando la vergüenza» (Hebreos 12:2).

El gozo del Espíritu no es un gozo barato. Tiene cicatrices, ¡cicatrices radiantes! Es gozo que se ha ganado en medio del dolor. Los que lo conocen han encontrado uno de los secretos más profundos y transformadores de la vida: la transformación del dolor en un himno. La tristeza llega a ser algo de lo cual no tenemos que escapar; la podemos hacer cantar. Podemos ponerle música a nuestras lágrimas y ninguna música es tan exquisita, tan inspiradora. Los creyentes aprendieron de inmediato y de una vez la verdad que el filósofo Royce expresa en estas palabras: «Tales males solo los eliminamos cuando los asimilamos, cuando los aceptamos en el plan para nuestra vida, dándoles significado y colocándolos en el lugar que les corresponde en el todo». Cuando las fibras del corazón de los creyentes fueron estiradas sobre alguna cruz de dolor y los vientos de la persecución soplaron sobre ellos, entonces de esa arpa eolia humana, los hombres oyeron la música misma de Dios. Ellos *no soportaron el dolor*; lo *evadieron*.

—*Seleccionado*

Donde no cae lluvia, tenemos desiertos. Donde el suelo no es rasgado por el arado y el escarificador, no tenemos cosechas.

El gozo es una planta excepcional; necesita mucha lluvia para crecer y florecer. Persevere con fe y valor durante la helada y verá una gloriosa primavera.

«Después produce» (Hebreos 12:11).

No sirve de nada luchar por el desarrollo prematuro del misterio divino. La revelación espera nuestra llegada a cierto lugar en el camino y cuando el tiempo nos trae a ese lugar, y vivimos sus experiencias, encontraremos, para nuestra agradable sorpresa, que se ha vuelto luminosa.

Y así, solo tenemos que preocuparnos de estar en el camino real del Rey, andando de acuerdo con su santísima voluntad.

«Para el justo se siembra luz».

Es el fin lo que explica y justifica todas las cosas. Es la meta final hacia la cual el ojo de Dios se vuelve de continuo. ¡En el momento preciso la cosecha resplandeciente aparecerá! ¡Qué importa si parece que la semilla perece en la tierra oscura y fría! ¿Y qué importará cuando la hoja brote y la espiga se desarrolle y el grano completo se meza sobre el campo dorado de cosecha?

Lutero una vez oraba con gran empeño acerca de una cuestión de gran importancia, deseando conocer la mente de Dios en cuanto a ello; y le pareció escuchar a Dios decirle: «A mí no me puedes analizar».

Aunque no podamos analizar a Dios, sí podemos confiar en él.

«Después de estas cosas Jesús se les manifestó».

No importa lo oscuro que esté el *ahora* en su vida, vale la pena esperar los *después* de Dios.

Al pensar en los tratos de Dios con sus hijos, nos impresiona *su manera pausada de obrar*. Los caminos de Dios pueden estar escondidos pero,

¡Espere los después de Dios!

«Pues aquí no tenemos una ciudad permanente, sino que buscamos la ciudad venidera» (Hebreos 13:14).

El señor Rothschild era el hombre más rico del mundo, pero vivió y murió en una casa sin terminar. Ese hombre tenía el poder de atemorizar a una nación si pedía oro. Sin embargo, una de las cornisas de su casa nunca se terminó a propósito para dar testimonio de que él era un peregrino en la tierra. Él era judío ortodoxo y, de acuerdo al Talmud, la casa de todo judío debe estar incompleta. La cornisa sin terminar dice: «Con todo lo hermoso que es, este no es mi hogar; estoy buscando una ciudad».

Amado, ¿aparece en su vida alguna cornisa sin terminar? ¿Sabe usted que es extranjero como lo fueron nuestros padres?

Señor, te bendecimos porque esta vida es un peregrinaje; porque la tierra no es nuestra morada; porque cada día nos acerca más a nuestro hogar en la ciudad de Dios y porque estás dispuesto a ser nuestro compañero en cada paso de la marcha por el desierto.

¿Soy peregrino o vagabundo?

Alma mía, edifica mansiones más majestuosas.

«Pues aquí no tenemos una ciudad permanente, sino que buscamos la ciudad venidera» (Hebreos 13:14).

Un gran conquistador mundial conducía su ejército victorioso de regreso a Italia y al hogar. Marchaban hacia adelante cruzando ríos, llanuras y a través de espesos bosques hasta que alcanzaron las estribaciones de los imponentes Alpes. Aquí las debilitadas filas de soldados agotados y cansados comenzaron a vacilar mientras caminaban con dificultad sobre los desfiladeros rocosos de los pasadizos montañosos. Mientras escalaban cada vez más alto, la nieve cegadora y las tormentas por poco desalentaban al corazón más determinado. Deteniéndose en una elevación donde podía ver a todos sus hombres y ser escuchado por ellos, señalando hacia arriba a través de la barrera poderosa, el gran general gritó: «Hombres, ¡más allá de estos Alpes está Italia!».

¡Italia! ¡Campos ondulantes, hermosos huertos, fuentes rutilantes! ¡Madres y padres, esposas e hijos, novias! ¡El hogar! ¡Ah, dulce hogar!

Los corazones desmayados revivieron. Los músculos cansados encontraron nuevas fuerzas. Ese ejército valiente se esforzó en proseguir hacia adelante y hacia arriba enfrentándose a todos los obstáculos. ¡Y triunfó! Llegaron al hogar.

Otra escena. Por todo el mundo hay miembros del ejército del Príncipe Emanuel. Muchos han ganado batallas decisivas con el enemigo, grandes victorias sobre el pecado. Han luchado a lo largo del escabroso camino de la vida, muchos se han cansado y agotado en el conflicto. Han marchado por mucho tiempo, rumbo al hogar. Pero ahora han alcanzado grandes montañas de dificultades, luchas, guerras, la amenaza de la disolución de todo nivel social y toda moral: los Alpes imponentes en la corriente del tiempo. A este vasto ejército su Capitán le grita: «Soldados cristianos, ¡más allá de estas montañas de dificultad está el hogar!».

¡El cielo! Campos ondulantes de verde viviente, bosques reales con follaje que nunca se marchita, fuentes rutilantes. ¡El árbol de la vida y el río de la vida! Amigos por mucho tiempo perdidos, madres y padres, hermanos y hermanas, esposos, esposas, hijos, seres queridos. Gracias a Dios, estamos acercándonos a nuestro hogar celestial.

He llegado al borde del mundo y más allá,
Pero esta noche me encamino hacia el hogar.

—E. W. Patten

¡Regreso al hogar!

«Y la constancia debe llevar a feliz término la obra, para que sean perfectos e íntegros, sin que les falte nada» (Santiago 1:4).

Mire con Edison su sordera, con Milton su ceguera, con Bunyan su prisión, y vea cómo la paciencia convirtió esos mismos infortunios en buena fortuna.

Miguel Ángel fue a Roma para esculpir estatuas y encontró que otros artistas habían tomado todo el mármol de Carrara, excepto un pedazo torcido y deformado. Se sentó frente a este y estudió con infinita paciencia sus limitaciones, hasta que encontró que doblando la cabeza de la estatua aquí y levantando su brazo allá, podía crear una obra de arte: de esa manera se produjo *El niño David*.

Sentémonos frente a nuestras mismas limitaciones y con la ayuda de la paciencia, atrevámonos a producir, con la ayuda de Dios, *¡una obra de arte!*

«Recibirá la corona de la vida que Dios ha prometido»
(Santiago 1:12).

Los ayudantes más grandes de la humanidad han sido los que han cargado cruces. Los líderes de los hombres han sufrido en soledad; los profetas han aprendido sus lecciones en la escuela del dolor. Los corales en la laguna protegida se vuelven fétidos e inútiles; los que han sido rotos y aplastados por el oleaje forman la roca viva y los cimientos de los continentes. La holgura no ha producido grandeza. *Los hombres que han tenido que luchar contra ambientes desfavorables, combatir el frío, abrirse paso en la tormenta, demoler la roca o arrancar el sustento de un medio mezquino, han adquirido carácter a través de sus dolores.*

El ave se levanta contra fuertes vientos contrarios, no solo a pesar del viento, sino *por causa de él.*

La *fuerza que se opone* se convierte en la *misma que levanta* si se enfrenta desde el ángulo correcto.

La tormenta puede zarandear barcos y rasgar los aparejos, pero produce manos fuertes y corazones valientes. Oh, compañero de viaje, en medio de las tormentas y las calmas del ancho mar de la vida,

«Ice sus velas para aprovechar las brisas favorables de la adversidad».

Si el personaje más grande de todos los tiempos, el que fue la verdadera piedra de toque del destino, solo pudo perfeccionarse a través del sufrimiento, ¿no es probable que para usted y para mí también sea necesario?

Todas las mejores cosas están al otro lado del campo de batalla: hay que atravesar el campo de batalla para obtenerlas.

Observe la situación más difícil de su vida: el lugar de dificultad, externo o interno, y espere que Dios triunfe gloriosamente en ese mismo lugar. Él puede hacer que su alma florezca allí mismo.

—*Julius Dotter*

«Aunque... se acrisola al fuego» (1 Pedro 1:7).

«¿Qué hace que este juego de porcelana sea mucho más costoso que aquel?», preguntó el comprador.

«Hubo que trabajarlo más. Se puso en el fuego dos veces. Vea, en este las flores están en una banda amarilla; en ese están sobre un fondo blanco. Este hubo que ponerlo *en el fuego por segunda vez* para lograr el diseño».

«¿Por qué el dibujo en esta vasija está tan borroso, desfigurado, y no se ve el diseño con claridad?».

«Porque esa no *estuvo en el fuego lo suficiente*. Si hubiera estado más tiempo en el horno, *el fondo oscuro se hubiera convertido en dorado,* dorado deslumbrante, y el dibujo se hubiera destacado de una manera clara y definida».

Quizás algunos de los que parecen haber tenido más sufrimiento y desilusiones de lo que les tocaba, como la porcelana costosa, están recibiendo *pruebas dobles* en el fuego para que puedan ser más valiosos en el servicio del Maestro.

«El alfarero nunca ve que su barro adquiere ricos matices de plata, o rojo, o crema, o café, o amarillo, hasta después de la oscuridad y la cocción del horno. Estos colores vienen *después de la cocción y la oscuridad*. El barro es hermoso, después de la cocción y la oscuridad. El jarrón es posible, después de la cocción y la oscuridad.

«¡Qué universal es esta ley de la vida! ¿Dónde obtuvieron el hombre más valiente y la mujer más pura que usted conoce su carácter emblanquecido? ¿No lo obtuvieron como el barro obtiene su belleza, después de la oscuridad y la cocción del horno? ¿Dónde obtuvo Savonarola su elocuencia? En la oscuridad y la cocción del horno donde Dios le reveló cosas profundas. ¿Dónde obtuvo Stradivarius sus violines? ¿Dónde obtuvo Ticiano su color? ¿Dónde obtuvo Miguel Ángel su mármol? ¿Dónde obtuvo Mozart su música, Chesterton su poesía y Jeremías sus sermones? Los obtuvieron donde el barro obtiene su gloria y su resplandor: en la oscuridad y la cocción del horno».

—Robert G. Lee

DICIEMBRE 20

«Depositen en él toda ansiedad» (1 Pedro 5:7).

¿Quién de nosotros no ha sentido ansiedad de vez en cuando? Y sin embargo, la Biblia lo prohíbe con suma claridad y con la misma claridad provee un remedio infalible: *«Bendito el hombre que confía en el Señor, y pone su confianza en él. Será como un árbol plantado junto al agua, que extiende sus raíces hacia la corriente; no teme que llegue el calor, y sus hojas están siempre verdes. En época de sequía no se angustia, y nunca deja de dar fruto».*

No se angustiará. No se angustiará en el año de sequía, en tiempo de oscuridad espiritual. No se angustiará en cuanto a la provisión espiritual; no se angustiará en cuanto a la provisión temporal, como el alimento o el vestido; no se angustiará en cuanto al testimonio de sus labios, qué decir o cómo decirlo. Entonces, ¿qué es lo que queda acerca de lo cual podamos angustiarnos? Nada. Porque el Señor continuó diciendo: *¿por qué se preocupan?* Y Pablo dice además: *«No se inquieten por nada».*

La ansiedad, por lo tanto, está prohibida en la Biblia. Pero ¿cómo podemos evitarla? Echando toda nuestra ansiedad y preocupación sobre él *porque él tiene cuidado de nosotros.*

¡Bendito el hombre que no se *angustia!*

—*Aphra White*

«Y después de que ustedes hayan sufrido un poco de tiempo, Dios mismo, el Dios de toda gracia que los llamó a su gloria eterna en Cristo, los restaurará y los hará fuertes, firmes y estables» (1 Pedro 5:10).

¡Qué deseo tan singular! Lo singular es la mancha en el medio: *después de que ustedes hayan sufrido un poco de tiempo.* ¿Qué pensaría usted si un amigo le deseara eso?

Sin embargo, eso es lo que Pedro deseaba para aquellos a quienes estaba escribiendo: todos los dones y las gracias de la vida de Cristo en perfección, pero no hasta después de haber «sufrido un poco de tiempo». Pedro escribió basado en la amarga experiencia de su propio pasado: *él* había entrado en el reino demasiado pronto; había obtenido su corona antes de poder cumplir con sus responsabilidades. Su fe había sido empapada en lágrimas; su amor se había enfriado en la sala del juicio mientras estaba sentado junto al fuego y exclamaba: «No conozco al hombre».

En esencia está diciendo: «No quiero que encuentren las llaves demasiado pronto». No quiere que sean solo inocentes: puros porque no hay nubes; tranquilos porque no hay viento; honrados porque no hay tentación; leales porque no hay peligro.

Hay una paz que no es la paz del Hijo de Dios. ¡Oh Dios, que esa no sea nuestra paz!

No podemos conocer tu tranquilidad, Señor, hasta que no se interrumpa.

No hay música en el silencio hasta que no hayamos oído el fragor de la batalla. No podemos ver tu belleza hasta que no se ensombrezca.

—*Leaves for Quiet Hours*
[Hojas para las horas tranquilas]

«Después de las sombras vendrá la luz del sol».

«Ésta es la confianza que tenemos al acercarnos a Dios: que si pedimos conforme a su voluntad, él nos oye. Y si sabemos que Dios oye todas nuestras oraciones, podemos estar seguros de que ya tenemos lo que le hemos pedido» (1 Juan 5:14, 15).

La oración puede obtener cualquier cosa: puede abrir las ventanas del cielo y cerrar las puertas del infierno; puede inspirarle un santo impulso a Dios y detener un ángel hasta que deje una bendición; puede abrir los tesoros de la lluvia y suavizar las costillas de hierro de las rocas hasta que se derritan en lágrimas y se conviertan en un río que fluye; la oración puede soltar los cinturones del norte diciendo a una montaña de hielo: «Quítate y échate en el mar»; puede detener el sol en medio de su trayectoria y enviar los vientos con sus alas veloces a poner por obra nuestras peticiones; y a todas estas cosas extrañas y mandatos secretos, añada las transacciones no reveladas que están por encima de las estrellas.

Cuando le preguntaron a Hudson Taylor si alguna vez oraba *sin ninguna conciencia de gozo*, contestó: «A veces oro sintiendo que mi corazón es de madera; además, a menudo las respuestas más maravillosas han venido cuando la oración ha sido un esfuerzo real de fe, sin ningún gozo en lo absoluto».

Nunca que he orado con sinceridad y anhelo por algo, ha dejado de llegar la respuesta; en algún momento, no importa lo lejano del día; de alguna manera, bajo alguna forma, probablemente bajo la que yo menos hubiera pensado, *llegó*.

—Adoniram Judson

«Si mantienes el incienso ardiendo allí,
Su gloria tú verás, ¡en algún momento, en algún lugar!».

«Al único… que puede guardarlos para que no caigan, y estable-cerlos sin tacha y con gran alegría ante su gloriosa presencia» (Judas 24).

Tome la palabra, guárdela y manténgala cerca de su corazón esta noche y mañana. Es uno de los grandes y magníficos mensajes del evangelio: «Él es poderoso para guardarnos sin caída». Esa palabra encierra toda la debilidad, toda la indignidad, toda la pecaminosidad que ha tenido el hombre desde la caída; sin embargo, él es poderoso para guardarnos. Él no subestima la desventaja de guardar a todos cuando ordena a sus mensajeros que digan que él es «el que puede guardarlos para que no caigan». Sería imposible, totalmente imposible, si no fuera ejecutado por el amor infinito. Así que aparte la mirada y vea hacia arriba. No mire «la profundidad», la vasta profundidad de su debilidad, quizás de su debilidad misteriosamente heredada; mire hacia arriba. Aparte la mirada de su fracaso bajo la tentación, interna y externa, heredada por decirlo así, de usted mismo, de su propia infidelidad en el pasado. Aparte la mirada de sus propósitos arruinados; mírelo a él.

Siendo él el guardador de Israel, el Dios de las promesas, el Señor del sacrificio, el Príncipe de vida, el Salvador presente, el poder que mora dentro de nosotros, es el que puede guardarlo *a usted,* para que los pies *suyos* no resbalen. Estarán «en lugar espacioso»; se mantendrán en caminos rectos, hasta que al fin entren, paso a paso, porque es un paso a la vez aun entonces, «por las puertas de la ciudad».

«Nunca permitirá que tus pies resbalen».
—Rvdo. H. C. O. Moule, D.D.

«Sin tacha y con gran alegría» (Judas 24).

Cuando era muy joven se despertó en mi alma una pasión intensa por la música. Mi padre trajo gran alegría a mi vida regalándome un órgano precioso. Al pasar los días, me emocionaba hasta lo más profundo de mi ser cuando hacía brotar de mi amado instrumento armonías tan hermosas.

Acostumbraba sentarme al órgano en las primeras horas de la mañana, en el momento en que las aves comenzaban a despertarse, y a través de las ventanas abiertas escuchaba sus dulces notas mientras se mezclaban con la melodía del órgano, ¡como un himno de alabanza al Creador!

Entonces, una mañana, muy de repente y en un momento cuando me estaba preparando con entusiasmo infantil para mi primer concierto, una de las notas comenzó a fallar. Cómo lastimaba mi sensible oído aquel sonido discordante. Mi padre, sintiendo mi angustia, me dijo: «No importa, hija, haré que venga el afinador». El afinador trabajó largas horas en la nota defectuosa antes que volviera a sonar otra vez con dulzura y armonía con las otras. El concierto fue un éxito, *¡porque el afinador tuvo éxito!*

«¡Miren que viene en las nubes!» (Apocalipsis 1:7).

La exclamación es sorprendente. La palabra griega que se traduce como «miren» se usa para llamar la atención con rapidez a algún espectáculo sorprendente que de repente se presente ante la vista; es como si uno dijera en cuanto a algo grandioso que apareciera en los cielos ante los ojos de todos: «¡Miren el meteoro!». De repente en medio del cielo, en menos de un segundo, Dios presenta la visión más estupenda que ojos humanos hayan contemplado jamás: el esplendor refulgente, deslumbrante, sobrecogedor de la venida personal del Señor Jesucristo en su gloria.

La tierra mira y se estremece al experimentar el primer momento extático de su liberación de la esclavitud de la corrupción y su entrada a la libertad gloriosa de los hijos de Dios.

Los ángeles miran y claman: «Los reinos del mundo han venido a ser de nuestro Señor y de su Cristo».

Los reyes y los príncipes del mundo miran y claman pidiendo a las rocas y a los montes que caigan sobre ellos y los escondan de la presencia de Dios.

El anticristo mira y cae paralizado e inútil ante el aliento de su boca y la gloria de su venida.

Las naciones de la tierra miran y hacen lamentación por él.

¡Mire!

Estudiemos *nosotros* este cuadro como la Escritura lo describe. Porque desde que los cielos fueron extendidos por la mano omnipotente de Dios en las edades pasadas, nunca su bóveda azul ha sido escena de semejante espectáculo que ahora inunda con su gloria.

—*James H. McConkey*

«En la isla de Patmos por causa de la palabra de Dios»
(Apocalipsis 1:9).

¿**P**odemos imaginar con cuántas ansias Juan se hubiera entregado a una vida de servicio incesante para su divino Maestro y Señor? Ninguna tarea parecería muy grande, ninguna faena demasiado ardua, si su Señor pudiera ser glorificado; y podemos imaginar muy bien cómo todos sus planes, ambiciones, deseos se centraban en la extensión del reino de Jesucristo. Entonces, de repente, ¡Patmos! ¿En qué se convirtieron entonces todas sus esperanzas y todos sus anhelos, sus planes y proyectos? Seguramente los sepultó todos cuando pisó Patmos. Murieron cuando oyó su sentencia por primera vez; fueron enterrados sin que hubiera la posibilidad de que fueran resucitados. Para el discípulo amado, Patmos fue:

La isla de las esperanzas sepultadas.

Pero Juan pronto descubrió que Patmos tenía sus compensaciones.

Tal vez se piense que Juan en su deprimente exilio estaba terriblemente aislado. Es cierto que la isla era pequeña y sus confines estrechos, pero eso era solo la circunstancia en su vida, su medio ambiente diario.

No había nada que ver. Estaba solo. Pero Juan no lo encontró así. La gloria abrumadora de la visión del Señor resucitado le quitó la fuerza, hasta que sintió la presión tierna y bondadosa de la mano traspasada que descansaba sobre él. Una y otra vez nos dice que oyó una voz que le hablaba. Mientras eso sucedía, no pudo haber sentido que no había nada que ver. No podía sentirse solo. El Espíritu aisló a Juan de tal manera *para que los mensajes de Dios pudieran llegar* —a través de él— *al mundo entero.*

Muchos de nosotros estamos bien familiarizados con esa experiencia.

Tal vez no hayamos sufrido por mano de ningún potentado terrenal, pero debe haber muy pocas personas que en algún momento no hayan tenido que sepultar sus esperanzas más preciosas, sus deseos más ardientes. Oh, corazón cansado y turbado, si Dios te ha conducido *a la isla de las esperanzas sepultadas*, es para poder mostrarte cosas aun más hermosas. Él no te ha fallado, no te ha olvidado, sino que te ha conducido al aposento oscuro porque, en su propio tiempo y de su propia manera, *te revelará la gloria insospechada de su gracia y su poder.*

—Seleccionado

¡Nuestro Padre no comete errores!

«Allí estaba el pozo de Jacob. Jesús, fatigado del camino, se sentó junto al pozo. Era cerca del mediodía» (Juan 4:6).

«Conozco tus obras, tu duro trabajo y tu perseverancia… Has perseverado y sufrido por mi nombre, sin desanimarte» (Apocalipsis 2:2, 3).

Nuestro Señor llevó aparte a sus apóstoles cuando estaban cansados y les dijo: «Descansemos un poco». Él nunca se forzaba cuando estaba fatigado. Cuando se cansó, «se sentó junto al pozo». Acostumbraba ir y descansar en el hogar de Marta y de María después del agotamiento de trabajar en Jerusalén. La Escritura muestra que esa era su costumbre. Él nos dice a todos —a usted, a mí y a todos— que dejemos que mañana traiga su propio afán y que solo le hagamos frente al mal del día de hoy.

Mientras Elías dormía bajo el enebro, un ángel lo tocó y le dijo: «Levántate y come». Dios le había mandado a su siervo cansado que durmiera. Ya que estaba agitado, su necesidad más grande era el sueño, y es precisamente bajo esas condiciones que el sueño a menudo se procura en vano. ¿Nos asombramos alguna vez del milagro del sueño? Recuerde que usted tiene una relación con el mismo Dios que fortaleció a Elías y

«aunque tu camino sea largo y deprimente,
él aún renovará tus fuerzas como las del águila».

La verdadera previsión consiste en reservar nuestras propias fuerzas. Si trabajamos con ansiedad acerca del futuro, destruimos esa fuerza que nos hará capaces de enfrentarlo. Si ahora nos encargamos de más de lo que podemos hacer, nos destrozamos y el trabajo se destroza con nosotros.

Los que hornean el pan para que otros lo coman deben tener mucho cuidado de reservar su fuerza. Ellos no son muy vistos, pero sí sentidos; multitudes incontables sentirán su pérdida y el fracaso de sus recursos significará hambre para los demás.

Necesitamos aprender las lecciones de Sir William Cecil, que fue alcalde de Londres. Por la noche se quitaba la toga y le decía: «Quédate ahí, señor tesorero», y se olvidaba de todas las preocupaciones del estado hasta que volvía a ponerse su vestimenta oficial por la mañana.

—*The Golden Milestone* [El mojón dorado]

«No valoraron tanto su vida» (Apocalipsis 12:11).

La persecución de los creyentes durante el reinado de Marco Aurelio fue muy amarga. El mismo emperador decretó el castigo de cuarenta de los hombres que rehusaron postrarse ante su imagen.

«¡Desnúdense por completo!», ordenó. Lo hicieron. «Ahora, vayan y párense sobre el lago congelado —ordenó— ¡hasta que estén preparados para abandonar a su Dios nazareno!».

Y cuarenta hombres desnudos marcharon hacia la tormenta que rugía en una noche de invierno. Mientras tomaban su lugar sobre el hielo, levantaron su voz y cantaron:

«Cristo, cuatro luchadores han salido a luchar por ti; para obtener de ti la victoria; para obtener de ti la corona».

Después de un rato, los que estaban observando de cerca, notaron un disturbio entre los hombres. Uno de ellos se había abierto paso, echándose a correr, y había entrado en el templo para postrarse ante la imagen del emperador.

El capitán de la guardia, que había sido testigo de la valentía de los hombres y cuyo corazón se había conmovido por sus enseñanzas, se quitó el casco, tiró su lanza y desvistiéndose, se unió al canto mientras tomaba el lugar del hombre que se había debilitado. La compensación no demoró, porque al amanecer había cuarenta cadáveres sobre el hielo.

*«¿Quién soñará con acobardarse
De los que guía nuestro Capitán?».*

Por lo menos mil de los santos de Dios sirvieron como antorchas vivientes para iluminar la oscuridad de los jardines de Nerón, envueltos en vestiduras impregnadas en brea. *«Cada dedo era una vela».*

«¿Quién sigue en sus huellas?».

«Son los que siguen al Cordero por dondequiera que va»
(Apocalipsis 14:4).

Hay tres tipos de persona entre los creyentes: los del ala, los del diván y los del camino.

Los *primeros* son los que van volando delante de todos; son los pioneros del progreso; van delante de sus compañeros.

Los *segundos* son los que se quedan inmóviles, o más bien, los que yacen inmóviles; son los inválidos de la raza humana; no vienen para servir, sino para ser servidos.

Los *terceros* son los que siguen; ellos son *el cuerpo de ambulancia de la humanidad;* son las almas sacrificadas que vienen detrás. Pienso como Juan que estos últimos son las almas más hermosas de todas. Son hermosas en su discreción; no quieren dirigir, escogiendo más bien estar en el fondo; vienen al frente solo cuando otros dan marcha atrás. No quieren gloria de la batalla, ni corona por la victoria, ni mención honorable entre los héroes. Ellos buscan a los heridos, los moribundos, los muertos; ungen para el entierro de la vida; traen especias para los crucificados; dan el vaso de agua fría; lavan los pies polvorientos. Ellos amortiguan la caída de Adán, de Magdalena. Cuidan a Saulo de Tarso cuando se queda ciego. Son atraídos por los defectos; son cautivados por toda forma de inutilidad.

¡Dame el problema sin el destello de gloria, oh Señor! Que otros dirijan. Yo me conformo con seguir. ¡Ayúdame a servirte en el trasfondo! ¿No está escrito que *los que se quedaban en casa repartían los despojos?* Yo no puedo pelear tus batallas, pero puedo atender a los heridos. No puedo ahuyentar a tus enemigos, pero puedo reparar tus fortalezas. No puedo conducir marchas, pero puedo socorrer a los que se han desmayado en el camino.

¡Escribe mi nombre entre los *que te siguen!*

Oh, Capitán de mi salvación, *¡ponme con el cuerpo de ambulancia!*
—*George Matheson*

«Los cuales marcharán en último lugar, según sus estandartes»
(Números 2:31).

«Me dijo: "Ya todo está hecho"» (Apocalipsis 21:6).

Muchas personas se pasan la vida *haciendo*, pero pocas *terminan* de hacer. Pocos son los que resuelven una cosa y saben que se logró, y pueden decir: «Está hecho».

En el momento que creemos de verdad nos damos cuenta de que hay poder.

En momentos como esos podemos tocar a Dios y el fuego en nuestra alma nos asegura que algo se resolvió para siempre.

La fe implica apropiarse de Dios firmemente, asirse de él con dedos de hierro, con una inconmovible entrega de todo a Dios. Para aprender a flotar uno tiene que abandonarse al agua de manera total; tiene que creer que el agua es capaz de sostenerle. De la misma forma usted debe dar este paso de entrega y después mirar a Dios con confianza y decir: «Está hecho». Nuestra parte es *entregar*, la parte de Dios es *actuar*. En el mismo momento que nos entregamos, él asume la responsabilidad. Debemos creer que él ha asumido la responsabilidad de lo que le hemos entregado. La fe debe repetir la promesa de Dios y atreverse a decir: *«Está hecho»*.

El asunto está terminado, puesto que él se ha hecho cargo.

Proceda ahora mismo como si fueran verdad las promesas y «llame las cosas que no son como si fueran», y Dios hará que lo que usted da por hecho sea realidad. Usted llegará a experimentarlo.

—*Days of Heaven upon Earth* [Días del cielo sobre la tierra]

Mi antiguo profesor, Lord Kelvin, una vez dijo en clase algo asombroso. Dijo que en todos sus grandes descubrimientos llegó un momento en que tuvo que dar un gran salto al vacío. Y aquel que tenga temor de dar semejante salto desde la base sólida de lo que está demostrado, nunca conocerá la euforia de lo que es creer.

Entregarnos a Cristo sin reservas es precisamente la aventura más grande del mundo. Lo maravilloso es que, cuando con cierto atrevimiento, como Lord Kelvin, damos el «salto al vacío», descubrimos que en realidad no hay vacío, sino vida abundante, libertad y paz.

—*George H. Morrison, D.O.*

Crea que está resuelto porque Dios lo ha dicho.

«Y dijo Dios… y así sucedió» (Génesis 1:2–7).

Nos agradaría recibir noticias suyas.
Por favor, envíe sus comentarios sobre este libro
a la dirección que aparece a continuación.
Muchas gracias.

Vida@zondervan.com
www.editorialvida.com